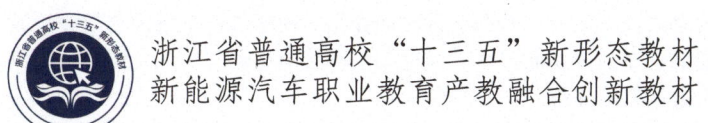

新能源汽车维护与故障诊断

（配实训工单）

主　编　林　康　吴荣辉
副主编　金希计　金朝昆　王　颖

机械工业出版社
CHINA MACHINE PRESS

本书以市场上典型的纯电动汽车与混合动力汽车为例，全面、系统地介绍了新能源汽车维护与故障诊断的知识和技能，包括新能源汽车维护、新能源汽车故障诊断技术、纯电动汽车故障诊断与排除、混合动力汽车故障诊断与排除、纯电动与混合动力汽车故障案例分析。

本书已入选 2020 年浙江省普通高校"十三五"新形态教材建设项目。

本书通俗易懂，图文并茂，形式生动活泼，可以通过二维码扫描观看视频，有利于激发学生的学习兴趣。本书配有教学 PPT、实训工单等丰富的教学资源供教学参考和使用。

本书可以作为职业院校新能源汽车及相关专业教材，也可供汽车销售顾问、售后服务顾问、维修技师、保险理赔员以及其他汽车行业工程技术人员阅读参考。

图书在版编目（CIP）数据

新能源汽车维护与故障诊断：配实训工单 / 林康，吴荣辉主编. — 北京：机械工业出版社，2022.6（2023.8重印）
新能源汽车职业教育产教融合创新教材
ISBN 978-7-111-70956-5

Ⅰ. ①新… Ⅱ. ①林… ②吴… Ⅲ. ①新能源-汽车-车辆修理-高等职业教育-教材 ②新能源-汽车-故障诊断-高等职业教育-教材 Ⅳ. ① U469.707

中国版本图书馆CIP数据核字（2022）第100314号

机械工业出版社（北京市百万庄大街22号 邮政编码100037）
策划编辑：齐福江　　　　　责任编辑：齐福江
责任校对：梁　静　王明欣　封面设计：张　静
责任印制：刘　媛

涿州市般润文化传播有限公司印刷

2023年8月第1版第2次印刷
184mm×260mm・15印张・368千字
标准书号：ISBN 978-7-111-70956-5
定价：59.00元

电话服务　　　　　　　　　网络服务
客服电话：010-88361066　　机 工 官 网：www.cmpbook.com
　　　　　010-88379833　　机 工 官 博：weibo.com/cmp1952
　　　　　010-68326294　　金 书 网：www.golden-book.com
封底无防伪标均为盗版　　　机工教育服务网：www.cmpedu.com

前言

汽车产业快速发展带来的交通拥堵、能源危机和环境污染是限制汽车产业发展的主要瓶颈，因此，新能源汽车产业是国家重点发展和大力扶持的产业。近年来，新能源汽车得到飞速发展，由此造成汽车后市场将需要大量新能源汽车销售、维修及其他各方面的人才。因此，目前全国大多数的职业院校都开设了新能源汽车专业或新能源汽车相关课程，以满足行业对人才的需求。

党的二十大报告中指出："统筹职业教育、高等教育、继续教育协同创新，推进职普融通、产教融合、科教融汇、优化职业教育类型定位"。在深度产教融合的基础上，我们组织企业一线培训专家、维修技师及职业院校资深教师主导编写了《新能源汽车维护与故障诊断》，作为职业院校新能源汽车高技能人才培养的新形态教材。同时，本书由职业教育专家对整体的结构进行全面把控，使内容符合职业教育的特点，按照项目与任务的结构进行编写，更方便教学组合。本书中涉及的纯电动汽车与混合动力汽车品牌车型实例，以北汽新能源、上汽荣威、比亚迪、吉利帝豪、丰田混合动力等典型的车型为主，综合主流新能源汽车厂家的共性和差异，解决职业院校实训设备车型配置差异的问题。

本书共分为五个项目。项目一介绍新能源汽车维护，内容为新能源汽车新车使用要求与检查，以及常规维护项目与规范操作；项目二介绍新能源汽车故障诊断技术，内容为新能源汽车故障警告灯识别与原因分析，以及故障诊断流程分析；项目三介绍纯电动汽车故障诊断与排除，内容为纯电动汽车动力电池及管理系统、驱动电机及控制器、整车动力控制系统的故障诊断与排除；项目四介绍混合动力汽车故障诊断与排除，内容为混合动力汽车动力电池及管理系统、驱动电机及控制器、整车动力控制系统的故障诊断与排除；项目五介绍纯电动与混合动力汽车故障案例分析，内容为纯电动汽车与混合动力汽车常见故障实例的故障现象、诊断与排除过程及故障分析。

本书通俗易懂，图文并茂，形式生动活泼，可以通过二维码扫描观看视频，有利于激发学生的学习兴趣。本书配套电子版教学PPT、实训工单等丰富的教学资源供教师参考和实际应用。

本书已经入选2020年浙江省普通高校"十三五"新形态教材建设项目的高职高专教材，并在"浙江省高校教材建设网"公示。

本书可作为职业院校新能源汽车及相关专业教材可供汽车销售顾问、售后服务顾问、维修技师、保险理赔员以及其他汽车行业工程技术人员阅读参考。

本书由台州职业技术学院林康、汽车行业专家吴荣辉任主编，台州职业技术学院金希计、重庆经贸职业技术学院金朝昆、台州职业技术学院王颖任副主编，参加编写的人员有笛威汽车科技张能、丁建方，上海思博职业技术学院李颖和华南理工大学吴坤鹏。

在本书编写过程中，参考了大量国内外相关著作、汽车厂家的培训课件及其他文献资料，在此一并向有关作者及汽车厂家表示最真诚的感谢。

限于编者的水平，书中难免存在不当之处，敬请广大读者批评指正。

编 者

二维码索引

素材名称	二维码	页码	素材名称	二维码	页码
新能源汽车常规保养检查		P023	高压部件绝缘电阻检测		P089
动力电池管理系统低压电源和搭铁检测		P068	整车控制器（VCU）互锁回路检测		P091
动力电池高压母线电流检测		P069	混合动力汽车动力电池相关数据流读取		P101
动力电池绝缘性能检测		P069	卡罗拉混合动力汽车HV蓄电池接线盒总成（继电器部分）检测		P102
电机角度传感器线圈电阻检测		P080	混合动力系统发动机、MG1发电机和MG2电动机转速检查		P138
电机角度传感器的波形检测		P081	混合动力系统主要部件绝缘电阻检测		P139
电机驱动电流检测		P081			

目 录

Contents

前言

二维码索引

项目一
新能源汽车维护 / 001

任务一　新能源汽车新车使用要求与检查 / 001

任务二　新能源汽车常规维护项目与规范操作 / 013

项目二
新能源汽车故障诊断技术 / 024

任务一　新能源汽车故障警告灯识别与原因分析 / 024

任务二　新能源汽车故障诊断流程分析 / 050

项目三
纯电动汽车故障诊断与排除 / 061

任务一　纯电动汽车动力电池及管理系统故障诊断与排除 / 061

任务二　纯电动汽车驱动电机及控制器故障诊断与排除 / 070

任务三　纯电动汽车整车动力控制系统故障诊断与排除 / 082

项目四
混合动力汽车故障诊断与排除 / 093

任务一　混合动力汽车动力电池及管理系统故障诊断与排除 / 093

任务二　混合动力汽车驱动电机及控制器故障诊断与排除 / 107

任务三　混合动力汽车整车动力控制系统故障诊断与排除 / 122

项目五
纯电动与混合动力汽车故障案例分析 / 140

任务一　纯电动汽车故障案例分析 / 140

任务二　混合动力汽车故障案例分析 / 151

参考文献 / 165

项目一
新能源汽车维护

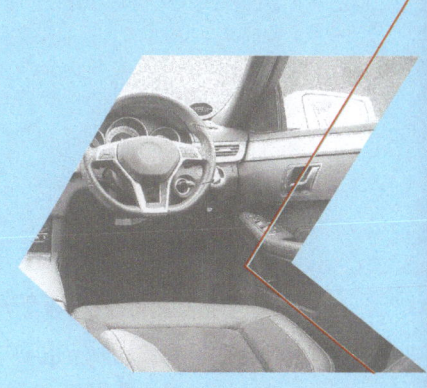

本项目介绍新能源汽车维护相关的知识和技能,分为两项工作任务,分别为:
1)新能源汽车新车使用要求与检查。
2)新能源汽车常规维护项目与规范操作。
通过两项工作任务的学习,你能够掌握新能源汽车在新车使用、日常检查,以及维护项目和规范操作的知识和技能。

任务一　新能源汽车新车使用要求与检查

➡ 情境导入

情境描述

你的主管要求你对一批新到的新能源汽车做PDI检查,你能够完成这项任务吗?

情境提示

新能源汽车与传统汽车的主要区别是驱动系统,但是新能源汽车在车身电气、底盘等部件上与传统汽车区别并不大。因此,在PDI检查、新车使用与后期的维护中,新能源汽车与传统汽车相同的系统部件可参考传统汽车,针对特有的部件需要按新的要求执行。

➡ 学习目标

知识目标

1)能描述新能源汽车新车的使用要求。
2)能描述新能源汽车的日常检查内容。
3)能描述新能源汽车PDI检查的内容和要求。

技能目标

1)能进行纯电动汽车PDI检查。
2)能进行混合动力汽车PDI检查。

➡ 知识学习

一 基本知识

1. 新能源汽车的新车使用要求

（1）新能源汽车新车磨合

汽车新车磨合也称走合。汽车磨合期是指新车或大修后的初驶阶段，一般为 1 000~3 000km，这是保证机件充分接触、摩擦、适应、定型的基本里程。在这期间可以调整提升汽车各部件适应环境的能力，并磨掉零件上的凸起物。汽车磨合过程的优劣，对使用寿命、安全性、经济性将会产生重要的影响。

与传统汽车一样，新能源汽车新车期间也需要磨合，但与传统汽车的磨合有所区别。

对于纯电动汽车，由于不再有发动机，所以新车期间主要的磨合是指对底盘各机械系统，特别是制动系统部件的磨合。

对于混合动力汽车，由于发动机的起动与运转不再受驾驶人的控制，因此在新车期间也不需要对发动机进行特殊的磨合。混合动力汽车底盘系统的磨合与传统汽车基本一致。

（2）新车磨合期注意事项

新能源汽车进入磨合期后，应进行阶段性检查与维护，内容包括以下方面。

1）磨合前期：清洁全车；紧固外露的螺栓、螺母；补充冷却液；检查电机驱动系统；检查轮胎气压；检查灯光、组合仪表；检查低压蓄电池；检查制动、转向系统。

2）磨合期使用过程中：日常注意观察驱动电机、驱动桥、传动轴及轮毂等是否有杂音或有无发热现象；检查制动系统的制动能力及紧固性、密封效果；检查全车外露螺栓、螺母的紧固情况；使用过程中注意车辆要温和驾驶，避免各种激烈驾驶行为。

3）磨合结束：按照生产厂家规定的里程数或使用时间到指定服务站进行全车首次维护（首保），主要进行全车油液检查、底盘机械检查、各系统功能检查，以及更换减速器齿轮油；如果是混合动力汽车，则还需要换发动机机油、机滤等。

表 1-1-1 是部分新能源汽车首保的规定，行驶里程 / 使用时间以先到为准，其他车型及详细内容请参照用户手册。

表 1-1-1 部分新能源汽车首保的规定

车辆品牌	行驶里程 /km	使用时间	备注
帝豪 EV300/EV450	3 000	3 个月	首保必须更换减速器齿轮油
比亚迪 E5	3 000	3 个月	
北汽 EV200	3 000	3 个月	
荣威 E50	3 000	3 个月	
丰田卡罗拉双擎	5 000	3 个月	进行新车安全检查
	10 000	6 个月	首保及 10 000km 必须更换机油、机滤

（3）新能源汽车动力电池使用要求

新能源汽车（纯电动汽车和混合动力汽车）的动力电池，需要在新车期间执行相应的维护操作，包括对动力电池的适度放电和充电，初期使用时应注意以下内容。

1）正确掌握充电时间：在动力电池使用过程中，应根据实际情况准确把握充电时间和充电频次。正常行驶时，如果电量表指示应充电，应停止运行，尽快充电，否则电池过度放电会严重缩短其寿命。对于充满电后运行时间较短就充电时，充电时间不宜过长，否则会形成过度充电，使电池发热。过度充电、过度放电和充电不足都会缩短电池寿命。

2）定期充电：即便是续驶里程要求不长，充一次电也可以使用2~3天，但还是建议每天都充电，这样使电池处于浅循环状态，电池的寿命会延长。当长时间停放车辆时，定期检查电池状态并充电，保持电量充足，避免电池自放电影响电池寿命和过度放电损坏电池。

图1-1-1所示为帝豪EV450组合仪表的动力电池电量显示状态。

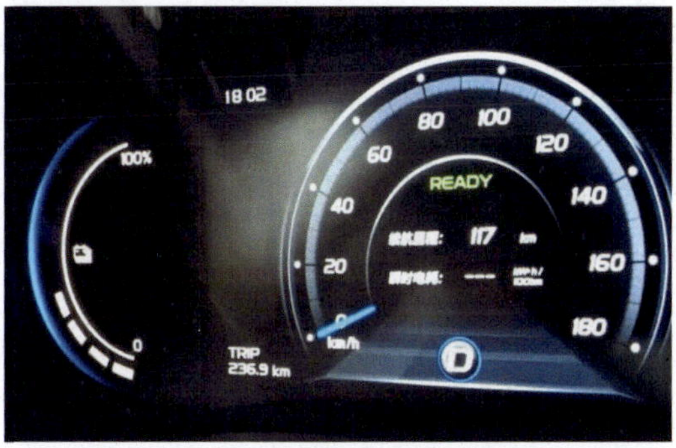

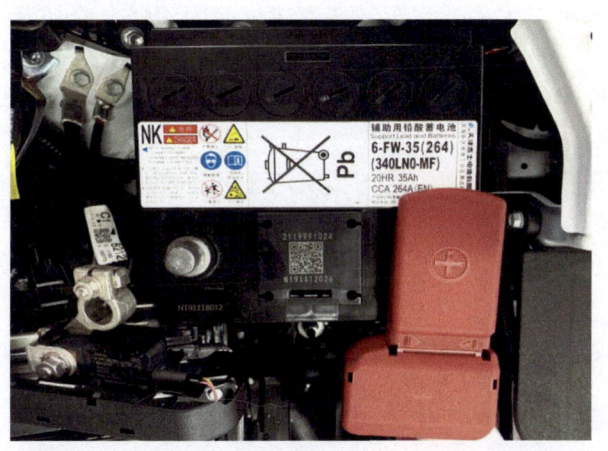

图1-1-1　帝豪EV450组合仪表的动力电池电量显示状态

2. 新能源汽车日常检查内容

新能源汽车日常主要需要检查以下内容。

（1）低压蓄电池检查

检查12V的低压蓄电池（辅助蓄电池）桩头有无腐蚀或松弛、裂纹或压板松弛，如图1-1-2所示。低压蓄电池检查注意事项如下。

图1-1-2　丰田卡罗拉双擎混合动力汽车低压蓄电池

1）如果低压蓄电池桩头已被腐蚀，则须用温水和小苏打水的混合溶液进行清洗，然后在桩头外部涂润滑脂以防止进一步的腐蚀。

2）如果低压蓄电池桩头连接松弛，须拧紧夹子的螺母。

3）将压板拧紧至能够保持低压蓄电池固定在其位置上即可，过度拧紧将损坏蓄电池外壳。

4）进行检查或维护低压蓄电池之前，须确认驱动电机和所有附属设备都已关闭。

5）检查低压蓄电池时，应首先取下负极桩头（"-"标记）上的搭铁电缆，并在最后再将它安装上。

6）使用工具时避免同时接触低压蓄电池的正、负极端子，以免造成短路。

7）清洁低压蓄电池时，注意不要让液体进入蓄电池中。

8）在低压蓄电池电缆未断开时给蓄电池充电，可能会严重损坏车辆的电子控制单元及其他电气设备。在将低压蓄电池连接到充电器上之前，应先拆下低压蓄电池电缆。

9）如在驱动电机停止运转的情况下，长时间使用车辆用电设备，则可能会导致低压蓄电池过度放电，导致车辆无法起动，甚至永久损坏低压蓄电池。

10）可以使用低压蓄电池检测设备检测低压蓄电池的使用寿命及其他性能。

（2）机油检查

机油检查仅对于油电混合动力汽车。混合动力汽车发动机机油检查及更换程序与传统汽车相似。但为混合动力汽车检查及更换机油时，需要注意以下事项：

1）举升混合动力汽车时，要注意不要把举升机支撑垫放在车辆的橙色高压电缆上或离它们很近。

2）大多数混合动力汽车要求使用黏度等级较低的机油，如 SAE 0W/20 或 SAE 5W/20。使用指定的机油黏度很重要，因为混合动力汽车发动机自动起停次数多，用错误的黏度等级不但会导致燃料经济性降低，而且可能会导致发动机损坏。请根据用户手册选择指定型号的机油。

3）检查及更换机油前必须确定发动机已经关闭。同时确保车辆高压断电，没有处于 READY/OK 状态（仪表对应的指示灯熄灭），防止发动机意外起动。

（3）冷却系统检查

冷却系统的检查与传统汽车的检查相似。但在检查混合动力汽车和纯电动汽车冷却系统时，需要注意：

1）使用规定的冷却液。大多数汽车制造商建议使用预混合冷却液，因为使用含矿物质的水会导致腐蚀问题产生。此外，有的纯电动汽车还需要采用去离子水的冷却液，这与传统的冷却液不同，去离子水的冷却液不会导电，这将保证了冷却液在所冷却的高压部件中不会产生绝缘电阻下降的风险。

2）规定的冷却液更换间隔时间。这与传统汽车的冷却液更换周期相似，应检查并确定在规定的时间或里程间隔期内更换。

3）维修中的安全预防措施。有的车型，如丰田混合动力汽车使用一个能让冷却液保温高达 3 天的储液罐。

▶ **注意**：断开冷却液软管会导致高温冷却液喷出，可能严重烫伤维修人员。

（4）空调系统检查

空调系统的检查与传统汽车的检查方法相似，但检查混合动力汽车和纯电动汽车空调系统时，还需要注意：

1）一般混合动力汽车和纯电动汽车的空调压缩机为电动压缩机，通过动力电池的高压电来驱动压缩机。

2）电动压缩机使用绝缘压缩机油（绝缘冷冻油），应使用一个单独的回收容器回收，以防常规压缩机油与绝缘压缩机油混合。例如，丰田混合动力车型采用具有高绝缘性的压缩机油（原厂型号为 ND-OIL 11，绝缘冷冻油），而普通汽油版车型则采用普通压缩机油（常规冷冻油）。

（5）转向系统检查

转向系统的检查与传统汽车的检查相似，但在检查混合动力汽车和纯电动汽车的电动转向系统时，需要注意：

1）检查转向系统时，查看并按照使用说明书上规定的预防措施进行操作。

2）大多数混合动力汽车和纯电动汽车都使用电动助力转向系统，并利用逆变器提高电压来驱动转向电机。电动转向系统的电压一般提高到 42V，这个电压水平不会产生触电危险，但如果在系统工作状态下带电断开载有 42V 电压的电路，则可能会有电弧产生。

（6）制动系统检查

制动系统的检查与传统汽车的检查相似。但在检查制动系统时需要注意：

1）所有混合动力汽车和纯电动汽车都使用再生制动（制动能量回收）系统，用于在制动时收集车辆运动的动能，把动能转化成电能输送给动力电池组。紧急制动时产生的电量超过 100A·h，此电能储存在动力电池组内，需要时用于给汽车供电。

2）对于混合动力汽车的制动系统，一般采用电子控制的制动系统，其维护检修的注意事项和方法与传统汽车有所不同，但其液压管路和制动器与传统汽车一样。制动系统没有与高压电路连接，因为是在驱动电机里面产生再生能量，且由电机控制器控制再生能量。

3）对于纯电动汽车的制动系统，其常规制动与传统车辆并无太大区别，但由于没有了发动机提供给真空助力器的真空助力，所以需要安装电动真空泵以提供制动真空助力器工作所需的真空要求。

3. 新能源汽车 PDI 检查的内容及要求

以下以北汽新能源纯电动汽车为例，介绍新能源汽车 PDI 检查的内容及要求，其他车型请参照厂家相关的文件。

（1）PDI 检查的定义、分类及流程

PDI（Pre-Delivery Inspection）：售时整备，即商品车交付客户之前的检查。

PDI 检查分为三个类别：

1）出库 PDI 检查：商品车交付物流公司发运前进行的质量状态检查。北汽新能源出库 PDI 检查的流程如图 1-1-3 所示。

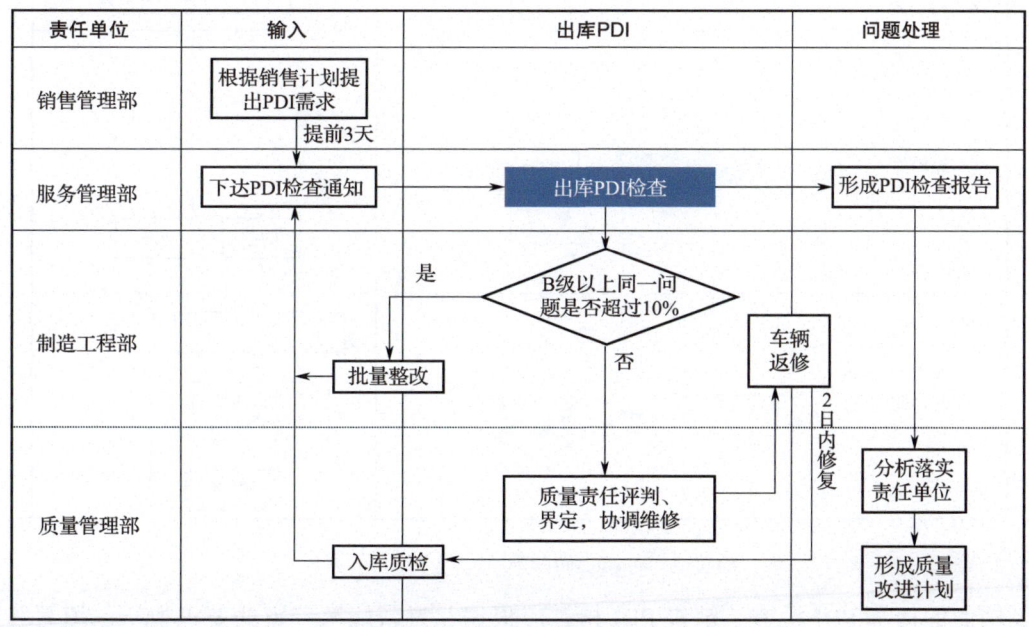

图 1-1-3　北汽新能源出库 PDI 检查的流程

2）接车 PDI 检查：商品车送达经销商处，经销商进行的车辆质量状态验收检查。北汽新能源接车 PDI 检查的流程如图 1-1-4 所示。

3）销售 PDI 检查：商品车交付最终客户前，经销商进行的车辆质量状态检查。北汽新能源销售 PDI 检查的流程如图 1-1-5 所示。

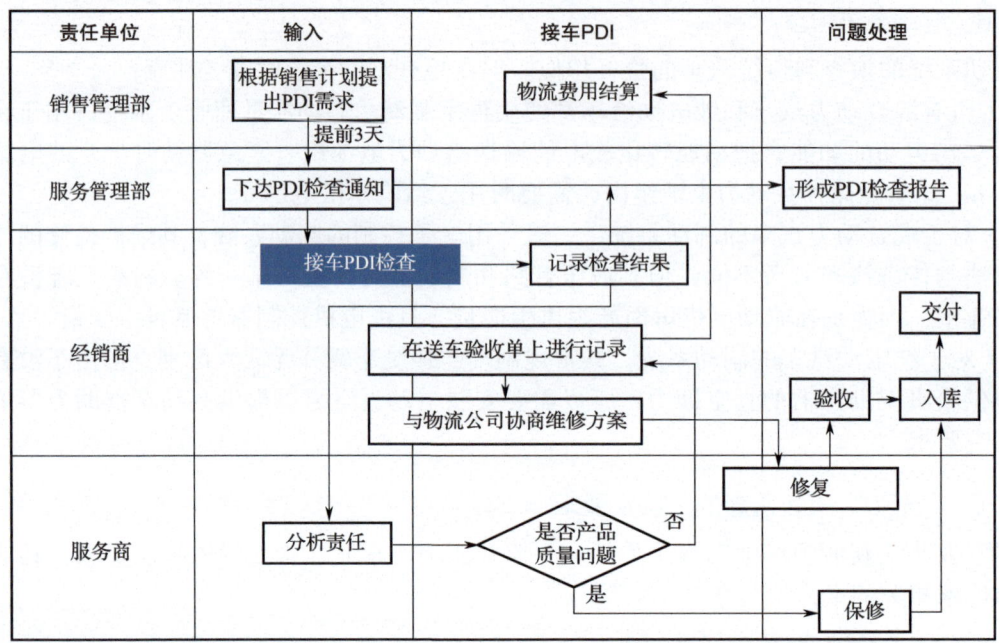

图 1-1-4　北汽新能源接车 PDI 检查的流程

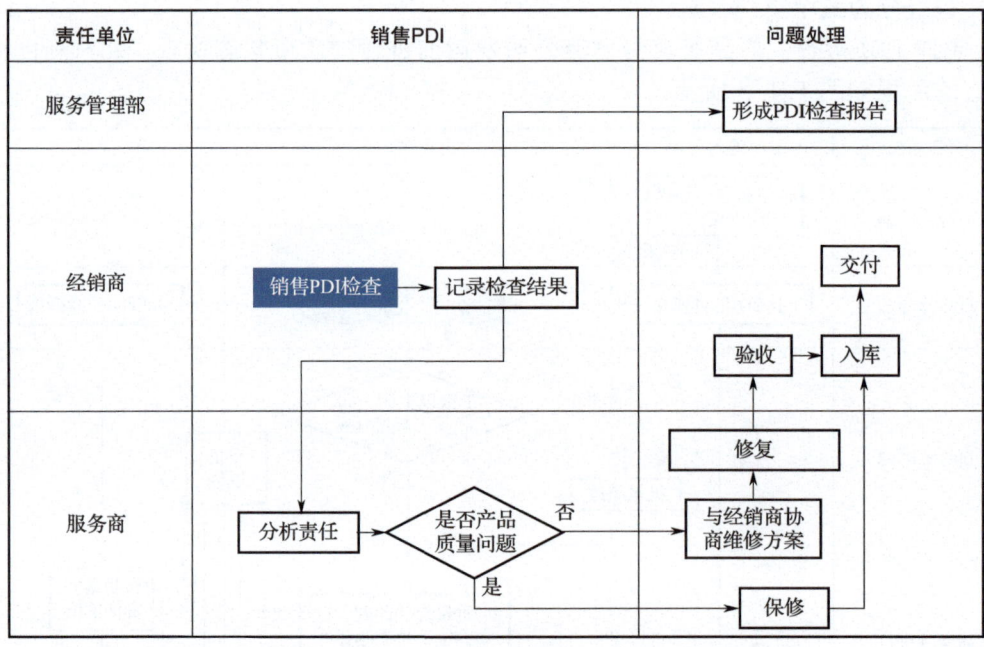

图 1-1-5　北汽新能源销售 PDI 检查的流程

经销商的接车 PDI 检查、销售 PDI 检查应根据北汽新能源厂家的要求执行，填写并提交相关的表格文件。检查要求见表 1-1-2。

表 1-1-2　检查要求

序号	类别	检查内容	检测记录	反馈时间	实施单位
1	出库 PDI 检查	包括快、慢充电以及动态路试 10km 的所有项目检查	北汽新能源商品车 PDI 检查记录表	检查完后半小时以内	服务管理部技术支持科
2	接车 PDI 检查	外观及功能项检查，重点检查物流运输过程中可能引发的车身刮蹭、油漆划伤、轮胎轮辋标志、内饰、划伤、生锈、脏污以及随车附件资料是否齐全	北汽新能源商品车 PDI 检查记录表	次周一返回上周内检查记录单	经销商
3	销售 PDI 检查	动态路试 10km 外的所有检查	北汽新能源商品车 PDI 检查记录表	次周一返回上周内检查记录单	经销商

（2）PDI 检查的内容

PDI 检查分为"A 基本检查""B 前机舱内检查""C 车辆功能检查""D 配备检查""E 其他检查"，检查内容见表 1-1-3。

表 1-1-3　北汽新能源三级 PDI 检查内容

检查项目	检查内容	出库 PDI 检查	接车 PDI 检查	销售 PDI 检查
A 基本检查				
1. 外观检查	全车漆面，前、后风窗玻璃，左右车窗，前、后车灯表面无磕碰、划伤；车顶装饰条粘贴良好，无损坏；车门、机盖、灯具安装各部分缝隙均匀，过渡无明显阶差	√	√	√
2. 轮胎检查	轮胎表面无割伤，胎压正常；轮辋及螺栓无划伤，生锈；翼子板内衬齐全	√	√	√
3. 内饰检查	门内侧，门框，转向盘，仪表台，档位，中央扶手箱，座椅，地毯，车顶内饰安装可靠，无划伤，无脏污，车内无杂物	√	√	√
B 前机舱内检查				
1. 整体目视检查	前机舱中的部件有无渗漏及损伤	√	√	√
2. 冷却液液位	液位应在 max-min 之间	√	√	√
3. 制动液	储液罐及软管有无漏液或损伤，液位应在 max-min 之间	√	√	√
4. 玻璃洗涤液液位	液位应在 max-min 之间	√	√	√
5. 蓄电池	状态、电压，蓄电池接线螺栓是否紧固	√	√	√
6. 线束/配置	不干涉，不松动（注意：橘黄色电线为高压线，请勿触动），各线束插头连接有效锁止；高压线束无死弯，护套无破损；DC-DC 变换器负极与车身搭铁螺栓紧固正常	√	√	√

（续）

检查项目	检查内容	出库 PDI 检查	接车 PDI 检查	销售 PDI 检查
C 车辆功能检查				
1. 遥控器及钥匙	遥控器及机械钥匙可以有效锁闭及开启 5 门；锁闭后后视镜收起，闪烁灯光	√	√	√
2. 车门及行李舱	4 个车门及行李舱开启和关闭正常	√	√	√
3. 车门窗	4 个车窗的玻璃升降正常	√	√	√
4. 中控门锁	使用正常	√	√	√
5. 驾驶人侧和前排乘客侧座椅	座椅调节正常，安全带拉伸及锁闭正常	√	√	√
6. 仪表板各项指示灯	上电后各项检测指示灯数秒后正常熄灭	√	√	√
7. 导航仪及收音机	使用正常	√	√	√
8. 转向盘	上下调节正常，喇叭正常，多媒体调节按钮使用正常，转向盘安装正常	√	√	√
9. 照明灯光	远光灯，近光灯，雾灯，行李舱灯，光束调节系统使用正常	√	√	√
10. 指示灯光	转向灯，警告灯，制动灯，倒车灯，牌照灯，示廓灯使用正常	√	√	√
11. 刮水器	喷水器正常，前、后刮水器工作正常	√	√	√
12. 空调	制冷和制热正常，风量调节正常，各出风口正常	√	√	√
13. 后视镜（高配）	两侧及车内后视镜是否正常调节	√	√	√
14. 天窗（高配）	天窗开关正常	√	√	√
15. 车内灯	车内灯使用正常	√	√	√
16. 遮阳板及化妆镜	使用正常	√	√	√
17. 机舱盖，充电口盖	开启、闭合正常	√	√	√
18. 倒车雷达/影像	使用正常	√	√	√
19. 换档机构及驻车制动器	操作功能正常	√	√	√
20. 数据采集终端	平台是否可以监控	√	√	√
21. 充电功能	快、慢充功能正常	√	√	√
22. 10km 路试	转向、制动、能量回收功能、驻坡能力（20% 坡度）、制动真空泵起动正常；行驶有无跑偏、摆振；直线行驶转向盘是否对正	√	√	

 项目一　新能源汽车维护

（续）

检查项目	检查内容	出库 PDI 检查	接车 PDI 检查	销售 PDI 检查
D 配备检查				
1.铭牌及随车资料	铭牌有粘贴；随车资料（导航手册）齐全，资料信息与车辆一致	√	√	√
2.备胎及随车工具	随车工具（备胎、工具三件套、千斤顶）齐全	√	√	√
E 其他检查				
出租车配备	计价器及计价器遥控面板、顶灯及顶灯钥匙、空车牌、驾驶人信息栏、禁止吸烟贴、座套（两套）	√	√	√

二　基本技能

本操作任务主要是在掌握新能源汽车新车使用与检查的理论知识基础上，能够进行新能源汽车规范的 PDI 检查操作。

1. 纯电动汽车 PDI 检查

以北汽新能源汽车销售 PDI 检查内容和要求，进行 PDI 检查操作，并填写表 1-1-4。

表 1-1-4　北汽新能源商品车销售 PDI 检查记录表

北汽新能源商品车销售 PDI 检查记录表（C30/M30/Z30/C70）			
车型：	颜色：□黑　□白　□灰　□银　□红　□金　其他：		车辆批次：
初始公里：		单号：	
车架号：		检测人员：	检测日期：
以下项目，无问题的在后面对应的检查结果内画√，需要修理的画 ×			

检查项目	检查内容	检查结果	记录栏	签字栏
A 基本检查			问题描述	维修人员签字
1.外观检查	全车漆面，前、后风窗玻璃，左右车窗，前、后车灯表面无磕碰、划伤；车顶饰条粘贴良好，无损坏；车门、机盖、灯具安装各部分缝隙均匀，过渡无明显阶差			
2.轮胎、轮辋	轮胎表面无割伤，胎压正常；轮辋及螺栓无划伤、生锈；翼子板内衬齐全			
3.内饰检查	门内侧、门框、转向盘、仪表台，档位、中央扶手箱、座椅、地毯，车顶内饰安装可靠，无划伤，无脏污，车内无杂物，无缺件，无漏装			

（续）

检查项目	检查内容	检查结果	记录栏	签字栏
B 前机舱内检查			问题描述	维修人员签字
1. 整体目视检查	前机舱中的部件无渗漏及损伤			
2. 冷却液	液位应在 max 与 min 之间			
3. 制动液	储液罐及软管无损伤，液位应在 max 与 min 之间			
4. 玻璃洗涤液液位	液位应在 max 与 min 之间			
5. 蓄电池	蓄电池状态，蓄电池电压，蓄电池接线螺栓紧固			
6. 线束/配管	不干涉，不松动（注意：橘黄色电线为高压线，请勿触动），各线束插头连接有效锁止；高压线束无死弯，护套无破损；DC-DC 变换器负极与车身搭铁螺栓紧固正常			
C 车辆功能检查			问题描述	维修人员签字
1. 遥控器及钥匙	遥控器及机械钥匙可以有效锁闭及开启 5 门；锁闭后后视镜收起，闪烁灯光			
2. 车门及行李舱	4 个车门及行李舱开启和关闭正常			
3. 车门窗	4 个车窗的玻璃升降正常			
4. 中控门锁	使用正常			
5. 驾驶人侧和前排乘客侧座椅	座椅调节正常，安全带拉伸及锁闭正常			
6. 仪表板各项指示灯	上电后各项检测指示灯数秒后正常熄灭			
7. 导航仪及收音机	使用正常			
8. 转向盘	上下调节正常，喇叭正常，多媒体调节按钮使用正常，转向盘安装正常			
9. 照明灯光	远光灯，近光灯，雾灯，行李舱灯，光束调节系统使用正常			
10. 指示灯光	转向灯，警告灯，制动灯，倒车灯，牌照灯，示廓灯使用正常			
11. 刮水器	喷水器正常，前、后刮水器工作正常			
12. 空调	制冷和制热正常，风量调节正常，各出风口正常			

（续）

检查项目	检查内容	检查结果	记录栏	签字栏
C 车辆功能检查			问题描述	维修人员签字
13. 后视镜（高配）	两侧及车内后视镜调节正常			
14. 天窗（高配）	天窗开关正常			
15. 车内灯	车内灯使用正常			
16. 遮阳板及化妆镜	使用正常			
17. 机舱盖，充电口盖	开启、闭合正常			
18. 倒车雷达/影像	使用正常			
19. 换档机构及驻车制动器	操作功能正常			
20. 数据采集终端	平台可以监控			
21. 充电功能	快、慢充功能正常			
D 配备检查			问题描述	维修人员签字
1. 铭牌及随车资料	铭牌有粘贴；随车资料（导航手册）齐全，资料信息与车辆一致			
2. 备胎及随车工具	随车工具（备胎，工具三件套，千斤顶）齐全			
E 其他检查			问题描述	维修人员签字
出租车配备	计价器及计价器遥控面板、顶灯及顶灯钥匙、空车牌、驾驶人信息栏、禁止吸烟贴、座套（两套）			

外观损伤位置标示图　　　　　　　外观损伤位置及问题描述：

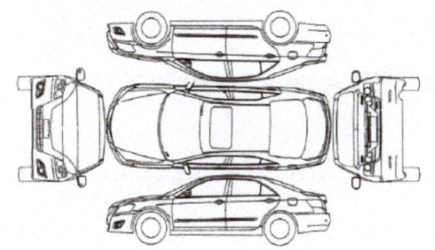

交接手续	单位	意见	签字	日期
	经销商			
	客户/运营公司			

2. 混合动力汽车 PDI 检查

混合动力汽车 PDI 检查内容和要求与传统汽车基本一致，进行 PDI 检查操作，并填写表 1-1-5。

表 1-1-5 新车 PDI 检查表

车身颜色：_____　　　车架号：_____　　　检查日期：_____

类别	检查项目	类别	检查项目	类别	检查项目
外观与内饰	□内部与外观缺陷（如变形、擦伤、锈蚀及色差等） □油漆、电镀部件和车内装饰 □关闭车门检查缝隙情况 □车玻璃有无划痕 □随车物品、合格证、工具、备胎、使用说明书 □VIN 码、铭牌 □示廓灯及牌照灯 □前照灯（远、近光）、雾灯开关 □制动灯和倒车灯	室内检查与操作	□制动踏板高度与自由行程 □加速踏板自由行程与操作 □转向盘自由行程 □收音机调节 □转向盘自锁功能 □驻车制动调节 □遮阳板、内后视镜 □室内照明灯 □前、后座椅安全带及安全带提示灯 □座椅靠背角度及头枕调整 □加油盖的开启 □储物箱的开启及锁定 □前、后刮水器及清洗器的工作情况 □点烟器及喇叭的操作	点火开关及车门装置	□组合仪表灯及性能检查 □门灯；中门儿童锁 □车门、门锁工作是否正常 □门边密封条接合情况 □钥匙的使用情况 □滑动门的工作情况，必要时加润滑脂 □蓄电池和起动机的工作及各警告灯的显示情况 □手动车窗及开关
发动机舱	□制动液液位及缺油警告灯 □发动机机油液位（混合动力） □冷却液液位及浓度 □玻璃清洗剂液位 □节气门 □离合器				
底部及悬架系统	□底部状态及排气系统 □制动管路有无泄漏或破损 □轮胎气压（包括备胎）（前轮：220kPa；后轮：250kPa） □燃油系统管路有无泄漏或破损 □悬架的固定 □确认安全部件螺母力矩		□变速器液位 □确认所有车轮螺母力矩 □齿轮、齿条护罩情况	驾驶试验	□制动器及驻车制动的效果 □转向盘检查与自动回正 □变速器换档操作 □离合器、悬架系统工作情况
热态检查	□燃油、防冻剂、冷却液、制动液及废气的渗漏 □冷却风扇的工作情况　　□热起动性能				□蓄电池电压≥12V，READY 时≥13.5V □有无其他异响
故障描述					
处理方法					

注：以上检查项目：合格"√"、异常"×"

任务二　新能源汽车常规维护项目与规范操作

➡ 情境导入

情境描述

你的主管要求你对一辆纯电动汽车执行常规 B 级维护（保养），你能完成这个任务吗？

情境提示

相对于传统汽车，新能源汽车维护项目比较少，但由于结构特征的差别，所以在维护方面有其特殊性。新能源汽车在新车使用与后期的维护中，与传统汽车相同的系统部件可参考传统汽车，针对特有的高压部件需要按新的要求执行。

➡ 学习目标

知识目标

1）能描述新能源汽车维护项目与传统汽车的区别。
2）能描述纯电动汽车维护项目内容。
3）能描述混合动力汽车维护项目内容。

技能目标

1）能规范地进行纯电动汽车常规维护操作。
2）能规范地进行混合动力汽车常规维护操作。

➡ 知识学习

一　基本知识

1. 新能源汽车与传统汽车维护的区别

汽车在行驶中，由于受各种因素的影响，零部件必然会逐渐产生不同程度的自然松动、磨损和其他机械损伤，如果不及时采取必要的技术措施，汽车的动力性、经济性必然变坏，可靠性也将随之降低，甚至发生意外事故。汽车维护就是为了减少机件磨损，保证汽车具有良好的工作性能，预防故障发生和延长车辆使用寿命而采取的维持性的技术措施。新能源汽车也是汽车的一种类型，因此同样要进行日常的维护。

新能源汽车与传统汽车的驱动方式有差别，因此在车辆维护方面的区别如下。

1）维护操作中必须注意高压电的安全防护。
2）传统汽车主要针对的是发动机系统的维护，需要定期更换机油、机油滤清器等发动机相关的运行材料；纯电动汽车主要是针对动力电池组、驱动电机以及高压部件等进行检查与维护；混合动力汽车比传统汽车增加了与纯电动汽车类似的高压电驱动系统维护。
3）底盘和车身电气方面，新能源汽车和传统汽车的结构基本相同，因此除了注意高压安全及使用的运行材料有特殊要求外，与传统汽车的维护基本相同。

2. 纯电动汽车维护项目内容与规范操作

（1）纯电动汽车整车维护项目

为了确保车辆保持最佳的状态，纯电动汽车需要像传统汽车那样定期维护，比如每年或

2万km更换减速器油和空调滤芯；每两年或4万km更换冷却液和制动液；每次维护时检查底盘、灯光、轮胎等常规部位。

由于纯电动汽车是靠电机驱动的，所以不需要更换机油、机油滤清器、汽油滤清器、空气滤清器等运行材料，只需要对动力电池组和驱动电机进行常规的检查，并保持其清洁即可，由此可见纯电动汽车的维护确实比传统汽车省事不少。

纯电动汽车与传统汽车一样，通常采用A级和B级两级维护计划，并根据不同等级做出相应的维护操作。表1-2-1是大部分纯电动汽车的维护计划（周期）和维护项目，表1-2-2是纯电动汽车维护项目具体内容，涉及的操作要求与传统汽车基本一致。

表1-2-1 大部分纯电动汽车的维护计划（周期）和维护项目

维护类别	维护项目	累计行驶里程/km					
		10 000	20 000	30 000	40 000	50 000	以此类推
A级维护	全车维护	√		√		√	
B级维护	高压、安全检查		√		√		√

表1-2-2 纯电动汽车维护项目具体内容

系统类别	检查内容	处理方法	A级维护		B级维护	
			项目	配件及材料	项目	配件及材料
1. 动力电池系统	安全防护	检查并视情况处理	√		√	
	绝缘	检查视情况处理	√		√	
	接插件状态	检查视情况处理	√		√	
	标志	检查视情况处理	√		√	
	螺栓紧固力矩	检查视情况处理	√			
	动力电池加热功能检查	检查并视情况处理	√			
	外部检查	清洁处理	√			
	数据采集	分析并视情况处理	√		√	
2. 电机系统	安全防护	检查视情况处理	√		√	
	绝缘检查	检查视情况处理	√		√	
	电机和控制器冷却检查	检查视情况处理	√			
	外部检查	清洁处理	√			
3. 电器电控系统	机舱及各部位低压线束的防护及固定	检查视情况处理	√			
	机舱及各部位插接件状态	检查视情况处理	√			
	机舱及底盘高压线束的防护及固定	检查视情况处理	√			
	机舱及底盘各高、低压电器固定及插接件的连接状态	检查，视情况处理并清洁	√		√	
	蓄电池	检查电量状态，并视情况处理	√		√	
	灯光、信号	检查并视情况处理	√		√	
	充电口及高压线	检查并视情况处理	√		√	
	高压绝缘检测系统	检查视情况处理	√			
	故障诊断系统报警检测	检测、检查并视情处理	√			

（续）

系统类别	维护项目内容					
	检查内容	处理方法	A级维护		B级维护	
			项目	配件及材料	项目	配件及材料
4.制动系统	驻车制动器	检查效能并视情况处理	√		√	
	制动装置	泄漏检查	√		√	
	制动液	液位检查	√	更换制动液	√	视情况添加制动液
	制动真空泵、控制器	检查（漏气）并视情况处理	√		√	
	前、后制动摩擦片	检查并视情况更换	√		√	
5.转向系统	转向盘及转向管柱连接紧固状态	检查并视情况处理	√		√	
	转向机本体连接紧固状态	检查并视情况处理	√		√	
	检查转向拉杆间隙及防尘套	检查并视情况处理	√		√	
	检查转向助力功能	检查并视情况处理	√		√	
6.车身系统	风窗刮水器及洗涤器	检查并视情况更换处理	√	添加风窗洗涤剂	√	添加风窗洗涤剂
	天窗	检查并视情况处理	√		√	
	座椅及滑道	检查并视情况处理	√	加注润滑脂	√	加注润滑脂
	门锁及铰链	检查并视情况处理	√		√	
	机舱铰链及锁扣	检查并视情况处理	√		√	
	后背门铰链及锁	检查并视情况处理	√		√	
7.传动及悬架系统	变速器（减速器）	检查减速器连接、紧固及渗透	√	更换减速器齿轮油	√	
	半轴/传动轴	检查球笼间隙及护罩并视情况处理	√		√	
	轮毂	检查、紧固，并视情况处理	√		√	
	轮胎	检查胎压，并视情况处理	√		√	
	副车架几个悬置的连接状态	检查紧固	√		√	
	前、后减振器	检查渗漏情况并紧固，视情况更换	√		√	
	机舱铰链及锁扣	检查并视情况处理	√		√	
8.冷却系统	冷却液的液位及冰点	液位及冰点测试，视情况添加	√	更换冷却液	√	冬季时检测冰点，视情况添加
	冷却管路	检查渗漏情况并处理	√		√	
	水泵	检查渗漏情况并处理	√		√	
	散热器	检查并清理	√		√	

（2）典型的纯电动汽车高压系统维护项目

以下以吉利帝豪 EV300/EV450 为例介绍纯电动汽车高压系统（专用件）维护项目，其他车型请参照相关维修手册的内容。

表 1-2-3 是吉利帝豪 EV300/EV450 纯电动汽车专用件的维护项目及说明，按里程表的读数或时间间隔而定，以先到者为准。对于已经超过最后期间的维护项目，也应在同样的时间间隔里进行维护。

▶ **注意**：该维护项目表特指帝豪 EV 车型专用件的维护项目及周期，其他常规维护项目及周期与普通汽油版帝豪 EC7（FE-3/4）保持一致。

表 1-2-3　吉利帝豪 EV300/EV450 纯电动汽车专用件的维护项目及说明

总成	维护项目	维护内容	维护周期
动力电池总成	电池箱外围	电池箱体（含尾部挂梁）与车辆底盘的固定螺栓紧固	10 000km 或 6 个月维护一次
		电池箱体（含尾部挂梁）与车辆底盘的固定螺柱腐蚀/破损	
		MSD（手动维修开关，根据配置）拉手及底座内部清洁度/腐蚀/破损	
		高压插接器插头与插座清洁度/腐蚀/破损	
		低压插接器插头与插座连接可靠性	
		低压插接器插头与插座清洁度/腐蚀/破损	
		电池箱箱体划痕/腐蚀/变形/破损	
		电池下箱体底部防石击胶划痕/腐蚀/破损	
	电池状态	检查电池状态参数/SOC/温度/Cell（单体电池）电压	
		检查 Pack（电池模块）绝缘阻值	
驱动电机	清洁	清洁电机外壳体，保证无水渍、泥垢	10 000km 或 6 个月维护一次
	电机冷却系统	检查管路有无老化、渗漏	
		检查水泵是否有冷却液渗漏	
	电机机械连接紧固	检测螺栓上的漆标，若漆标位置有移动，则对螺栓进行紧固，若无，则不做要求	
	搭铁线连接	电机搭铁线部位的搭铁电阻不大于 0.1Ω	
冷却系统	冷却液	检查或更换	20 000km 更换一次
减速器	齿轮油	检查或更换	50 000km 更换一次
车载充电机	一般检查	清洁	10 000km 或 6 个月维护一次
		高、低压插接件表面完好无破损、牢固	
		搭铁线牢固无松动	
		充电机安装牢固、无松动	
		充电机诊断测试	
驱动电机控制器	绝缘、搭铁电阻检测	绝缘电阻 ≥ 100MΩ；搭铁电阻 ≤ 0.1Ω	50 000km 检查一次
	不可维修件，无须维护		
分线盒	无须维护		

（3）纯电动汽车维护项目规范操作

严格执行车辆的维护计划和规范操作，能够保证行车稳定、减少故障发生、安全以及经济的使用车辆。

针对车辆维护计划和维护项目，具体执行的规范操作如下。

➤ **警告**：在执行高压车辆诊断及维护前，务必佩戴完好的个人防护设备，并严格遵守正确的操作步骤。

1）动力电池系统维护项目。

① 外观检查。

目的：检查外观有无磕碰、损坏。

方法：将车辆举升，目测动力电池底部有无磕碰、划伤、损坏的现象。

工具：无。

② 绝缘检查（内部）。

目的：防止电池箱内部短路。

方法：将动力电池高压母线接口拆下，用绝缘测试仪测量总正、总负对搭铁，阻值大于或等于 $500\Omega/V$。

工具：绝缘测试仪。

③ 底盘连接螺栓检查。

目的：防止螺栓松动造成故障。

方法：用扭力扳手紧固固定螺栓。

工具：扭力扳手。

④ 插接件检查。

目的：检查插接件有无异常。

方法：目测动力电池高、低压插接件变形、松脱、过热、损坏等情况。

工具：无。

⑤ 高、低压插接件可靠性检查。

目的：确保插接件正常使用。

方法：检查是否松动、破损、锈蚀、密封等情况。

工具：目测、绝缘手套、绝缘工具。

⑥ 动力电池相关故障码检查。

目的：确保动力电池正常工作，无故障码。

方法：使用诊断仪读取 BMS 故障码。

工具：诊断仪。

⑦ 动力电池内部温度采集点检查。

目的：确保测温点工作正常，采集点合理。

方法：BMS 监控温度与红外测温仪温度对比，检查温度精度。

工具：诊断仪、红外测温仪。

⑧ 标志检查。

目的：防止脱落。

方法：目视检查。

工具：无。

⑨ 动力电池密封检查。

目的：保证动力电池箱体密封良好，防止水进入。

方法：目视检查密封条或更换密封条。

工具：无。

2）驱动电机及电机控制器维护项目。

① 安全防护。

目的：检查外观有无磕碰、损坏。

方法：将车辆举升，目测驱动电机底部有无磕碰、划伤、损坏的现象。

工具：无。

② 绝缘检查。

目的：防止驱动电机内部短路。

方法：将驱动电机 U/V/W 高压电缆导线接口拆下，用绝缘测试仪测量，阻值大于或等于 500Ω/V。

工具：绝缘测试仪。

③ 电机和控制器冷却检查。

目的：检查电机与电机控制器冷却系统的冷却效果。

方法：捏紧冷却水管使其水道内部的阻力增大，使电动水泵转速变小，声音发生变化，如无声音变化，则说明水道内的冷却液没有循环，需排放空气。

工具：卡环钳子、旋具。

④ 外部检查。

目的：清洁电机及电机控制器表面。

方法：压缩空气吹驱动电机及电机控制器，禁止使用潮湿的布或高压水枪进行清洁。

工具：空压机及除尘枪。

3）电器电控系统维护项目。

① 前机舱及各部位低压线束的防护及固定。

检查前机舱线束各连接导线有无破损、碰擦干涉，连接是否良好，线束是否在原位固定。

② 前机舱及各部位插接件的状态。

检查前机舱线束各连接导线插接件是否有松动、破损、锈蚀、烧熔等情况。

③ 前机舱及底盘高压线束的防护及固定。

检查机舱底盘各橘黄色线束各连接导线有无破损、碰擦干涉，连接是否良好，线束是否在原位固定。

④ 前机舱及底盘各高、低压电器固定及插接件的连接状态。

检查前机舱底盘电器端子接线是否牢固，无松动，控制线束插接件和旋变插接件连接牢靠，集成横梁上的部件是否搭铁连接牢靠，无松动。

⑤ 低压蓄电池。

使用手持式蓄电池检测表测量，起动电压 ≥ 13V 为正常，正、负极极桩无松动。

⑥ 照明及指示（信号）灯光。

检查前照灯、尾灯等灯光系统。

⑦ 充电口及高压线。

检查充电线外观及插接件是否有破损、裂痕，同时进行充电看是否导通；检查充电口盖能否正常开启或关闭，当充电口盖板打开时，仪表充电指示灯应常亮，当关闭充电口盖时，仪表充电指示灯应熄灭。

⑧ 高压绝缘检测系统。

使用绝缘测试仪检测高压导线绝缘值。

⑨ 故障诊断系统报警检测。

连接诊断仪检测有无故障。

4）制动系统维护项目。

① 驻车制动器。

在斜坡将驻车制动手柄拉到整个行程 70% 的时候，或手柄棘轮齿数 6、7 齿的时候测试是否溜车，如溜车则调整驻车制动器。对于电子驻车制动（电子驻车制动）车型，只需要拉起驻车制动开关使车辆处于驻车制动状态，测试车辆是否溜车。

② 制动装置。

检查制动液是否泄漏。

③ 制动液。

每隔 2 年或者 4 万 km 更换制动液，制动液选取厂家规定型号标准的制动液；检查制动液，必须不得高于 MAX，不得低于 MIN。

④ 制动真空泵、真空罐、控制器。

a. 车辆停稳后，打开点火开关，完全踩下制动踏板，踩踏 3 次，真空泵应正常运转，约 10s 后真空度达到设定值时，真空泵应停止运转。

b. 在制动真空泵工作时检查连接软管。

检测重点部位（检测有无磨损漏气现象）：

检查制动真空泵与软管连接处。

检查制动真空罐与软管连接处。

检查前、后制动摩擦片。

检查前、后制动盘。

视情况更换故障的部件。

5）转向系统维护项目。

① 转向横拉杆球头间隙，紧固程度及防尘套状态。

a. 举升车辆（车轮悬空），通过摆动车轮和转向横拉杆来检查间隙。

b. 检查转向横拉杆球头的固定螺母是否牢固。

c. 检查转向横拉杆的防尘套有无损坏和安装位置是否正确。

② 转向助力功能。

a. 在道路试车过程中，通过原地转向、低速行驶中转向，检测转向时是否沉重、助力效果是否不足等故障。

b. 将转向盘向左、向右打至极限位置，检测是否有转向盘抖动、转向机异响等故障。

6）车身系统维护项目。

① 风窗刮水及洗涤系统。

检视车窗是否有裂纹，玻璃洗涤剂是否缺失，缺失则酌情添加，刮水器擦洗是否干净，必要时予以更换。

② 天窗、座椅滑道、门锁铰链、机舱铰链及锁扣、后背门铰链及锁扣，清洁并加注润滑脂。

7)传动及悬架系统。

① 变速器(减速器)。

a.检查变速器连接螺栓并紧固,半轴油封有无渗漏,每隔一年或2万km更换变速器(减速器)齿轮油。

b.检查等速万向节及防尘套有无破损。

② 轮毂。

视检轮毂有无划痕磕碰,视情况做一次动平衡。

③ 轮胎。

视检轮胎胎面和侧面是否有损坏和异物,轮胎是否有滚动面异常磨损、毛刺等;花纹深度是否达到极限;检查胎压是否正常。

④ 副车架悬架连接状态。

检查副车架并用扭力扳手检查紧固。

⑤ 前、后减振器。

视检减振器有无漏油,按照相关车型螺栓标准力矩检查螺栓的紧固状态。

8)冷却系统维护项目。

① 冷却液的液位及冰点。

2年或4万km使用冰点测试仪检测冷却液的冰点,低于-35℃应更换新的冷却液。

② 冷却管路。

目测检查冷却系统的管路及各零部件接口处有无泄漏情况。

③ 水泵。

视检水泵接口是否有渗漏痕迹,是否有异响、停转现象。

④ 散热器。

在电机及电机控制器冷却后,在散热器后部(电机侧)使用压缩空气冲走散热器或空调冷凝器的碎屑,严禁使用水枪对散热器散热片喷施清洗。

9)主要油液检查与更换项目。

下面以吉利帝豪EV300/EV450为例介绍纯电动汽车主要油液检查与更换,其他车型请参照相关维修手册的内容。

① 减速器(变速器)油位检查与更换。

> **警告:** 如果在减速器油温过高时进行检查和更换,可能会造成烫伤。

a.减速器油检查。

举升车辆,将车辆水平放置,并让减速器内部的油冷却,拆卸加注孔螺塞并检查油位,如图1-2-1所示。

减速器油面应该与加注孔下缘齐平。如果液面过低,则通过加注孔螺塞添加专用的减速器油,直到油液开始流出。最后重新安装并紧固加注孔螺塞。

加注孔螺塞紧固力矩:19~30N·m。

b.减速器油更换。

图1-2-1 减速器加注孔螺塞

举升车辆,将车辆水平放置,并让减速器内部的油冷却,先拆卸减速器加注孔螺塞,再拆卸减速器放油螺塞,用回收容器接收放出的减速器油。安装减速器放油螺塞。从加注孔螺塞添加专用的减速器油,直到油液开始流出。重新安装并紧固加注孔螺塞,如图 1-2-2 所示。

放油螺塞力矩:19~30N·m。

加注孔螺塞力矩:19~30N·m。

减速器油参考用量:(1.7±0.1)L。

减速器油规格:Mobil Dexron Ⅵ。

▶ **注意**:集中回收处理旧减速器油,等待报废或再生利用,不要将旧减速器油液排入下水管道,保护环境。

② 电机冷却液的液位检查与更换。

▶ **警告**:为防止灼伤,当电机处于热态的时候,不要拧开加注口盖。

图 1-2-2 减速器放油螺塞

a. 电机冷却液的液位检查。

查看储液罐(膨胀罐)液面,冷却液的液位将随电机的温度变化而变化,正常液面位置应该保持在 F 线和 L 线之间,如图 1-2-3 所示,如果液位在 L 线或以下,则须加注冷却液。拧开加注口盖,查看冷却液颜色是否浑浊,如果冷却液颜色浑浊,则应予以更换。

在加注冷却液之后,如果冷却液的液位在短时间内下降,则系统可能有泄漏。须目视检查散热器、软管、散热器盖和放泄旋塞以及电动水泵。

冷却液型号标准:符合 SH0521 要求的驱动电机用乙二醇型驱动电机冷却液(防冻液),冰点 ≤ -40℃。

b. 电机冷却液更换。

打开冷却液储液罐(膨胀罐)盖,断开散热器出水管或散热器排水阀,用回收容器接收放出的驱动电机冷却液,如图 1-2-4 所示。

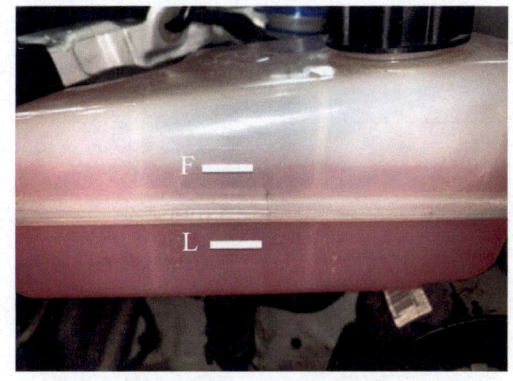

图 1-2-3 冷却液储液罐

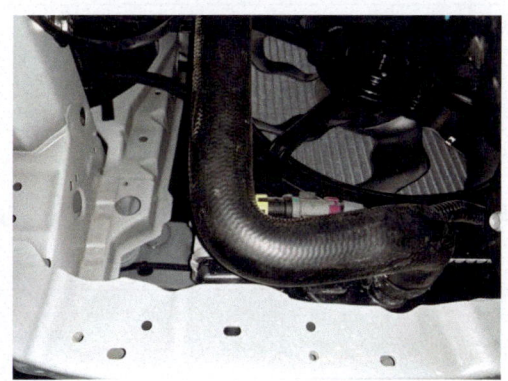

图 1-2-4 散热器出水管

连接散热器出水管。缓慢加注冷却液,直至膨胀罐内的冷却液液量达到 80% 左右,且液位不再下降。

起动车辆,打开暖风系统,通过电动水泵运行排除系统剩余空气;挤压散热器出水软管可加速排空,注意风扇可能随时运行,小心绞伤;如果冷却液液位持续不变,且膨胀罐通气口无冷却液流出,需要重新起动车辆,并挤压散热器出水软管强制排空。

观察膨胀罐内的冷却液下降,及时补充冷却液,保持冷却液液位处于 F 线和 L 线之间。

观察膨胀罐通气口，待膨胀罐通气口有持续冷却液流出且膨胀罐内冷却液的液位不再下降，拧紧膨胀罐盖，冷却液加注完成。

➤ **注意**：集中回收处理旧驱动电机冷却液，等待报废或再生利用，不要将旧驱动电机冷却液排入下水管道，保护环境。

冷却液型号标准：符合SH0521要求的驱动电机用乙二醇型驱动电机冷却液（防冻液），冰点 ≤ -40℃。

3. 混合动力汽车维护项目内容

混合动力汽车仍然有发动机，在日常的维护要求上与传统汽车的区别并不大。以丰田混合动力汽车为例，见表1-2-4，在常规维护过程中只需要做高压系统相关部件的外观检查，定期检查或更换动力电池（HV蓄电池）散热进气口滤网，其他整车各系统的维护与普通的汽油版车型基本一致。

表1-2-4 丰田混合动力汽车维护项目及内容

维护项目		维护周期
检查发动机多楔传动带有无裂纹、飞屑、磨损状况并调整其张紧度		每隔15 000km或24个月检查，每隔60 000km更换
检查更换火花塞	一般使用条件	首次18 500km更换，之后每隔22 500km更换一次
	严酷使用条件	检查并视情提前更换
检查整车点火回路及供电回路		每次维护检查
检查曲轴箱通风系统（PCV阀和通风软管）		
检查冷却水管有无损伤，并确认接管部位是否锁紧		
检查膨胀罐内发动机冷却液液面高度		
加注汽油清净剂		定期维护时加注
更换发动机冷却液及驱动电动冷却液		采用有机酸型防冻液，4年或10万km更换一次
更换空气滤清器滤芯	一般使用条件	首次18 500km更换，之后每隔22 500km更换一次，定期维护时清洁
	严酷使用条件	检查并视情提前更换
更换机油	一般使用条件	每次维护更换（7 500km或12个月）
	严酷使用条件	每隔5 000km更换
更换机油滤清器		每次更换机油时进行更换
检查发动机怠速		每隔15 000km或24个月检查
检查排气管接头是否漏气		
检查氧传感器		
检查三元催化转化器		
检查活性炭罐		

（续）

维护项目		维护周期
更换燃油滤清器		每隔 15 000km 或 24 个月更换
检查燃油箱盖、燃油管和接头		每隔 30 000km 或 48 个月检查
检查更换自动变速器内的 ATF、前变速器齿轮油、滤清器及后总成齿轮油）	一般使用条件	首次 56 000km 更换，之后每 60 000km 检查油品，必要时予以更换
	严酷使用条件	视需要缩短周期
检查紧固底盘的固定螺栓		每次维护检查（7 500km 或 12 个月）
检查制动摩擦块和制动盘		
检查轮胎和充气压力（含 TPMS 胎压监控系统）		
检查空调空气过滤器		
更换制动液		首次 18 个月更换，之后每 24 个月更换一次，例行维护时检查
检查制动踏板和电子驻车制动开关		每隔 15 000km 或 24 个月检查
检查制动系统管路和软管		
检查转向盘、拉杆		
检查传动轴防尘罩		
检查球销和防尘罩		
检查前、后悬架装置		
检查前、后轮定位		
检查车轮轴承有无游隙		
检查冷气或暖气系统		
检查空调装置的制冷剂		
检查安全气囊系统		
检查前机舱盖锁及其紧固件		每年
检查车身损坏情况		

备注：新车行驶 3 500km 或 6 个月进行首保；每隔 7 500km 或 12 个月周期进行定期维护，里程数或月数以先到者为准

二 基本技能

1. 纯电动汽车维护操作

参照前文"基本知识"的内容，必要时阅读维修手册及相关技术资料，进行纯电动汽车常规维护项目维护规范操作。

2. 混合动力汽车维护操作

参照前文"基本知识"的内容，必要时阅读维修手册及相关技术资料，进行混合动力汽车常规维护项目维护规范操作。

新能源汽车常规保养检查

项目二
新能源汽车故障诊断技术

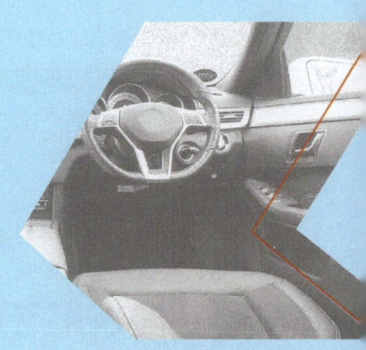

本项目介绍新能源汽车故障诊断技术,分为两个任务,分别为:
1)新能源汽车故障警告灯识别与原因分析。
2)新能源汽车故障诊断流程分析。
通过以上两个任务的学习,你能够掌握新能源汽车的故障警告灯识别与原因分析,以及新能源汽车故障诊断流程分析。

任务一　新能源汽车故障警告灯识别与原因分析

➡ 情境导入

情境描述

一辆纯电动汽车仪表的动力电池故障警告灯点亮,你的主管要求你分析故障原因,你能够完成这个任务吗?

情境提示

当新能源汽车出现故障时,通常在仪表上会显示出相应的故障警告灯来提醒驾驶人,并根据车辆的实际运行情况,以及结合故障类型,启动相应的故障模式。

➡ 学习目标

知识目标

1)能描述新能源汽车仪表指示灯/警告灯的含义和检查方法。
2)能描述典型新能源汽车警告灯的检查方法。

技能目标

1)能识别纯电动汽车仪表警告灯,并分析可能原因。
2)能识别混合动力汽车仪表警告灯,并分析可能原因。

 项目二 新能源汽车故障诊断技术 025

➡ 知识学习

一 基本知识

1. 新能源汽车仪表指示灯/警告灯的含义及检查方法

（1）新能源汽车仪表指示灯/警告灯的含义

新能源汽车的仪表都设计了与控制系统相关的指示灯或警告灯，其符号根据具体车型可能有所不同，但功能是相似的。与传统汽车一样，仪表的绿色灯是指示灯，表示对应的系统处于正常工作，如 READY 或 OK 指示灯；黄色灯是警告灯，表示提醒或一般警告，如动力电池电量不足或动力电池切断警告灯；红色灯是严重故障警告，表示车辆无法行驶或行驶可能出现严重事故，如动力电池故障警告灯或电机及控制器过热警告灯。

常见新能源汽车仪表的警告灯/指示灯及其含义见表 2-1-1。

表 2-1-1 常见新能源汽车仪表的警告灯/指示灯及其含义

指示灯/警告灯	颜色	功能含义
	黄色	动力电池充电提醒（电量不足报警）：当电量低于 30%，动力电池充电提醒灯点亮；充电到电量高于 35%，动力电池充电提醒灯熄灭
	黄色	动力电池切断警告：动力电池处于切断状态时常亮
	红色	充电连接警告：当车辆外接充电枪连接（充电口盖开启）或者正在充电时常亮，此时车辆无法行驶
	红色	动力电池故障警告：当动力电池发生故障时常亮
	红色	动力电池绝缘电阻低警告：系统检测到动力电池绝缘电阻低（漏电）时常亮
	红色	动力电池过热警告：系统检测到动力电池过热时常亮
	黄色	动力系统故障警告：当动力系统存在故障或降功率运行时常亮
	红色	动力系统严重故障警告：当动力系统出现严重故障，不能正常工作时常亮或闪烁
	红色	驱动电机（电驱动）系统故障警告：当驱动电机及控制器出现故障，不能正常工作时常亮

（续）

指示灯/警告灯	颜色	功能含义
![]	红色	驱动电机及控制器过热警告：当驱动电机或电机控制器过热时常亮
![]	红色	低压12V蓄电池充电故障（电量低）警告：低压12V蓄电池电量低时常亮
![]	黄色	功率限制指示：当车辆出现异常，需要限制输出功率时，指示灯常亮
READY OK	绿色	车辆准备就绪指示（READY或OK）：只有该灯亮时，车辆才可以正常行驶，且驾驶过程中常亮

（2）新能源汽车仪表警告灯的检查方法

1）警告灯的检查原则。

当新能源汽车仪表出现黄色或红色故障警告灯点亮的情况后，可以遵循"一看、二查和三清"原则进行相应的检查。

① 一看：看仪表上显示警告灯的含义，定位故障原因。

② 二查：查故障码内容和系统状态（数据流），找到故障原因。

③ 三清：清除故障；故障排除以后，利用诊断仪重新清除故障码，从而熄灭仪表上的警告灯。

2）同时出现多个警告灯的检查顺序。

针对新能源汽车的仪表中出现多个故障警告灯后，其检查优先级如图2-1-1所示。

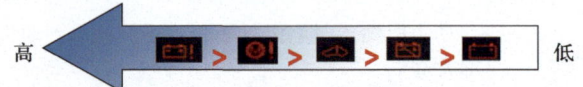

图2-1-1 故障警告灯检查优先级

如果动力电池出现故障，或发生漏电故障，则动力电池高压会被切断，动力电池切断警告灯也会点亮，其他系统也无法工作，因此动力电池的优先权是最高的。

3）常见故障警告灯的原因及诊断与排除方法。

▶ **提示：** 出现故障后，首先尝试通过点火钥匙重复上电、断电操作能否熄灭故障灯，如不能，再执行下述诊断与排除方法。

① 钥匙打到ON位后，仪表 READY 或 OK 灯不亮。

可能原因：

针对上电以后整车无故障，但是不能进入起动模式（READY或OK灯点亮）的情况，需要先确认档位是否在空档，以及制动踏板是否踩下。

诊断与排除方法：

检查档位及制动灯开关，确认正常以后再尝试起动。

② 整车无故障，但动力性能减弱。

可能原因：

动力电池电量过低，或其他原因导致限功率运行。

诊断与排除方法：

仪表电量低提示灯 是否点亮，如点亮，请及时充电。如果仪表功率限制指示灯 点亮，则应进一步查找原因。

③ 整车无故障，动力电池充满电，但无法行驶。

可能原因：

外接充电线连接时整车不能行驶。

诊断与排除方法：

如果充电连接指示灯 点亮，需要查看外接充电线是否拔掉，或充电口开启状态。

④ 钥匙打到 ON 位后，仪表所有灯不亮，或闪烁，或比较暗。

可能原因：

a. 仪表灯都不亮：12V 蓄电池的端子被拆掉或者蓄电池严重亏电。

b. 仪表灯闪烁或者比较暗：蓄电池亏电。

诊断与排除方法：

a. 请检查前舱 12V 蓄电池的端子是否被拆掉，若被拆掉，请连接后再试。

b. 蓄电池连接仪表灯不亮，说明 12V 蓄电池严重亏电，需更换电池。

c. 仪表灯闪烁或变暗，说明 12V 蓄电池亏电，需要及时对 12V 蓄电池充电或者更换。

不更换 12V 蓄电池的方法：在动力电池电量良好并且不处于充电状态的情况下，可以通过搭铁线将 12V 蓄电池与有电的 12V 蓄电池连接，车辆钥匙在 ON 的位置使高压接触器吸合，DC-DC 变换器开始工作以后即可断开搭铁线连接，在操作过程中请注意安全，蓄电池正、负极不要反接或短接。

判断 DC-DC 变换器是否工作的方法：仪表显示屏指示动力电池电流为负值；通过电压表测试 12V 蓄电池两端的电压，应大于 13V。

➤ **注意：** 有些车辆需要起动以后，DC-DC 变换器才会对低压 12V 蓄电池进行充电。

⑤ 12V 蓄电池故障警告灯 常亮。

可能原因：

a. 由于存放时间过长或者过量使用 12V 蓄电池，导致 12V 蓄电池电压较低。

b. DC-DC 变换器故障，不能给 12V 蓄电池充电。

c. DC-DC 变换器熔断丝熔断，12V 蓄电池上方的熔丝熔断。

d. 连接 DC-DC 变换器至 12V 蓄电池端的线束问题。

诊断与排除方法：

a. 更换 12V 蓄电池或者给蓄电池补充电。

b. 若为 DC-DC 变换器不能给 12V 蓄电池充电的原因，则需要对故障进行进一步排查。

⑥ 动力电池故障警告灯 常亮，整车不能起动。

可能原因：

a. 动力电池管理系统（BMS）故障。

b. 动力电池本体单体存在故障。

诊断与排除方法：
a. 通过诊断仪读取故障码，根据具体故障参照整车维修手册进行维修。
b. 检测高压部件请专业人员进行，禁止私自操作，必须注意高压安全事项，按照手册中的要求进行维修。

⑦ 动力系统故障警告灯 ⚠ 常亮或者闪烁，整车不能起动。
可能原因：

a. 整车控制器 VCU 严重故障。
b. 整车 CAN 通信存在短路/断路故障。
c. 制动真空压力传感器异常。
d. 高压系统（动力电池/电机/压缩机/整车控制器）互锁系统故障。
e. 冷却风扇驱动故障。
f. 逆变器驱动/继电器驱动故障。
g. 加速踏板故障。
h. 压缩机或 PTC 驱动故障。
i. 电机转扭矩监控故障。
j. 低压主继电器驱动故障。

诊断与排除方法：
通过诊断仪读取故障码，根据具体故障参照整车维修手册进行维修。

⑧ 动力系统故障警告灯和动力电池故障警告灯不亮，动力电池切断指示灯 🔋 常亮。
可能原因：

a. 高压继电器盒内熔丝烧断。
b. 高压继电器（正极\负极\预充电）控制线束有问题。
c. 高压继电器本身损坏。
d. 预充电阻失效。

诊断与排除方法：

a. 检查高压系统电路。
b. 此问题涉及高压检查和维修，非专业人员，禁止操作。专业人员在检查时，严格遵守操作要求，注意安全。

⑨ 驱动电机（电驱动）系统故障警告灯 🔋 常亮。
可能原因：

a. 驱动电机系统故障。
b. 电机控制器故障。

诊断与排除方法：

a. 同时出现此故障警告灯和动力电池切断指示灯时，先查电驱动系统故障，再查动力电池切断指示灯。
b. 通过诊断仪读取故障码，根据具体故障参照维修手册进行维修。

2. 典型纯电动汽车仪表指示灯及显示信息介绍

下面以吉利帝豪 EV450 为例，介绍典型的纯电动汽车仪表指示灯及显示信息。

帝豪 EV450 车型仪表通过硬线及 CAN 两种方式采集车载信号，将需要的信息以步进电机指针、TFT 液晶图形以及 LED 灯的形式显示给驾驶人。

（1）帝豪 EV450 仪表显示内容说明

仪表显示内容主要包括电机转速，车速，功率（TFT 液晶），电池电量（TFT 液晶），档位（TFT 液晶），里程（TFT 液晶），续驶里程和平均电耗（TFT 液晶），瞬时电耗和平均车速（TFT 液晶），ECO、READY、充电模式（TFT 液晶），部分报警图标（TFT 液晶）及其他 LED 显示车载信号。

仪表 LCD 信息显示屏显示包含门开界面、倒车雷达、正常行驶界面、充电界面、PEPS 提示界面。

仪表内置蜂鸣器，当有故障出现时，蜂鸣器会发出相应的报警声。

小计里程通过仪表外接的按键清零。

仪表显示内容如图 2-1-2、表 2-1-2、表 2-1-3、表 2-1-4 所示。

图 2-1-2 帝豪 EV450 纯电动汽车组合仪表显示

表 2-1-2 帝豪 EV450 纯电动汽车仪表指示灯/警告灯说明

灯符号	指示灯/警告灯说明	颜色
←	左转向指示灯	绿色
→	右转向指示灯	绿色
远光灯符号	远光灯指示灯	蓝色
昼行灯符号	昼行灯指示灯	绿色
后雾灯符号	后雾灯指示灯	黄色
蓄电池符号	蓄电池充放电指示灯	红色
制动系统符号	制动系统故障指示灯	红色
(P)	驻车制动指示灯	红色

（续）

灯符号	指示灯/警告灯说明	颜色
ABS	ABS 故障警告灯	黄色
EBD	EBD 故障指示灯	黄色
	驾驶人安全带未系警告灯	红色
	安全气囊故障警告灯	红色
TPMS	胎压监测系统故障警告灯	黄色
	胎压异常指示灯	黄色
	ESP 故障指示灯	黄色
OFF	ESP OFF 指示灯	黄色
EPS	电动助力转向系统故障警告灯	黄色
	巡航指示灯	绿色
	动力电池充电状态指示灯	黄色
	系统故障指示灯	红色
	充电线连接指示灯	红色
READY	READY 指示灯	绿色

（续）

灯符号	指示灯/警告灯说明	颜色
 ECO ECO+ SPORT	ECO/ECO+/SPORT 指示灯	绿色/绿色/红色
	电机及控制器过热指示灯	红色
	功率限制指示灯	黄色
	变速器故障指示灯	红色
	驻车系统故障指示灯	黄色
	动力电池故障灯	红色
	小灯（位置灯）	绿色

表 2-1-3　帝豪 EV450 纯电动汽车仪表显示说明

可显示内容	显示说明	颜色
12:20	时间显示	白色
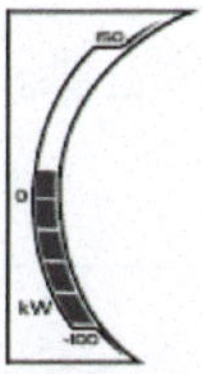	功率表	负功率 – 绿色 正功率 – 蓝色
	车速表	蓝色
Trip 255.6km	小计里程	白色

（续）

可显示内容	显示说明	颜色
ODO 000356km	总计里程	白色
P	档位显示	白色
续驶里程 150 km	续驶里程	白色
平均电耗 19.9kw·h/100km	平均电耗	白色
瞬时电耗 19.9kw·h/100km	瞬时电耗	白色
室外：-20℃	室外温度显示	白色
（转速表图）	转速表	蓝色
（电池电量图）	电池电量	电池电量低 – 红色

表 2-1-4　帝豪 EV450 纯电动汽车仪表 LCD 显示屏显示说明

显示界面	显示说明
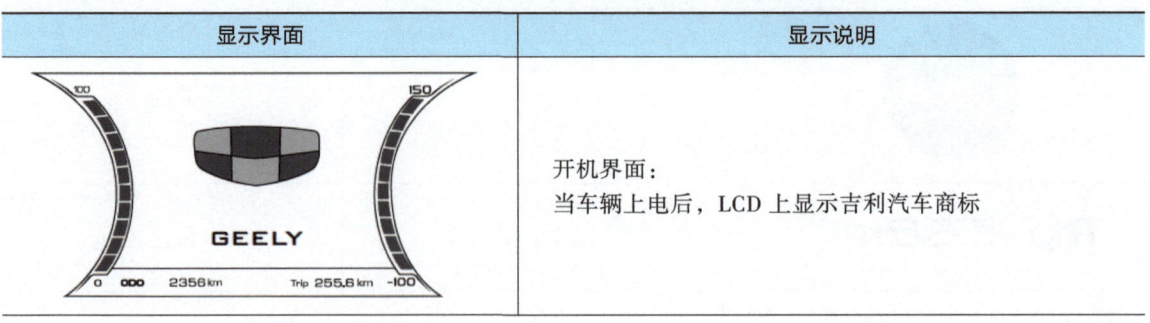	开机界面： 当车辆上电后，LCD 上显示吉利汽车商标

（续）

显示界面	显示说明
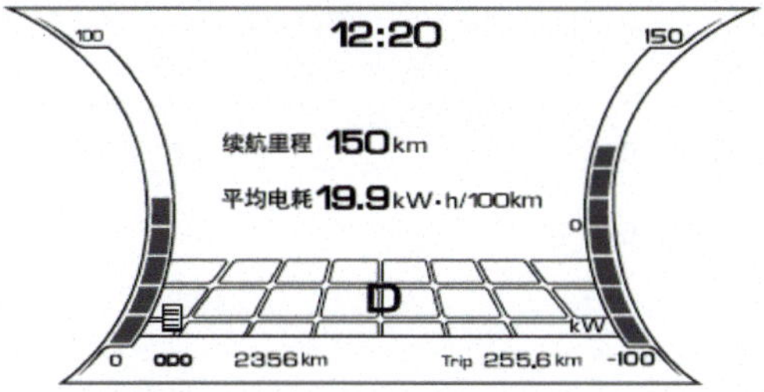 	常显界面： 当车辆正常行驶时，显示该界面。在该界面中会显示出续驶里程、平均电耗、车速、档位、时间、总计里程、小计里程、电池电量、功率、动力电池充电状态、安全带未系、电机故障指示、充电线连接指示、READY、ECO、功率限制指示、动力电池故障、动力电池切断、胎压报警、TPMS系统故障等指示灯
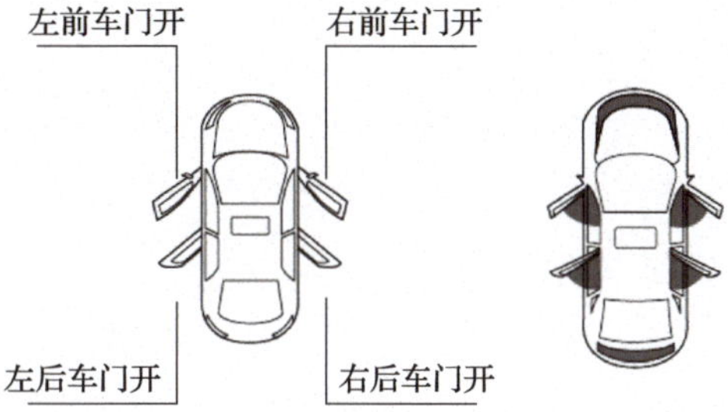 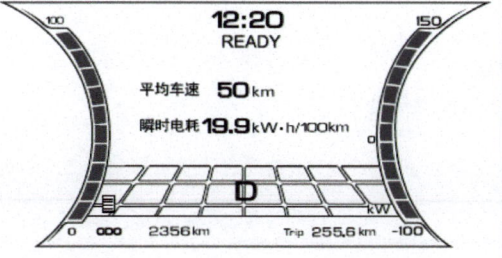	门开界面（车门开提醒）： 当有一个或多个门开信号触发时，LCD上显示汽车俯视图中相对应的门开，并同时伴有蜂鸣警告提醒。当有四门两盖信号触发时，LCD上显示汽车俯视图中相对应的四门两盖开启状态
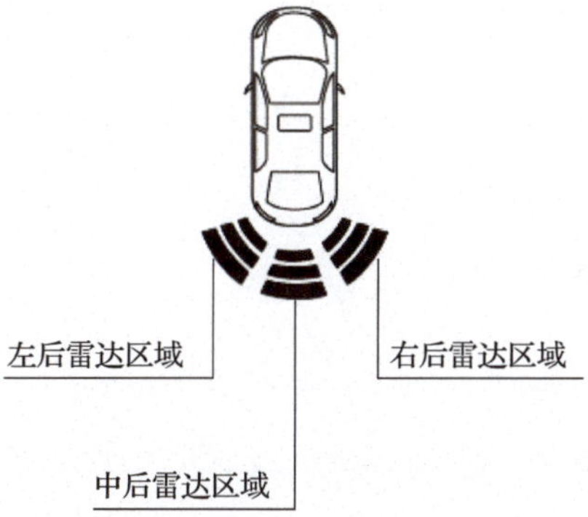	倒车雷达： 当汽车处于倒档状态时，显示倒车雷达界面，其他档位不显示倒车雷达界面
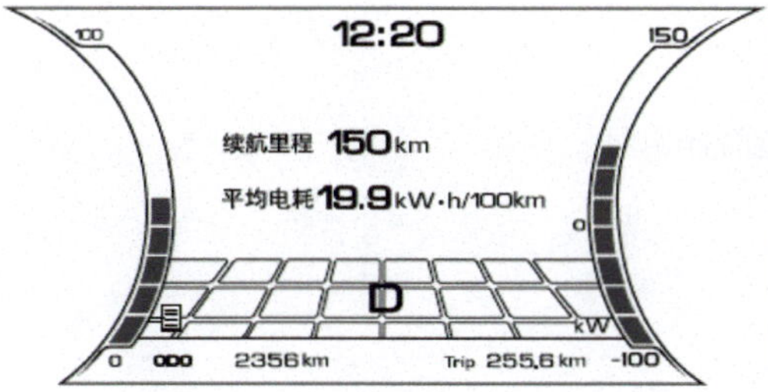	续驶里程和平均电耗界面： 显示车辆的续驶里程和平均电耗等信息
	平均车速和瞬时电耗界面： 显示车辆的平均车速和瞬时电耗等信息

（续）

显示界面	显示说明
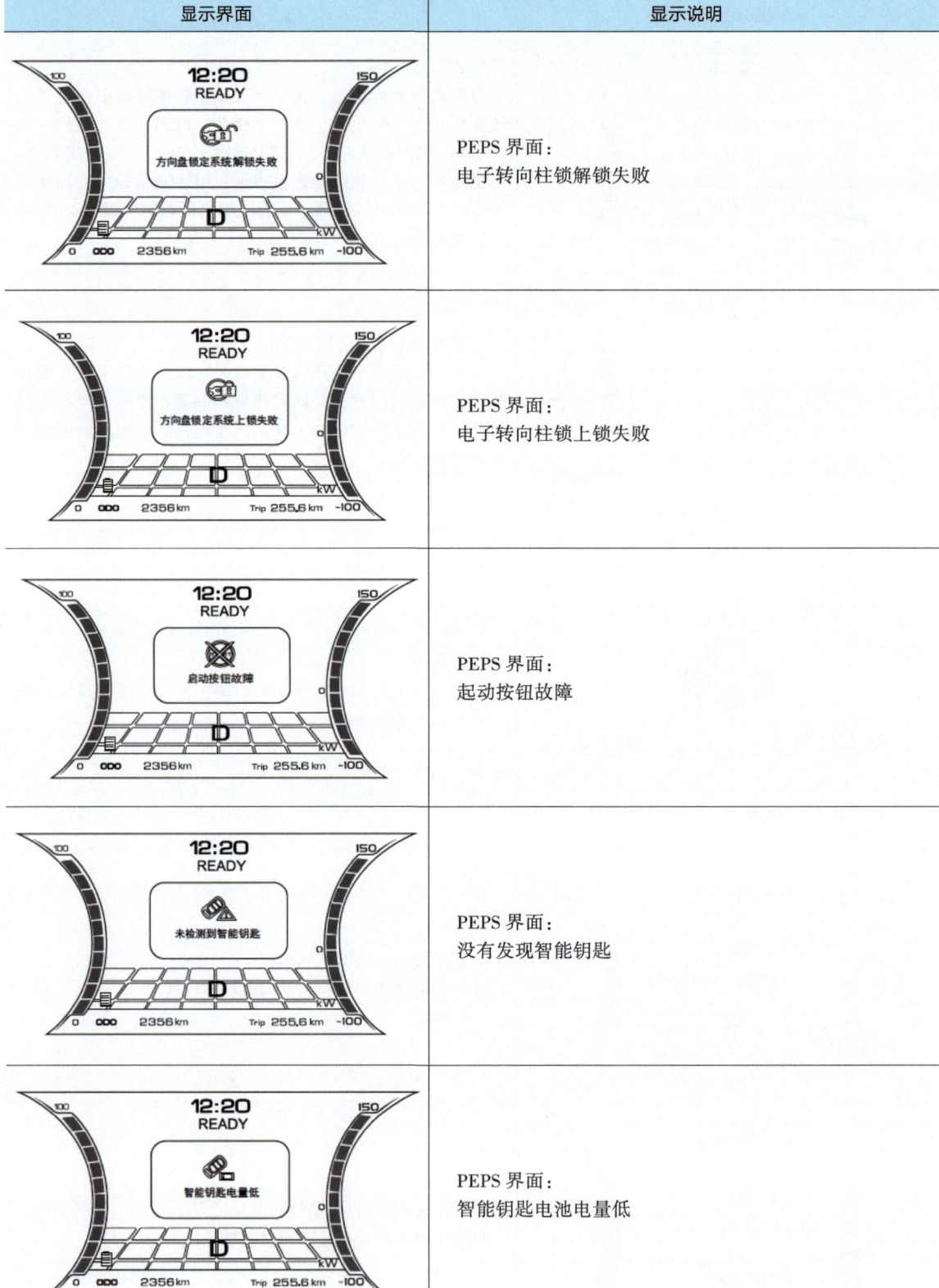	PEPS 界面： 电子转向柱锁解锁失败
	PEPS 界面： 电子转向柱锁上锁失败
	PEPS 界面： 起动按钮故障
	PEPS 界面： 没有发现智能钥匙
	PEPS 界面： 智能钥匙电池电量低

（续）

显示界面	显示说明
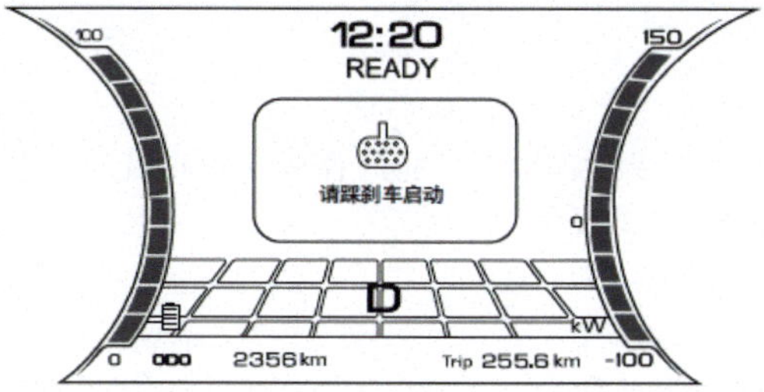	PEPS 界面： 请踩制动踏板
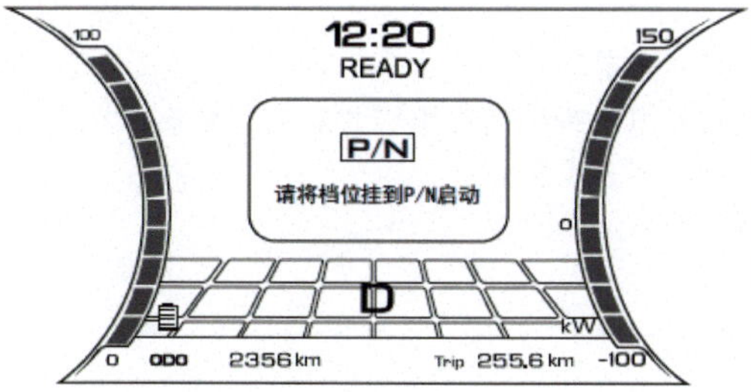	PEPS 界面： 请挂到 P 位或 N 位起动
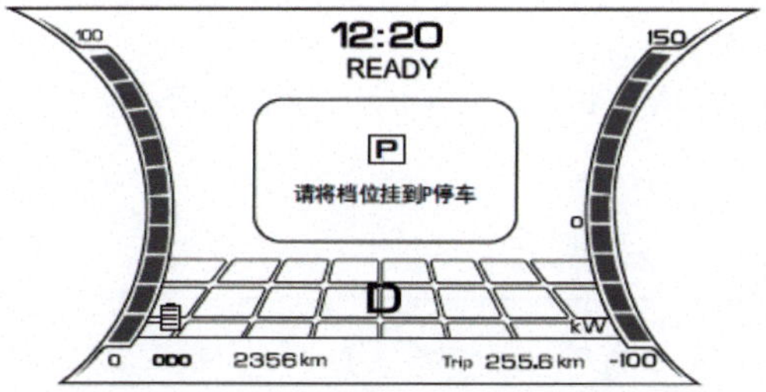	PEPS 界面： 请挂到 P 位驻车
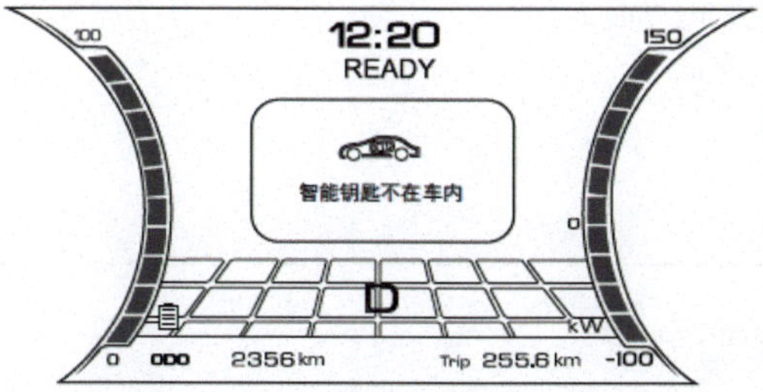	PEPS 界面： 智能钥匙不在车内
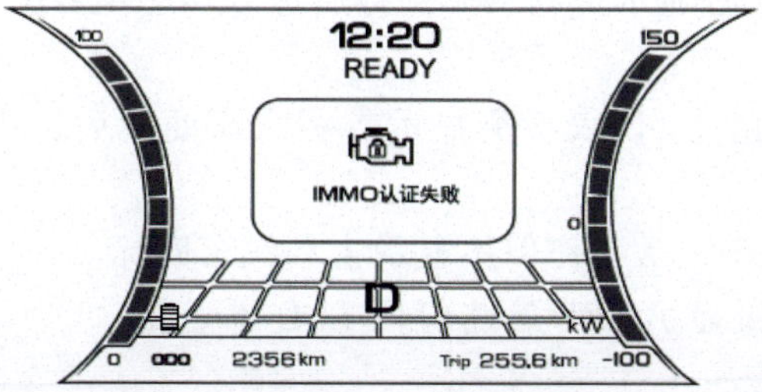	PEPS 界面： IMMO 认证失败

（续）

显示界面	显示说明
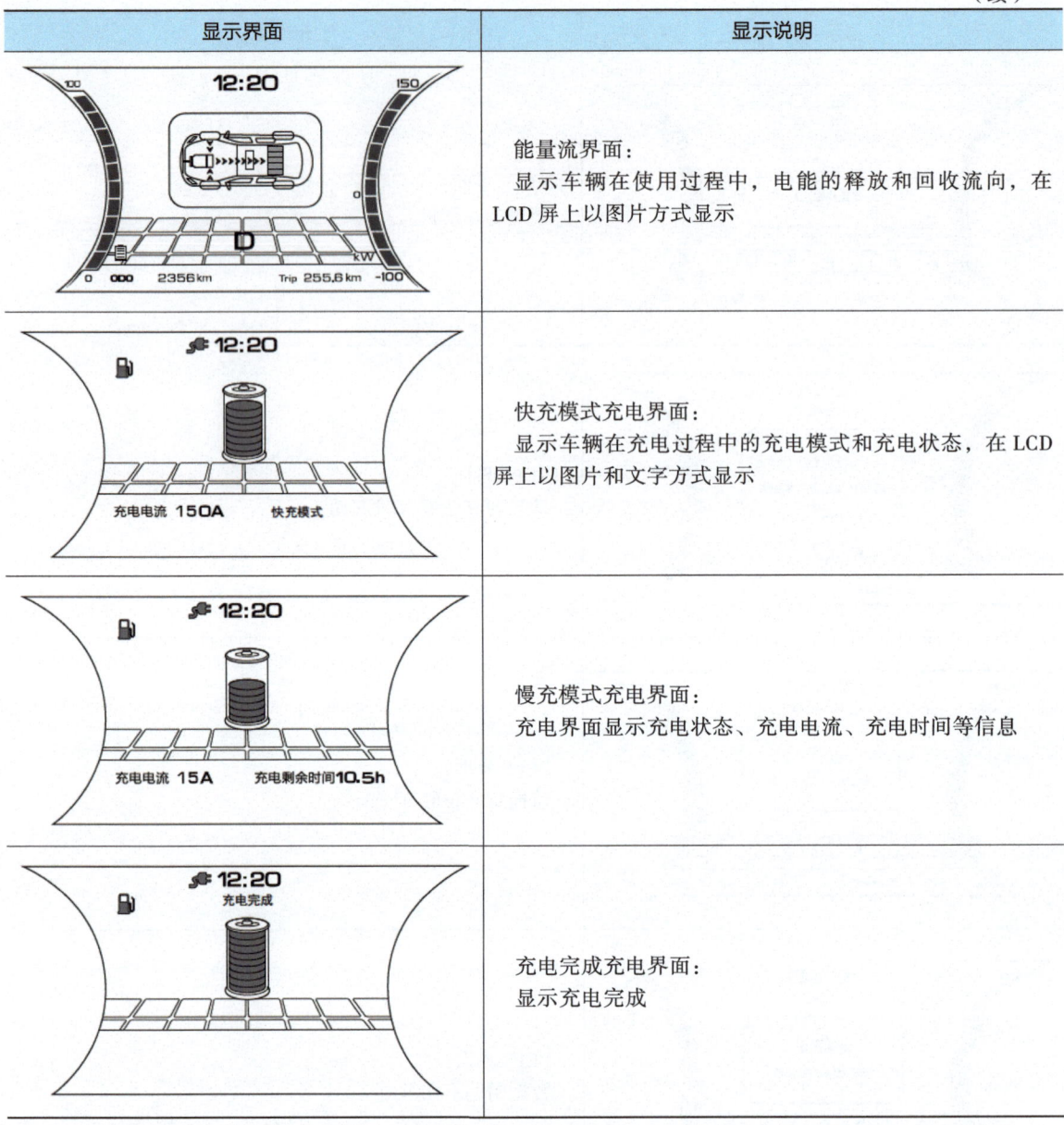	能量流界面： 显示车辆在使用过程中，电能的释放和回收流向，在LCD屏上以图片方式显示
	快充模式充电界面： 显示车辆在充电过程中的充电模式和充电状态，在LCD屏上以图片和文字方式显示
	慢充模式充电界面： 充电界面显示充电状态、充电电流、充电时间等信息
	充电完成充电界面： 显示充电完成

（2）帝豪EV450纯电动汽车仪表工作策略和原理说明

1）唤醒和睡眠。

①仪表睡眠时，当IGN（点火开关）起动，仪表唤醒显示吉利汽车商标后进入功能主界面，背光点亮。

②仪表唤醒时，但LCD和背光熄灭，当IGN起动，仪表唤醒显示吉利汽车商标后进入功能主界面，背光点亮。

③仪表唤醒时，且LCD点亮，当IGN起动，仪表正常工作但不显示吉利汽车商标。

④仪表睡眠时，当位置灯点亮，仪表被唤醒，可显示LED警告灯但LCD不点亮。

⑤仪表睡眠时，当有CAN信号时，分以下情况。

a. CAN数据有充电信号、四门两盖信号和PEPS报警信号时，LCD被点亮。

b. CAN 数据有除充电信号、四门两盖信号和 PEPS 报警信号外的信号时，LCD 不被点亮。

2）按键说明。

RESET 键：在调节时间时短按时间循环自减，不在调节时间时短按清除小计里程。

TRIP 键：调节时间，长按时选中时间的小时，再短按小时循环自加，再长按选中时间的分，短按分循环自加，最后再长按恢复正常；不在调节时间时短按可循环切换仪表的界面：续驶里程和平均电耗界面→平均车速和瞬时电耗界面→能量流界面。

按键时间定义：长按 $t \geq 2s$，短按 $0.3s < t < 2s$，小于 $0.3s$ 视为干扰信号，不予响应。

只有点火开关处于 ON 位时，调节按钮才能使用。点火开关由 ON-OFF-ON 时，显示界面显示上一次 ON 时最后的显示界面。

在调节时间时，在 10s 内没有按键操作，时间自动回到正常模式，需要长按 RESET 按键再次进入时间调节模式。在界面切换功能时，若有门开、PEPS、倒车雷达等界面弹出，优先响应按键切换功能；若 10s 内无按键操作，响应门开、PEPS、倒车雷达等界面显示。在界面切换功能时，若点火开关由 ON 变为 OFF，再由 OFF 变为 ON 时，开机动画后，显示默认界面。

3）蜂鸣器。在如表 2-1-5 中的六种情况下，蜂鸣器将鸣响，给驾驶人提示相应的警告信息。

表 2-1-5　帝豪 EV450 纯电动汽车仪表蜂鸣器鸣响说明

功能	触发条件	报警频率	鸣响时间和间隔
PEPS 报警	1）仪表收到电子转向柱锁解锁失败信号 2）当收到电子转向柱锁锁止失败信号 3）收到智能钥匙不在车内信号 4）收到 IMMO 认证失败信号 注：PEPS 报警优先级与 PEPS 显示优先级一致	868.0Hz	蜂鸣器鸣响 10s 或直到报警状态解除
车门开报警	车辆向前行驶且车速大于 10km/h，至少一个门打开	578.7Hz	直到所有门都关闭后或车速降为 0km/h 时蜂鸣器停止鸣响
超速报警	车速超过 120km/h 时超速报警触发	868.0Hz	蜂鸣器 1Hz 鸣响 10s 或车速低于 115km/h 时蜂鸣器停止鸣响
安全带未系报警	1）起动后，当车辆向前行驶速度达到 25km/h 时，若驾驶人安全带未系或前排乘客安全带未系，或驾驶人和前排乘客安全带任意一个系上的安全带被解开，蜂鸣器被激活，直到驾驶人和前排乘客安全带都被系上或蜂鸣器常鸣 2）蜂鸣器处于未激活状态，车速由 25km/h 降至 0km/h，重新提速至 25km/h，安全带报警被重新激活 3）蜂鸣器处于激活状态，当其中一个系上的安全带打开并满足报警条件时，蜂鸣器再次被激活，蜂鸣器常鸣 4）当车辆挂倒档，再次选择前进档，如果驾驶人安全带未系或前排乘客安全带未系，当车速大于 10km/h 时，蜂鸣器被激活，直到驾驶人和前排乘客安全带都被系上或车速降为 0km/h，蜂鸣器停止鸣响 注：对于出租版车辆，不具备前排乘客安全带未系报警功能	651.0Hz	蜂鸣器常鸣

（续）

功能	触发条件	报警频率	鸣响时间和间隔
倒车雷达报警	1）报警区域1：$D \leq 40cm$ 2）报警区域2：$40cm < D \leq 100cm$ 3）报警区域3：$100cm < D \leq 150cm$ 4）报警区域4：$150cm < D$ 注：报警区域距离为 D	578.7Hz	报警区域1：长鸣响 报警区域2：4Hz鸣响 报警区域3：2Hz鸣响 报警区域4：不报警
位置灯未关报警	仪表收到位置灯未关报警	578.7Hz	长鸣响或位置灯关闭时蜂鸣器停止鸣响

当多个蜂鸣器报警功能同时发生时，高优先级的报警将优先被激活。在低优先级报警进行中，如果有高优先级报警发生，低优先级报警在当前的一个声音循环完成后，高优先级报警启动，高优先级报警进行中，如果有低优先级报警发生，低优先级报警在高优先级报警完成后，低优先级报警启动。

优先级如下：PEPS报警 > 车门开报警 > 倒车雷达报警 > 超速报警 > 安全带未系报警 > 位置灯未关报警。

4）自检。点火开关从ACC位调整到ON位，组合仪表应进行自检，以提示驾驶人车辆的运行状况。目前仪表对所有LED指示灯进行自检，自检时间约为3s。自检期间允许外部信号触发各指示灯。

5）转速表。转速表以指针指示的形式指示当前驱动电机的转速。

仪表显示转速范围：$0 \sim 14 \times 1\,000$ r/min。

最小分度为：$0.5 \times 1\,000$ r/min。

转速表红区范围：$12 \sim 14 \times 1\,000$ r/min。

6）电池电量表。该表以柱状条形式显示当前电池剩余电量，实时显示当前的剩余电量，当电池电量过低时，电池电量表的柱状条的颜色变为红色，此时请及时充电；当电池电量充足时，电池电量表的柱状条的颜色为蓝色。在充电情况下，电量进度条会出现上涨动画，同时在旁边会显示充电剩余时间或快充模式。

7）时间显示。时间显示用于显示当前时间。时间调节方法如下。

RESET按键：在调节时间时短按循环自减。

TRIP按键：调节时间，长按时选中时间的时、分，再按循环自加，最后长按恢复正常。

在调节时间时，在10s内没有按键操作，时间自动回到正常模式，需要长按RESET按键进入时间调节模式。

8）ECO/ECO+/SPORT指示。时尚型车型有两种驾驶模式：ECO模式、ECO+模式。

非时尚型车型也有两种驾驶模式：ECO模式、SPORT模式。

ECO模式为车辆行驶的默认模式。ECO+模式为新动力节能模式，当驾驶人按下"ECO+MODE"开关，车辆将进入ECO+模式，此时汽车会以一个比较经济节能的电机转速状态行驶。同时车辆的加速性能会下降，空调的功率会受限，制动能量回收会增多，从而实现动力电池耗电量的降低，汽车续驶里程更长。SPORT模式为运动档，当驾驶人按下"SPORT MODE"开关，车辆将进入SPORT模式，此时控制系统将使车辆具有更好的动力性能，同时也会造成电能消耗增加。

9）功率表。功率表用于显示车辆当前驱动电机的输出功率大小，功率表以柱状条形式显示当前的功率值。

当功率表显示正功率时，此时仪表显示的功率的柱状条为蓝色，表明驱动电机正在消耗电能输出功率。当功率表显示为负功率时，当功率值为负值时，仪表显示的功率的柱状条变为绿色，说明驱动电机正在发电并给动力电池充电。

10）车速表。车速表以指针形式指示当前车速，车速表显示车速范围为0~180km/h，最小分度为5km/h。当仪表的车速高于120km/h时（允许误差为 –1km/h），蜂鸣器按1Hz鸣叫10s；当车速低于115km/h时（允许误差为 +1km/h），蜂鸣器停止鸣叫。在点火开关关闭后，仪表的车速表中的指针会回零，即指针指向0km/h的刻度线。

11）小计里程。小计里程显示范围为0.0~999.9km，当达到最大值后，小计里程显示从0.0开始重新计算。小计里程显示上次小计里程复位或者电池上电后行驶的全部里程。如果仪表电池的电丢失并超过仪表设定的缓冲时间，小计里程值将被清零。

12）总计里程。总里程显示范围为0~999.999km，当总里程达到最大值后，其显示保持不变。

13）档位显示。显示汽车当前档位，共有R、N、D、P四个档位，默认档位为N位。在档位切换时，会出现档位切换跳转的动画，待切换完成后，只显示当前档位，其他档位不显示。当档位切换出现不是R、N、D、P四个档位中的任意一个错误档位时，仪表显示前一次档，并以档位闪烁的方式提示。

14）续驶里程。续驶里程不可以修改，是通过处理计算得出的，显示在仅依靠电池中的电量支持该车行驶的最高里程。

15）门开警示。当四个车门中有车门未关且车速高于10km/h时，蜂鸣器以频率为578.7Hz的三级报警持续鸣叫，直至四门全关或者车速小于10km/h。

16）倒车雷达。进入倒档后1s内未接收到倒车雷达系统数据，定义为通信超时故障，所有方位灯的所有段位以1Hz频率闪烁4s后点亮。

17）充电显示。

a. 在点火开关处于OFF位下，仪表收到整车控制器（VCU）发出的充电信号时显示充电界面。

b. 在充电过程中显示充电电流和充电剩余时间。

c. 仪表收到VCU发出的开始充电信号时充电线连接指示。

d. 充电完成后仪表收到VCU发出的充电完成信号时显示充电完成，不显示充电电流和充电剩余时间。

e. 第一次进入充电界面后LCD亮3min后亮度会变暗一级。

f. LCD亮度变暗一级后打开左前门后再关上时，LCD会变亮1min后再次变暗，门开变亮功能可重复使用。

g. 仪表收到VCU发出的未充电信号或连续500ms接收不到VCU发出的充电信号时不显示充电界面。

h. 在IGN OFF下仪表收到VCU发出的充电时间反馈信号时，显示充电剩余时间。

i. 在IGN OFF下仪表收到VCU发出的充电模式信号时，显示快充模式。

18）PEPS显示。

a. 仪表收到PEPS发出的没有发现智能钥匙信号时，仪表显示没有发现智能钥匙界面，如果没有，则仪表不显示没有发现智能钥匙界面。

b. 仪表收到PEPS发出的智能钥匙电池电量低信号时，仪表显示智能钥匙电池电量低界面，如果没有，则仪表不显示智能钥匙电池电量低界面。

c. 仪表收到 PEPS 发出的请踩制动踏板信号时，仪表显示请踩制动踏板界面，如果没有，则仪表不显示请踩制动踏板界面。

d. 仪表收到 PEPS 发出的请挂到 P 位或 N 位起动信号时，仪表显示请挂到 P 位或 N 位起动界面，如果没有，则仪表不显示请挂到 P 位或 N 位起动界面。

e. 仪表收到 PEPS 发出的请挂到 P 位驻车信号时，仪表显示请挂到 P 位驻车界面，如果没有，则仪表不显示请挂到 P 位驻车界面。

f. 仪表收到 PEPS 发出的智能钥匙不在车内信号时，仪表显示智能钥匙不在车内界面，如果没有，则仪表不显示智能钥匙不在车内界面。

g. 仪表收到 PEPS 发出的和 EMS 认证失败信号时，仪表显示和 EMS 认证失败界面，如果没有，则仪表不显示和 EMS 认证失败界面。

h. 仪表收到 PEPS 发出的电子转向柱锁解锁失败信号时，仪表显示电子转向柱锁解锁失败界面，如果没有，则仪表不显示电子转向柱锁解锁失败界面。

i. 仪表收到 PEPS 发出的电子转向柱锁锁止失败信号时，仪表显示电子转向柱锁锁止失败界面，如果没有，则仪表不显示电子转向柱锁上锁失败界面。

j. 仪表收到 PEPS 发出的起动按钮故障信号时，仪表显示起动按钮故障界面，如果没有，则仪表不显示起动按钮故障界面。

k. 仪表连续 3s 接收不到 PEPS 的发出信号时，不显示 PEPS 界面。

3. 典型混合动力汽车仪表指示灯及显示信息介绍

下面以丰田卡罗拉双擎（混合动力汽车）车型为例，介绍典型的混合动力汽车仪表指示灯及显示信息。

（1）卡罗拉双擎车型仪表显示内容说明

卡罗拉双擎车型组合仪表主要用于显示整车的各种状态和警示信息，组合仪表主要包括车速表、燃油表、功率表、多信息显示屏以及各种指示灯、警告灯，如图 2-1-3 和表 2-1-6 所示。组合仪表总成内置有仪表 ECU 和蜂鸣器。

图 2-1-3　卡罗拉双擎车型组合仪表显示

表 2-1-6　卡罗拉双擎车型仪表指示灯/警告灯说明

灯符号	指示灯/警告灯说明	颜色
←	左转向指示灯	绿色
→	右转向指示灯	绿色

（续）

灯符号	指示灯/警告灯说明	颜色
	远光灯工作指示灯	蓝色
	驻车制动警告灯	红色
	机油压力警告灯	红色
	制动警告灯	红色
	驾驶人安全带未系警告灯	红色
	位置灯工作指示灯	绿色
	后雾灯工作指示灯	黄色
	前雾灯工作指示灯	绿色
	防抱死制动警告灯（ABS故障警告灯）	黄色
	蓄电池充电指示灯	红色
	VSC OFF 指示灯	黄色
	VSC 指示灯	黄色
	燃油位警告灯	黄色
	发动机故障警告灯	黄色
	安全气囊故障警告灯	红色

（续）

灯符号	指示灯/警告灯说明	颜色
	冷却液温度警告灯	红色
	电动助力转向 EPS 警告灯	红色
	READY 指示灯	绿色
	主警告灯	黄色
	前照灯光束高度调节警告灯	黄色
	档位选择指示灯	绿色

（2）卡罗拉双擎车型仪表工作策略和原理说明

1）混合动力系统指示仪。混合动力系统指示仪显示 HV 蓄电池（动力电池）和发动机输出功率的总和作为混合动力系统的输出功率。混合动力系统指示仪的表盘分为 3 个主要区域：充电（CHG）、环保（ECO）、动力（POWER），如图 2-1-4 所示。各区域的作用如下。

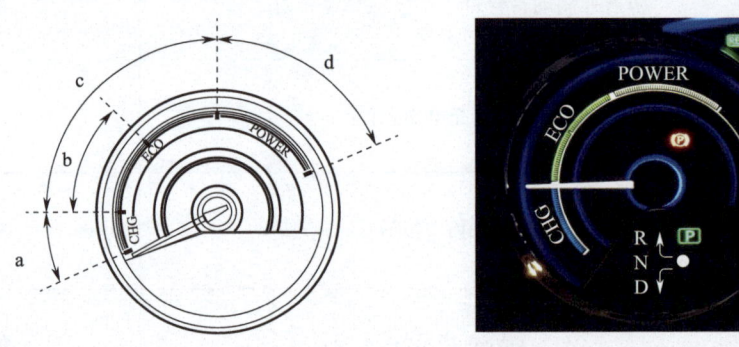

图 2-1-4　混合动力系统指示仪显示区域说明

a—充电（CHG）区域　b—混合动力环保区域　c—环保（ECO）区域　d—动力（POWER）区域

① 充电（CHG）区域表示正在再生能量。

② 环保（ECO）区域表示车辆正以环保的方式行驶，其中混合动力环保区域表示车辆仅以提高电机工作频率的方式行驶（根据各种条件，混合动力车辆控制 ECU 对是否应停止发动机以提高燃油效率进行控制）。

③ 动力（POWER）区域表示车辆不再以环保的方式行驶（全动力行驶等期间）。

混合动力系统指示仪的指针进入 POWER 区域时，指针变色以告知驾驶人车辆不再以环保方式行驶。

2）多信息显示屏。多信息显示屏显示信息说明见表 2-1-7。

表 2-1-7　多信息显示屏显示信息说明

项目	概要
车外温度	显示车外温度 车外温度降至 3℃ 以下时，车外温度显示区域显示警告标记以警告驾驶人道路可能结冰，请小心驾驶。警告标记闪烁 10 次后，标记一直亮。温度达到 5℃ 时，警告标记熄灭
里程表 / 短程里程表	显示里程表、短程里程表 A、短程里程表 B 通过按下里程表 / 短程里程表开关旋钮，可切换显示的项目
信息	通过切换选项卡，可在多信息显示屏上显示下列信息标签： 1）行驶信息 2）警告信息 3）设定
指示灯 / 警告灯	满足显示条件时，下列指示灯点亮： 巡航控制指示灯 巡航设定指示灯 EV 驾驶指示灯 EV 模式指示灯 环保模式指示灯 PWR 模式指示灯 自动远光指示灯
警告信息	需要警告时，警告显示将立即切入多信息显示屏
仪表板亮度调节	通过按住里程表 / 短程里程表开关旋钮可更改尾灯点亮时的仪表板亮度

① 行驶信息切换。可使用转向盘装饰盖开关总成上的向右 / 向左切换开关切换当前显示的信息，如图 2-1-5 所示。

图 2-1-5　转向盘上的显示信息切换开关

② 行驶信息定制功能。行驶信息显示可连续行驶里程和油耗等车辆信息。用户可以对多信息显示屏上显示的项目进行定制。在设定选项卡中，可定制组合仪表总成的项目见表 2-1-8。

表 2-1-8 行驶信息定制说明

项目	可用设置
单位	可选择多信息显示屏上显示的单位： 1）km（L/100 km） 2）km（km/L）
EV 驾驶指示灯	可切换 EV 驾驶指示灯： 1）启用（默认） 2）熄灭
顶部开关设定	可从下列项目中选择按下顶部开关时显示的项目： 1）行驶信息 1 2）行驶信息 2 3）能量监视器 4）轮胎压力指示灯 5）警告信息 6）设定
行驶信息 1	可显示设定画面上选择的项目。可选择下列的其中 2 项： 1）当前油耗（状态条显示） 2）当前油耗（标记显示） 3）两次重置操作之间的总平均油耗 4）发动机起动后的平均油耗 5）加油后的平均油耗 6）两次重置操作之间的总平均车速 7）混合动力系统起动后的平均车速 8）两次重置操作之间经过的总时间 9）混合动力系统起动后经过的时间 10）可连续行驶里程 11）混合动力系统起动后的可连续行驶里程
行驶信息 2	可显示设定画面上选择的项目。可选择下列其中 2 项： 1）当前油耗（状态条显示） 2）当前油耗（标记显示） 3）两次重置操作之间的总平均油耗 4）发动机起动后的平均油耗 5）加油后的平均油耗 6）两次重置操作之间的总平均车速 7）混合动力系统起动后的平均车速 8）两次重置操作之间经过的总时间 9）混合动力系统起动后经过的时间 10）可连续行驶里程 11）混合动力系统起动后的可连续行驶里程
基调色	可更改基调色： 1）鲜蓝色（默认） 2）鲜蓝绿色 3）深橙色 4）亮橙色

项目二 新能源汽车故障诊断技术

（续）

项目	可用设置
混合动力系统指示仪指针颜色改变	混合动力系统指示仪的指针颜色可在 ON（指针变色）或 OFF（指针不变色）之间切换： 1）点亮 2）熄灭
初始化	可对设定项目进行初始化

③ 警告模式功能。如果需要发出警告，则警告显示将中断多信息显示屏上的显示。根据多信息显示屏显示项目的不同，主警告灯将点亮或闪烁，且组合仪表总成内的蜂鸣器可能会鸣响，具体警告信息说明见表 2-1-9。

表 2-1-9 具体警告信息说明

优先顺序	显示屏警告信息	主警告灯	蜂鸣器
1	2WD（FWD）保养模式	—	—
	2WD（FWD）认证模式	—	—
2	驻车时切换至 P 位	闪烁/点亮	鸣响
3	车门未关（行驶时）	闪烁	鸣响
	车门未关（停车时）	—	—
	侦测声呐检测（图像显示）	—	—
	检查驻车声呐系统	点亮	—
	清洁驻车声呐	点亮	—
4	自动切断电源以节电	—	—
5	换至 P 位	闪烁	鸣响
	当前为 N 位。请松开加速踏板再换档	闪烁	鸣响
	停车时踩下制动踏板	闪烁	鸣响
	混合动力蓄电池电量不足。混合动力系统停止。请换至 P 位重启	闪烁	鸣响
6	换档系统未激活，驻车时请牢固施加驻车制动，请参考《用户手册》	点亮	鸣响
	混合动力系统故障，请前往经销店	点亮	鸣响
	混合动力系统故障，动力输出极低，请前往经销店	点亮	鸣响
	混合动力系统故障，已限制动力输出，请前往经销店	点亮	鸣响
	混合动力系统故障，将车辆停放在安全位置，请参考《用户手册》	点亮	鸣响
	混合动力系统故障，将车辆停放在 0.5km 以内的安全位置	点亮	鸣响
	混合动力系统故障，将车辆停放在 1.0km 以内的安全位置	点亮	鸣响
	混合动力系统故障，将车辆停放在 1.5km 以内的安全位置	点亮	鸣响
	混合动力系统故障，将车辆停放在 2.0km 以内的安全位置	点亮	鸣响
	混合动力系统故障，将车辆停放在 5.0km 以内的安全位置	点亮	鸣响
	混合动力系统故障，将车辆停放在 10km 以内的安全位置	点亮	鸣响
	混合动力系统故障，输出动力不足勿换至 N 位	点亮	鸣响

（续）

优先顺序	显示屏警告信息	主警告灯	蜂鸣器
6	混合动力系统故障，勿换至 N 位请前往经销店	点亮	鸣响
	混合动力系统故障，系统停止，请将车辆停放在安全位置	点亮	鸣响
	混合动力系统故障，不可驾驶，请将车辆停放在安全位置	点亮	鸣响
	混合动力系统故障，换至 P 位，请参考《用户手册》	点亮	鸣响
	发动机系统故障，请前往经销店	点亮	鸣响
	发动机系统故障，动力输出极低，请前往经销店	点亮	鸣响
	发动机系统故障，已限制动力输出，请前往经销店	点亮	鸣响
	发动机系统故障，将车辆停放在安全位置，请参考《用户手册》	点亮	鸣响
	发动机系统故障，将车辆停放在 0.5km 以内的安全位置	点亮	鸣响
	发动机系统故障，将车辆停放在 1.0km 以内的安全位置	点亮	鸣响
	发动机系统故障，将车辆停放在 1.5km 以内的安全位置	点亮	鸣响
	发动机系统故障，将车辆停放在 2.0km 以内的安全位置	点亮	鸣响
	发动机系统故障，将车辆停放在 5.0km 以内的安全位置	点亮	鸣响
	发动机系统故障，将车辆停放在 10km 以内的安全位置	点亮	鸣响
	发动机系统故障，输出动力不足勿换至 N 位	点亮	鸣响
	发动机系统故障，勿换至 N 位请前往经销店	点亮	鸣响
	发动机系统故障，系统停止，请将车辆停放在安全位置	点亮	鸣响
	发动机系统故障，不可驾驶，请将车辆停放在安全位置	点亮	鸣响
	发动机系统故障，换至 P 位，请参考《用户手册》	点亮	鸣响
	蓄电池系统故障，请前往经销店	点亮	鸣响
	蓄电池系统故障，动力输出极低，请前往经销店	点亮	鸣响
	蓄电池系统故障，已限制动力输出，请前往经销店	点亮	鸣响
	蓄电池系统故障，将车辆停放在安全位置，请参考《用户手册》	点亮	鸣响
	蓄电池系统故障，将车辆停放在 0.5km 以内的安全位置	点亮	鸣响
	蓄电池系统故障，将车辆停放在 1.0km 以内的安全位置	点亮	鸣响
	蓄电池系统故障，将车辆停放在 1.5km 以内的安全位置	点亮	鸣响
	蓄电池系统故障，将车辆停放在 2.0km 以内的安全位置	点亮	鸣响
	蓄电池系统故障，将车辆停放在 5.0km 以内的安全位置	点亮	鸣响
	蓄电池系统故障，将车辆停放在 10km 以内的安全位置	点亮	鸣响
	蓄电池系统故障，输出动力不足勿换至 N 位	点亮	鸣响
	蓄电池系统故障，勿换至 N 位，请前往经销店	点亮	鸣响
	蓄电池系统故障，系统停止，请将车辆停放在安全位置	点亮	鸣响
	蓄电池系统故障，不可驾驶，请将车辆停放在安全位置	点亮	鸣响
	蓄电池系统故障，换至 P 位，请参考《用户手册》	点亮	鸣响
	加速系统故障，请前往经销店	点亮	鸣响

项目二　新能源汽车故障诊断技术　047

（续）

优先顺序	显示屏警告信息	主警告灯	蜂鸣器
6	加速系统故障，动力输出极低，请前往经销店	点亮	鸣响
	加速系统故障，已限制动力输出，请前往经销店	点亮	鸣响
	加速系统故障，将车辆停放在安全位置，请参考《用户手册》	点亮	鸣响
	加速系统故障，将车辆停放在 0.5km 以内的安全位置	点亮	鸣响
	加速系统故障，将车辆停放在 1.0km 以内的安全位置	点亮	鸣响
	加速系统故障，将车辆停放在 1.5km 以内的安全位置	点亮	鸣响
	加速系统故障，将车辆停放在 2.0km 以内的安全位置	点亮	鸣响
	加速系统故障，将车辆停放在 5.0km 以内的安全位置	点亮	鸣响
	加速系统故障，将车辆停放在 10km 以内的安全位置	点亮	鸣响
	加速系统故障，输出动力不足勿换至 N 位	点亮	鸣响
	加速系统故障，勿换至 N 位请前往经销店	点亮	鸣响
	加速系统故障，系统停止，请将车辆停放在安全位置	点亮	鸣响
	加速系统故障，不可驾驶，请将车辆停放在安全位置	点亮	鸣响
	加速系统故障，换至 P 位，请参考《用户手册》	点亮	鸣响
	混合动力蓄电池电量不足，请换出 N 位充电	点亮	鸣响
	解除驻车制动	点亮	鸣响
	未检测到钥匙	点亮	鸣响
7	已换至 N 位。要换至 P 位，请停车再按 P 位开关	闪烁	—
	换档系统故障。驻车时请施加驻车制动。请参阅《用户手册》	点亮	鸣响
	换档系统通信故障。驻车时请施加驻车制动。请参阅《用户手册》	点亮	鸣响
	12V 蓄电池电量不足。驻车时请施加驻车制动。请参阅《用户手册》	点亮	鸣响
	P 位开关故障。驻车时，请牢固施加驻车制动。请参考《用户手册》	点亮	鸣响
	换档系统故障。将车辆停放在安全位置。请参考《用户手册》	点亮	鸣响
	换档系统故障。不能换档。请参考《用户手册》	点亮	鸣响
	12V 蓄电池电量不足。不能换档。请参阅《用户手册》	闪烁	—
	READY 指示灯闪烁中不能换档	闪烁	—
	暂时不能换档。请等待片刻并再次尝试	闪烁	—
	无法换至 S 位。请换至 D 位再至 S 位	闪烁	—
	无法换至 D 位或 R 位。请先起动混合动力系统再换位	闪烁	—
	不能换位。请踩下制动踏板再换位	闪烁	—
	已换至 N 位。请换至 D 位再至 S 位	闪烁	—
	已换至 N 位。请先停车再换至 R 位	闪烁	—
	已换至 N 位。请先停车再换至 R 位	闪烁	—
	不能换档。请松开加速踏板再换档	闪烁	—
	要换至 N 位，将变速杆拨至 N 位并保持不动	闪烁	—

（续）

优先顺序	显示屏警告信息	主警告灯	蜂鸣器
7	已换至 N 位。行驶中允许快换 N 位	—	—
	换档系统故障。请参阅《用户手册》	点亮	鸣响
	检查智能上车和起动系统	闪烁	鸣响
	检查巡航控制系统，请经销店检查车辆	点亮	鸣响
	检查制动系统	点亮	鸣响
8	关闭电源	闪烁	鸣响
	在车内检测到钥匙	闪烁	鸣响
	关闭车灯	闪烁	鸣响
	天窗未关	闪烁	鸣响
	踩下制动踏板，用钥匙接触电源开关	闪烁	鸣响
	踩下制动踏板并按下电源开关以起动	闪烁	鸣响
	换至 P 位以起动	闪烁	鸣响
9	转向锁激活	闪烁	鸣响
	换至 P 位以起动	闪烁	鸣响
10	钥匙电池电量低	点亮	鸣响
	混合动力系统过热，输出功率降低	点亮	鸣响
	前照灯系统故障，请前往经销店	点亮	鸣响
	轮胎压力警告系统显示	—	—
11	混合动力蓄电池冷却零件需到店保养	—	—
	TRC OFF	—	—
	要激活自动远光，将前照灯切换至远光	—	—
	电源接通	—	—
	混合动力系统起动就绪状态（图像显示）	—	—
	EV 模式当前不可用	—	鸣响
	暖机中 EV 模式不可用	—	鸣响
	蓄电池电量低，EV 模式不可用	—	鸣响
	速度过高，EV 模式不可用	—	鸣响
	过度加速，EV 模式不可用	—	鸣响
	EV 模式解除	—	鸣响
	蓄电池电量低 EV 模式解除	—	鸣响
	速度过高 EV 模式解除	—	鸣响
	过度加速 EV 模式解除	—	鸣响

④ 蜂鸣器功能。组合仪表总成内蜂鸣器的警告和提醒功能,具体见表 2-1-10。

表 2-1-10　蜂鸣器的警告和提醒功能

优先顺序	项目
1	READY
2	变速杆 R 位指示
3	VSC 警告
4	座椅安全带警告（2 级）
5	座椅安全带警告（1 级）
6	制动力减速系统
7	制动液液位低警告
8	发动机机油压力警告
9	EPS 警告
10	未置于 P 位时的车门未关警告
11	智能进入和起动系统警告（间歇）
12	制动系统温度升高或主动测试
13	智能上车和起动系统警告（间歇,最多 9 次）
14	智能上车和起动系统警告（一次）
15	多信息显示屏警告
16	变速杆置于 N 位时,踩下加速踏板
17	加速踏板持续踩下警告
18	混合动力系统警告（一次）
19	混合动力系统警告（持续）
20	混合动力系统警告（间歇）
21	拖车禁止通知
22	混合动力蓄电池电量不足警告（持续）
23	混合动力蓄电池电量不足警告（间歇）
24	混合动力单元过热警告
25	变速杆位置 P 请求
26	停机系统认证提醒
27	驻车制动器接合警告
28	行驶时车门未关警告
29	运动档拒绝警告
30	EV 行驶模式拒绝警告
31	车灯提醒
32	滑动天窗提醒
33	N 位提示
34	转向信号 / 危险警告操作

二 基本技能

1. 纯电动汽车警告灯识别与原因分析

参照前文"基本知识"的内容,必要时阅读维修手册及相关技术资料,进行纯电动汽车仪表的指示灯/警告灯识别,并分析故障警告灯的可能原因。

2. 混合动力汽车警告灯识别与原因分析

参照前文"基本知识"的内容,必要时阅读维修手册及相关技术资料,进行混合动力汽车仪表的指示灯/警告灯识别,并分析故障警告灯的可能原因。

任务二 新能源汽车故障诊断流程分析

➡ 情境导入

情境描述

一辆纯电动汽车出现不能行驶的故障,动力系统故障警告灯点亮。你的主管要求你分析故障原因,写出诊断流程,并利用仪器进行诊断,你能够完成这个任务吗?

情境提示

混合动力汽车或纯电动汽车发生故障时,制定"基本故障诊断流程"的流程可以为技术人员提供诊断思路,也能提高车辆的诊断和修理效率。

➡ 学习目标

知识目标

1)能描述新能源汽车故障诊断流程的作用和内容。
2)能描述新能源汽车故障诊断与维修步骤。
3)能描述利用诊断仪器进行新能源汽车故障诊断的方法。

技能目标

1)能分析并制定新能源汽车故障诊断思路。
2)能利用故障诊断仪器进行新能源汽车故障诊断。

➡ 知识学习

一 基本知识

1. 新能源汽车故障诊断流程的作用和内容

"故障诊断流程"是进行汽车故障诊断与排除工作需要遵循的一个基本原则,虽然在实际诊断维修过程中,凭借个人的经验和维修案例,有时可以直接找到故障点,但是对于复杂的故障及经验不足的维修人员,根据故障诊断流程便于理清维修思路,按部就班地查找故障,直至排除故障。

新能源汽车的基本故障诊断流程如图 2-2-1 所示，流程内容说明如下。

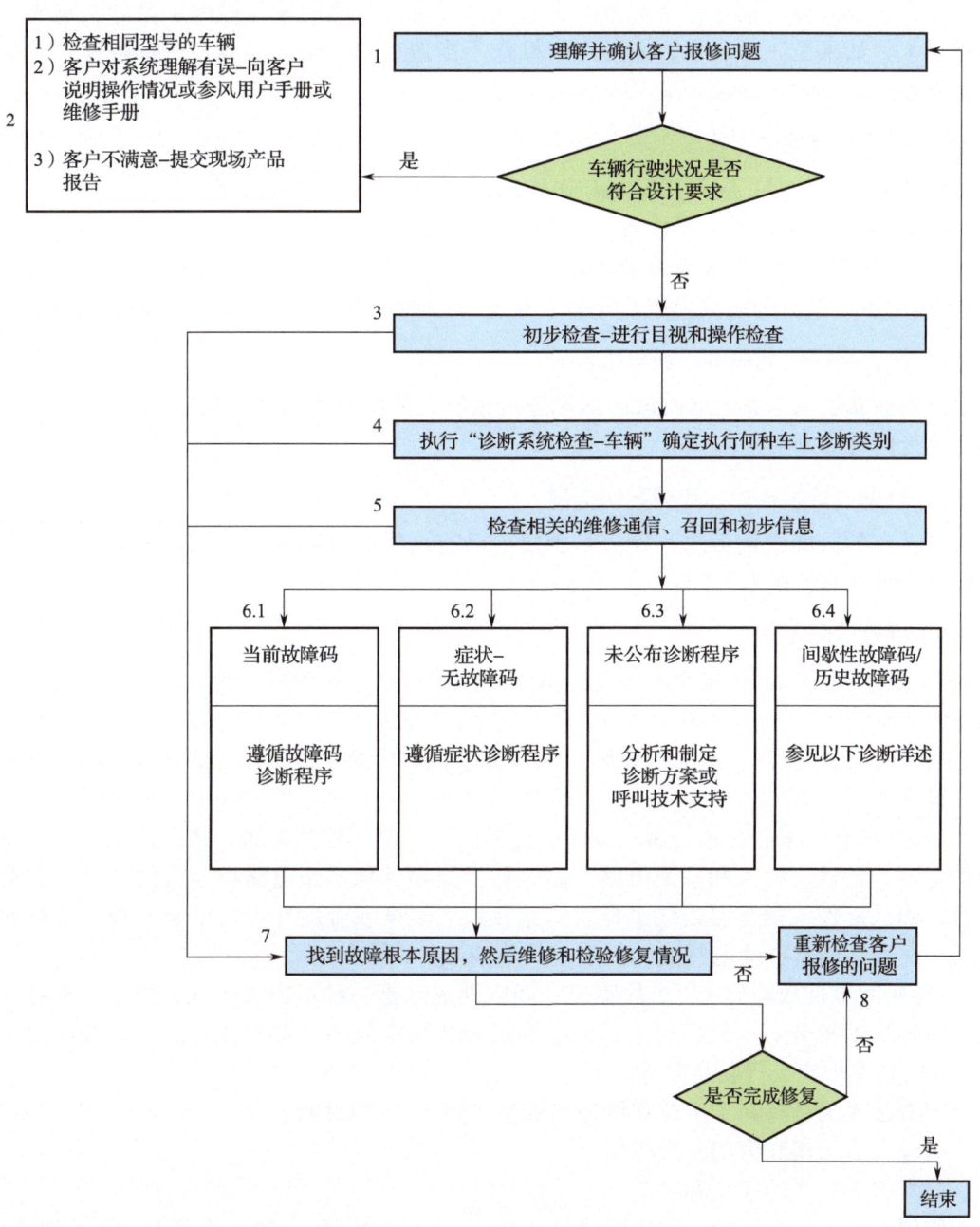

图 2-2-1　汽车基本故障诊断流程

（1）理解并确认客户报修问题

故障诊断流程的第一步是尽可能多地了解客户车辆情况。例如，这个故障现象是何时出现？何处出现该状况？该状况持续了多长时间？该状况多久发生一次？为了确认客户报修问题，首先必须掌握故障发生时的各种情况。

（2）确认车辆行驶状况

确认客户描述的故障是否真实存在。如果车辆正常运行时，会存在该情况，那么客户描述的故障现象可能属于正常情况。在与客户描述情况相同的条件下，与操作正常的类似车辆进行比较，如果其他车辆存在类似情况，那么这可能是车辆的设计原因（设计缺陷或属于正常的现象）。如果是正常现象，或是客户操作不当造成的，则应对客户进行解释，并指导正确的操作方法。

（3）进行初步检查（预检）

如果故障确实存在，应采用目视和操作的方法对车辆进行预检，包括：

1）对车辆进行外观的全面检查。
2）检测是否有异常的响声或异味。
3）利用诊断仪器采集故障码（DTC）信息，以便进行有效的修理。

（4）执行系统化的车辆诊断与检查

通过预检获取的信息，针对故障区域进行系统化的诊断和确认，确认系统工作是否正常，并确定执行何种诊断类别。

（5）查询或检索相关的故障案例信息

查阅已有的故障案例信息，确定是否之前已有这样的故障维修案例，这样可以最大程度地缩短后期维修和诊断的时间。

（6）确定诊断类别

1）如果车辆的控制系统存在当前故障码：按照指定的故障码诊断，以进行有效的诊断和维修。
2）如果车辆的控制系统无故障码：选择合适的症状诊断程序，按照症状诊断思路和步骤诊断、维修。
3）如果没有厂家已公布的诊断程序：分析问题，制订诊断方案。从维修手册中查看故障系统的电源、搭铁、输入和输出电路，确定插接器和其他多条电路相连接的部位。查看部件的位置，确认部件、插接器或线束是否暴露在极端温度或湿度环境，以及是否会接触到道路其他具有腐蚀性的蓄电池电解液、机油或其他油液。
4）针对间歇性故障码/历史故障码：间歇性故障是一种不连续出现，很难重现且只在条件符合时发生的故障。一般情况下，间歇性故障是由电气插接器和线束故障、部件故障、电磁/无线电频率干扰、行驶状况导致的。

以下方法或工具有利于定位和修理间歇性故障或历史故障码。

①结合专业知识和可用的维修信息。
②判断客户描述的症状和状况。
③使用有数据捕获记录（数据流记录）功能的故障诊断仪、数字式万用表和示波器等。

（7）找到故障根本原因，再修理并检验修复情况

找到故障根本原因后，进行修理并检验是否正确操作。确认故障码或症状已消除。

（8）重新检查客户报修问题

如果未能找到问题所在，则必要时重新检查，重新确认客户报修问题。

2. 新能源汽车故障诊断与维修步骤

下面以丰田混合动力汽车为例，介绍新能源汽车故障诊断与维修步骤。

（1）诊断前注意事项

必须查询并依照新能源汽车的维修手册，依规依序操作：

1）新能源汽车高压电气系统具有高电压，为了保证安全，所有的高压电路均已采取密封或隔离措施，高压电线束采用醒目的橙色加以区分。维修手册上清楚标注出所有橙色线为高压导线。

2）必须注意"READY"指示灯，"READY"灯点亮表示车辆动力系统正处于运转或就绪状态。对于混合动力车辆，发动机可能在运转中或随时起动，以此判断车辆此时是处于工作状态还是停机状态（注意："READY"指示灯熄灭后电源可能仍会持续数分钟供电）。

在对车辆维修工作之前，都要确保"READY"指示灯是熄灭的，因此应关闭点火开关，并把车钥匙取下来。

3）在维护检修时按规定着装，禁止佩戴首饰、手表、钥匙等。维护检修准备吸水毛巾或布、灭火器、绝缘胶布、万用表，必须选用适用于电工作业的绝缘的、耐碱性的橡胶手套、及耐碱性鞋子和护目镜，防止电解液溢出等造成的意外伤害。

（2）诊断前操作准备

对新能源汽车进行诊断、维修、处理损坏车辆、进行事故恢复或急救工作时，必须首先禁用高压系统，具体方法如下。

1）档位开关置于P位，驻车制动，拔下车辆钥匙。

2）断开低压辅助蓄电池负极端子。

3）带上绝缘手套拆下手动维修开关，将手动维修开关插座用绝缘胶布贴封起来，隔离外露区域与高压系统的接线端或插接器。

4）断开手动维修开关后，在开始检查前等待5~10min，使用万用表检测需要维修的高压系统输入与输出线路的每一个相位电压，读数必须小于规定值（一般为小于3V）。

更多详细的操作步骤和注意事项，请参考高压安全教材对应的内容。

（3）诊断与维修基本步骤

1）第一步：初步判断故障前行驶状况、故障时车辆状况及相关信息进行分析。

新能源汽车在故障状态下均会进入失效保护模式，虽然不同的汽车制造厂商设计的失效保护模式不一定相同，但主要的动力驱动系统模式却是很相似的。丰田混合动力汽车一般失效保护模式举例见表2-2-1。

表2-2-1 丰田混合动力汽车一般失效保护模式举例

故障举例	故障：× 正常：○				车辆故障状态
	发动机	动力电池	驱动电机（MG2）	发电机（MG1）	
MG1的分解器（旋变传感器）失效	×	○	○	×	电机驱动正常，但发动机不能起动，即MG1电机失效。输出功率降低
MG2的分解器（旋变传感器）失效	○	○	×	○	发动机能够被起动，但是车辆不能被驱动，即MG2电机失效
动力电池管理系统内部故障	×	继电器保持断开	×	×	车辆不能被驱动

（续）

故障举例	故障：× 正常：○				车辆故障状态
	发动机	动力电池	驱动电机（MG2）	发电机（MG1）	
动力电池自身故障	×	继电器保持断开	×	×	车辆不能被驱动
温度传感器等故障	○	○	○	○	车辆正常驱动或降低驱动功率，仪表警告灯点亮

2）第二步：采用车辆故障诊断仪诊断故障时，检查并记录系统中所有的故障码（DTC），确认高压系统存在故障码的具体含义。例如，图 2-2-2 所示为丰田混合动力车型故障码的具体含义。

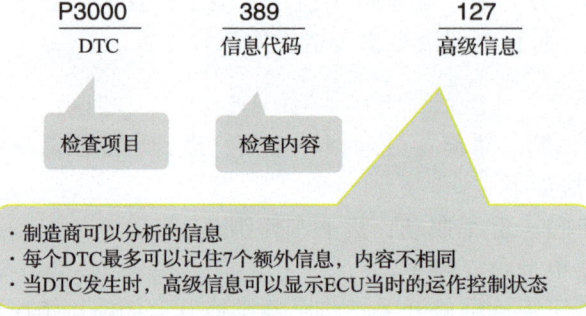

图 2-2-2　丰田混合动力车型故障码的具体含义

3）第三步：检查并记录每个系统的历史记录数据。历史记录数据可以被用作故障再现试验，这是因为它表明了在故障被检测到时行驶和操作的状态。丰田混合动力汽车高压系统中历史记录数据的时间顺序见表 2-2-2。

表 2-2-2　丰田混合动力汽车高压系统中历史记录数据的时间顺序表

数据目录	含义
END RUN TIME	在一次系统起动中发动机运转的时间
DTC CLEAR WARM	在清除 DTC 后系统起动的次数
DTC CLEAR RUN	在清除 DTC 后行驶的里程数 通过比较 DTC CLEAR RUN 和 Data List 数据列表可以了解到故障发生后的行驶里程
DTC CLEAR MIN	在清除 DTC 的时间
OCCURRENCE ORDER	故障发生的顺序

➤ **注意**：目前很多故障诊断仪的故障码读取系统界面中，会在故障码后显示故障码出现的优先顺序，提示诊断维修人员排查故障正确顺序。

4）第四步：在分析故障码时，需要区分与故障不关联的故障码。例如，在丰田混合动力车型中，不关联的故障有：

① 在日光照射不了的条件下，故障码 B1424（日光传感器回路异常）有时会输出。

② 高压系统有故障时再生制动器不起作用，电子制动系统 ECU 从 HV ECU 接收故障信

号并输出故障码 C1259（HV 系统再生故障）、C1310（HV 系统故障）。

③ 电动助力系统 ECU 从 HV ECU 接收故障信号并输出故障码 C1546（HV 系统故障）。

④ 当 12V 蓄电池端子断开，电子悬架系统输出（转向中间位置自动校正不完全故障）故障码 B2421。

⑤ 维修人员按照故障码优先顺序检查 P0A60-501（相位 V 电流传感器故障），在故障恢复后清除故障码，并检查故障是否能够重现，以确定故障可靠排除。

5）第五步：主动测试功能应用。主动测试主要用于对新能源车辆进行故障检查，并使车辆保持特定的运行状态。例如，在丰田混合动力车型中主动测试的项目一般包括：

① 诊断模式 1：将档位开关置于 P 位，连续运行发动机并取消牵引力的控制，用于检查发动机点火正时、HC/CO 的排放情况；检查发动机运转情况；转速表工作情况。

② 诊断模式 2：取消牵引力控制，用于检查发动机点火正时、HC/CO 的排放情况；检查发动机运转情况；转速表工作情况。

③ 变频器驱动强制停止：持续切断 HV ECU 内部的功率晶体管，用于确认是否在变频器或 HV ECU 内部有漏电。

其基本的检查程序是：

a. 诊断仪驱动 HV ECU 输出一个长期关闭的指令，如图 2-2-3 所示。

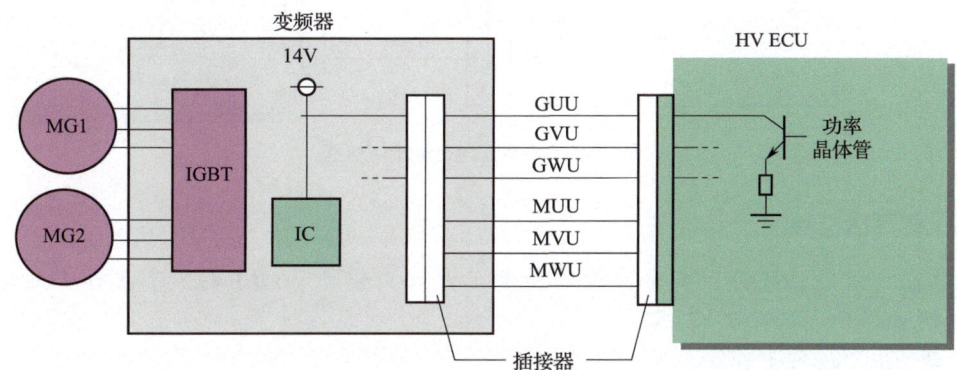

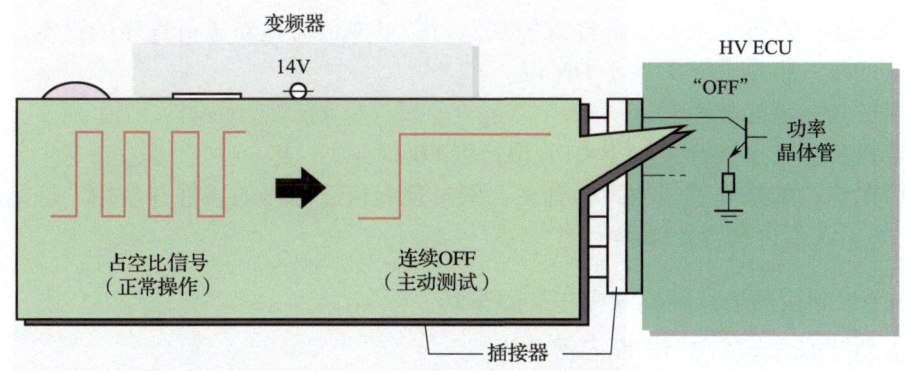

图 2-2-3　HV ECU 输出关闭指令

b. 系统检查变频器 U、V、W. 信号每个端子的电压应该是 12~16V，如图 2-2-4 所示。

c. 系统执行变频器电压检查，变频器一侧的电压应该是 14~16V，如图 2-2-5 所示。

以上任何一步检查失效，均可以判断对应步骤中的零部件发生高电压的泄漏。

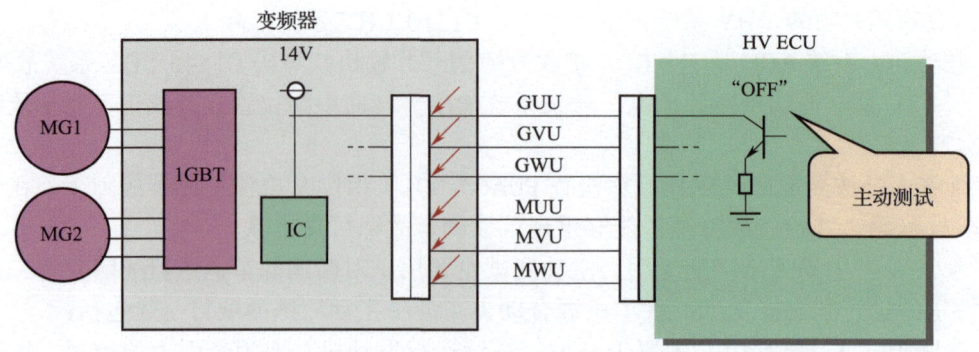

图 2-2-4 系统执行输入端检查

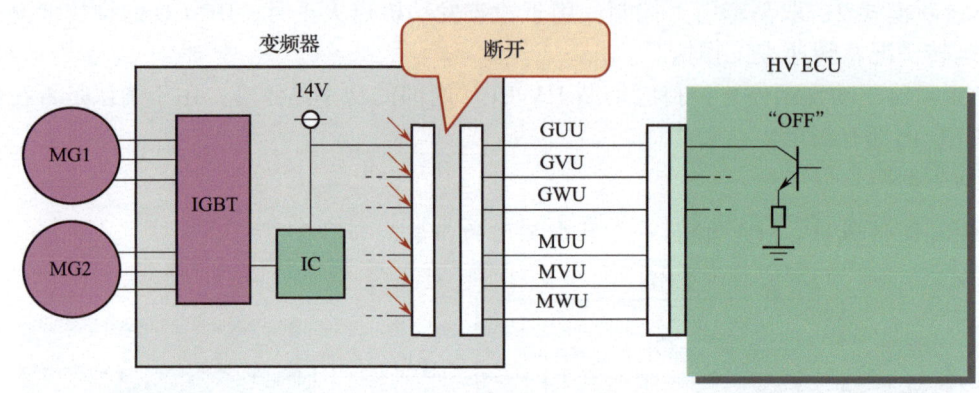

图 2-2-5 系统执行输出端检查

（4）修理后检验

▶ **注意**：进行修理后，部分故障码需要点火开关先置于 OFF 位，再置于 ON 位后，才可使用故障诊断仪清除故障码。

1）第一步：将点火开关置于 OFF 位。
2）第二步：安装所有诊断时拆下或更换的部件或插接器。
3）第三步：在拆下或更换部件或控制器时，可能还需重新进行程序的设定。
4）第四步：将点火开关置于 ON 位。
5）第五步：清除故障码。
6）第六步：将点火开关置于 OFF 位持续 60s。
7）第七步：如果修理与故障码有关，则再现运行故障码的条件并使用"冻结故障状态"功能，以便确认不再设置故障码。

3. 利用诊断仪器进行新能源汽车故障诊断

（1）新能源汽车故障自诊断内容

与传统汽车一样，新能源汽车会大量使用控制器（电控单元或控制模块）和各种传感器、执行器等电气元件。为提高对这些电气元件在维修中故障诊断的速度和准确性，车辆的控制系统都会设计有一套故障自诊断系统。故障自诊断系统主要完成对控制模块、传感器和执行器的状态进行实时监测，主要内容包括：

1）能够实时监测系统的故障信息。

2）设定故障失效的备份值，在设定一个故障码时，控制器也应该设定一个与该故障信息相对应的默认输入或者输出值，且此默认值必须保证整个系统还能够在一个比较安全的工况下工作。

3）冻结帧信息的存储，为了给随后的维修提供参考，同时能够让维修人员更清楚地了解故障发生时刻车辆的相关信息。因此，必须定义并存储故障的冻结帧信息。

4）警告驾驶人，自诊断系统确定了某个故障后，还必须根据实际情况给驾驶人提供相应的信息，如点亮警告灯或声音提示等。

5）能够实现与外部通信，外部诊断仪可以获取存储的故障信息。

为了实现上述功能，在日常使用的专用诊断仪对车辆诊断时，获取的主要信息基本可以概括为故障监测（故障码检测）、诊断数据管理（读取数据流）和诊断服务（元件动作测试），如图 2-2-6 所示为故障自诊断列表的一般内容，图 2-2-7 所示为数据流样例。

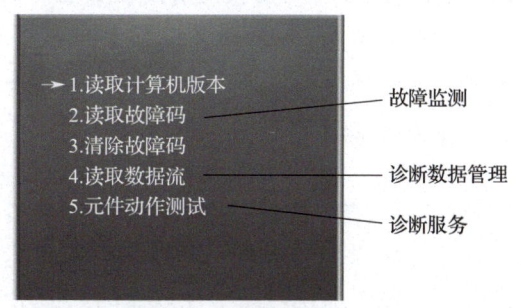

图 2-2-6　故障自诊断列表的一般内容

图 2-2-7　数据流样例

（2）故障自诊断过程

1）故障监测。

故障监测部分完成了以下几种类型的故障诊断，主要有与控制器相连的传感器、执行器、CAN 通信和控制器本身的故障。

① 传感器故障。

传感器本身就产生电信号，在软件中编制有传感器输入信号识别程序或者相应的逻辑判断实现对传感器的故障诊断，传感器故障类型主要有对搭铁短路/断路，对电源短路/断路，传感器性能不佳。

② 执行器故障。

执行器进行的是控制操作，控制信号是输出信号，要对执行器的工作情况进行诊断。一般增设故障诊断电路，即控制模块向执行器发出一个控制信号，执行器要有一条专用回路向控制器反馈其执行情况。当控制器得不到反馈信号或与期望值不符合时，便认为该执行器已经不能正常工作。

③ CAN 通信故障。

a. 总线关闭故障：控制器不能和总线进行正常的通信，CAN 发送器的故障计数器大于 255 时，设置 CAN 系统关闭故障。

b. 数据帧发送超时故障：在特定时间内，对于 CAN 通信而言，一般为 5 倍的 CAN 发送周期，如果 CAN 数据帧没有发送出去，此时设置数据帧发送超时故障。

c. 信号错误：如果通信过程中出现信号传输错误，则必须在应用程序中设置默认值，主要的监测方法是通过对每个信号增加更新位，或者其他方式来间接地判断是否出现信号错误。

④ 控制器本身故障。

控制器（电控单元或控制模块）本身故障主要包括随机存储器（RAM）、只读储存器（ROM）等故障，诊断时在硬件上增加后备回路的同时，还增加独立于控制器之外的监视电路，监视回路中设置计数器。当控制器正常运行时，由控制器中的运行程序对计数器定时进行清零处理，此时监视电路中计数器的数值永远不会出现溢出现象。

当控制器出现不正常运行现象时，其将不能对计数器进行定时清零，致使监视计数器发生溢出现象。监视计数器溢出时，其输出电平将由低电平变为高电平，计数器输出电平的变化，将直接触发备用回路。

2）故障处理方式。

① 故障确认：在故障数据管理中主要对来自故障监测模块的信息进行计数，当计数器达到限值后，即故障确认，并且设置相应的标志位信息。

② 故障清除：在故障数据管理中，根据故障监测模块的信息和当前的故障状态对相应的计数器操作，当该计数器达到相应的限值，自动清除存储器中该故障的相关信息。

③ 故障数据的存储：在故障数据管理中，根据故障的状态将与此故障相关的一些冻结帧及计数器的信息存入存储器中。

二 基本技能

1. 新能源汽车故障诊断思路分析与制定

参照前文"基本知识"的内容，必要时阅读维修手册及相关技术资料，进行分组讨论。

主要讨论的项目应包括：

1）当仪表出现动力系统故障警告灯 后，诊断的基本思路，如先应该问询或观察什么，再作初步的检查等。

2）对车辆故障警告灯对应系统的检测可使用的方法有哪些，包括工具、设备等。

3）编写一个可供参考的故障诊断流程，这将基于使用诊断仪检查后发现存在故障码（例如，制动踏板位置传感器断路）的情况。

2. 利用故障诊断仪器进行新能源汽车故障诊断

下面以丰田公司 GTS 诊断仪为例，介绍诊断仪的功能。详细的操作步骤及其他车型的诊断仪器，请参照诊断仪器的说明书及仪器的提示。

（1）丰田 GTS 诊断仪组成部件

丰田公司 GTS（Global Tech Stream）是基于 PC 平台的诊断仪，由两部分组成：GTS 软件以及车辆接口模块（Vehicle Interface Module，VIM）。GTS 的 VIM 外形和开机界面如图 2-2-8 所示。

图 2-2-8　GTS 诊断仪 VIM 外形和开机界面

GTS 连接车辆时会执行系统的自检，自检过程中会点亮相应的指示灯，如图 2-2-9 所示。

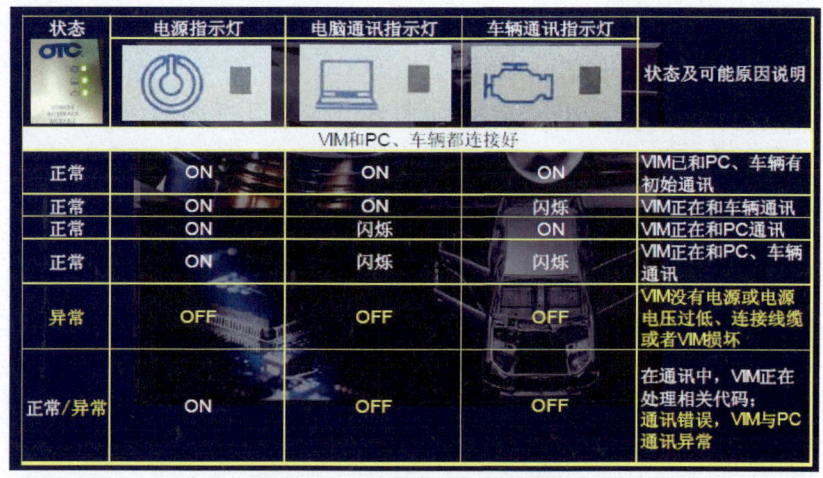

图 2-2-9　GTS 诊断仪自检过程

（2）丰田 GTS 诊断仪主要功能

GTS 诊断仪主要提供的功能包括：

1）诊断功能。

① 健康检查（一键式检查）。

② DTC（故障码）及 FFD（快速故障冻结帧数据）查看。

③ 主动（元件动作）测试。

④ 数据流查看、利用、对比。

⑤ OBD（车载自诊断系统）诊断。

⑥ MPX 总线检查。

⑦ DLC-3（诊断接口 3）电缆检查。

⑧ 检查模式。

⑨ 全部准备好（准备就绪）。

2）数据存储和使用功能。

数据文档的存储、使用（文件树、时间记录、驾驶记录仪数据、数据合并）。

3）其他功能。

① 定制（根据用户需求定制功能）。

② 钥匙码注册与删除（防起动系统）。

③ 维修辅助：重置学习值、制动系统排气等。

（3）常用功能介绍

1）健康检查。操作健康检查即一键式检查，其检查结果包含当前车辆的故障码、故障码的时间标签、FFD（快速故障冻结帧数据）、监视器状态及控制单元（ECU）通信（包括编程 ID）的诊断检查。图 2-2-10 为健康检查连接界面。

图 2-2-10　健康检查连接界面

在健康检查中，ECU 按照"系统区域"分类，如"传动系统""底盘"及"车身电气"。用户通过"健康检查"可以诊断特定系统区域的 ECU，从而缩短检查所需的时间。

2）其他常用功能。其他常用功能有故障码（DTC）显示、主动测试、数据流、CAN 总线检查，请参照仪器的提示步骤进行。

项目三
纯电动汽车故障诊断与排除

本项目介绍纯电动汽车的故障诊断与排除方法,分为3个工作任务,分别为:
1)纯电动汽车动力电池及管理系统故障诊断与排除。
2)纯电动汽车驱动电机及控制器故障诊断与排除。
3)纯电动汽车整车动力控制系统故障诊断与排除。

通过以上3个任务的学习,你能够掌握纯电动汽车动力电池及管理系统、驱动电机及控制器、整车动力控制系统的故障诊断流程,以及常见车辆运行数据的分析与判断思路,并学会纯电动汽车的故障排除方法。

任务一　纯电动汽车动力电池及管理系统故障诊断与排除

➡ 情境导入

情境描述

一辆纯电动汽车因为动力电池及管理系统存在故障而无法行驶,组合仪表的动力电池故障警告灯点亮。你的主管要求你进行故障诊断并排除,你能完成这个任务吗?

情境提示

纯电动汽车动力电池故障警告灯点亮,应首先进行故障码读取,根据内容进一步诊断分析,并排除故障。

➡ 学习目标

知识目标

1)能描述纯电动汽车动力电池及管理系统故障诊断与排除方法。
2)能描述动力电池漏电故障诊断与排除方法。

技能目标

1)能进行纯电动汽车动力电池管理系统低压电源和搭铁检测。
2)能进行纯电动汽车动力电池母线电流检测。
3)能进行纯电动汽车动力电池绝缘性能检测。

知识学习

一 基本知识

1. 纯电动汽车动力电池及管理系统故障诊断与排除方法

（1）动力电池及管理系统故障码读取

动力电池管理系统（Battery Management System，BMS）能够对动力电池组总电压、总电流、每个测量点温度和电池单体的电压参数进行实时监控，同时具有高压互锁监控、绝缘监控、碰撞监控等功能，通过监控结果对动力电池及管理系统进行故障诊断。如果发现故障，则会记忆故障码，点亮动力电池故障灯，并进行相应的故障保护控制。

BMS将动力电池相关参数上报整车控制器（VCU），由VCU控制动力电池的充、放电功率。如果动力电池及管理系统出现故障，VCU也可能点亮动力系统故障灯。

进行动力电池及管理系统故障诊断时，应该首先利用故障诊断仪读取动力电池及管理系统、整车控制器（VCU）的故障码，通过故障码所指示的方向进行故障方向和大概范围的判断，根据相关维修手册故障码检修指引，确定相关的检测与维修步骤。

（2）动力电池及管理系统数据流读取和分析

进行动力电池及管理系统故障诊断时，对于某些存在故障码但无法判断准确故障点的故障或无故障码的故障，可利用故障诊断仪读取动力电池组数据或其他关联系统数据，通过对各种相关状态下的数据分析，进行故障的准确判断。图3-1-1所示为吉利帝豪EV450纯电动汽车动力电池BMS的数据流。

图3-1-1　吉利帝豪EV450纯电动汽车动力电池BMS的数据流

1）如果动力电池的BMS报了单体电池电压值异常的相关故障码，充电过程中单体电压过高，会导致无法充电，行车过程中单体电池电压过低会导致系统报警甚至进入断电保护，可以通过数据流，观察到具体过电压或欠电压的单体电池相关电压数据和号码，以进一步确定故障，对比其他单体电池状态数据和总电压数据等，确定区分单体电池故障、各单体电池电压不均衡、还是整个动力电池组（Pack）亏电或过充电等不同的问题。

2）如果动力电池温度异常影响到电池的性能，温度过高会导致电池输出功率下降、无法充电等问题。可通过数据流观察相关温度是否正常：如果异常，观察相关散热系统的数据（电动水泵是否正常运转、冷却液散热装置是否正常工作等），判断是动力电池冷却系统问题，还是电池内部问题。

（3）动力电池组外观及相关插接件安装情况检查

检查动力电池组外观是否损坏、漏液，以及动力电池相关低压、高压插接件是否安装到位，有没有烧蚀、进水、氧化等问题。

1）如果相关的低压插接件安装不到位，可能导致动力电池BMS无电源、搭铁和通信，BMS无法工作，诊断仪无法诊断故障码和读取数据流。

2）如果相关高压插接件安装不到位或互锁短接装置异常，可能导致BMS报高压互锁故障，无法上电。

3）如果相关的高压接口进水、氧化，可能导致的系统绝缘性能下降，BMS报绝缘故障无法上电。

以上故障通过对相关部件外观进行目视或安装检查，通常可以发现故障点并进行排除。

（4）根据故障检测流程使用相应的设备进行检测

根据故障码和数据流分析仍然无法确定准确的故障点时，需要通过使用相应的设备（万用表、绝缘电阻测试仪、示波器等），对可疑的故障点进行检测，将得出相应的检测数据与正常或标准数据对比，对系统进行准确故障判定，最终确定准确的故障点，并排除故障。

1）如果BMS报绝缘故障，可以使用绝缘电阻测试仪分别测量高压正极回路和负极回路对搭铁间的绝缘电阻，判断电池外部还是内部绝缘异常。如果是电池外部绝缘异常引起，可分开单独测量各高压部件或各段高压线束对搭铁绝缘电阻，确定具体的故障点。

2）如果诊断仪器不能与BMS通信，无法进行故障诊断，需要使用万用表对电源、搭铁和通信相关的线路进行测量来排除故障。

（5）动力电池故障诊断与排除方法

动力电池系统故障一般可分为动力电池外部引起的故障和动力电池内部故障两大类，在具体诊断维修过程中一般应先排除外部故障，再确定内部故障。

大多数纯电动汽车由于动力电池集成度比较高，动力电池的组成部件包括各电池模组总成（由多个单体电池所组成）、信息采集系统（CSC）、电池控制单元（BMU，也称为电源管理控制器）、电池高压分配单元（B-BOX）、手动维修开关等部件。

对于动力电池内部故障，一般制造厂家不允许维修企业进行动力电池解体维修，而是直接更换动力电池总成。也有部分厂家也会提供电池内部相关的零件备件，经过专门培训并取得维修资质的技术人员可以分解动力电池进行维修，如电池模组故障、BMS故障、继电器故障等通常可以进行单独更换及维修。

对于动力电池外部故障，一般需要确定具体的故障点进行故障排除。常见的动力电池外部故障原因有12V低压电源故障、BMS搭铁故障、通信故障、高压回路线路故障、动力电池高压互锁故障、电池外部绝缘故障、电池温控系统故障等。

根据不同的故障类型，需要使用不同的检测方法进行针对性的故障排查。

（6）动力电池管理系统故障诊断与排除方法

纯电动汽车动力电池管理系统BMS的电池控制单元（电源管理控制器），一般内置于动力电池组内部，也有一些车型采用外置独立的方式（如部分比亚迪纯电动车型）。以下以吉利帝豪EV300/EV450纯电动汽车为例（其他车型可参考相关维修手册），介绍动力电池管理系统BMS的故障诊断与排除步骤。

1）BMS系统故障症状与可能原因。

①故障症状。BMS 发生故障时，会导致高压电路的继电器不能工作，车辆不能上高压电，无法进入 READY/OK 状态而不能行驶，同时位于组合仪表的动力电池故障警告灯■将点亮。

②可能原因。造成 BMS 发生故障的主要原因是 12V 电源供电异常、搭铁不良、CAN 通信线路故障或 BMS 自身损坏。

2）使用诊断仪诊断 BMS 系统。

使用诊断仪对车辆进行诊断，尝试诊断进入 BMS 系统，诊断仪显示 BMS 系统由于不工作无法通信，进入其他系统读取故障码，可以读取到其他如整车控制器（VCU）等相关系统与 BMS 系统通信丢失的故障码，由此可判断 BMS 系统没有工作，需要进一步检查相关电源、搭铁、通信或 BMS 自身故障。

3）电源和搭铁检测。

帝豪纯电动汽车 BMS 的电源和搭铁诊断参考电路图如图 3-1-2 所示。

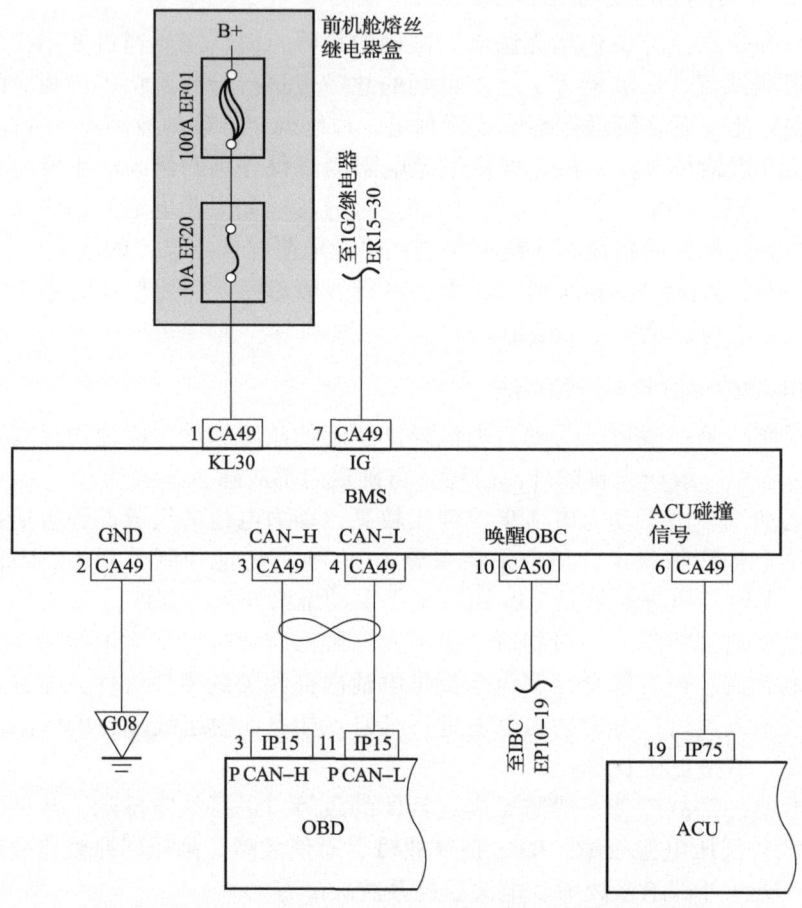

图 3-1-2　帝豪纯电动汽车 BMS 的电源和搭铁诊断参考电路图
OBD—诊断接口　ACU—辅助控制模块　OBC—车载充电机

根据诊断参考电路图，按以下步骤进行电源和搭铁的检测诊断。

① 检查蓄电池电压。

a. 操作点火开关使电源模式切换至 OFF 状态。

b. 用万用表测量蓄电池正、负极之间的电压。

电压标准值：11~14V。

c. 确认测量值是否符合标准。如不符合标准，则检查充电系统或对蓄电池充电。

② 检查 BMS 熔丝。

a. 操作点火开关使电源模式切换至 OFF 状态。

b. 拔下熔丝 EF20，检查熔丝是否熔断。如果熔断，则检修熔丝线路，更换额定容量的熔丝。熔丝的额定容量：10A。

③ 检查 BMS 电源线路。

测量端子图参考图 3-1-3。

a. 操作点火开关使电源模式切换至 OFF 状态。

b. 断开 BMS 线束插接器 CA49。

c. 操作点火开关使电源模式切换至 ON 状态。

d. 用万用表测量 BMS 线束插接器 CA49 的 1 号端子和车身可靠搭铁之间的电压。电压标准值：11~14V。

e. 用万用表测量 BMS 线束插接器 CA49 的 7 号端子和车身可靠搭铁之间的电压。电压标准值：11~14V。

f. 确认测量值是否符合标准。如不符合，则修理或更换线束。

④ 检查 BMS 搭铁线路。

测量端子参考图 3-1-4。

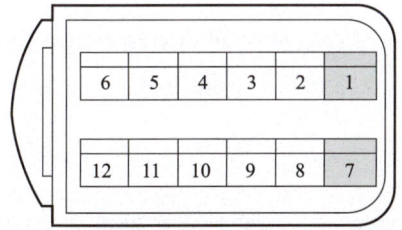 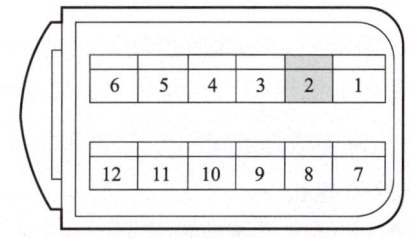

图 3-1-3　BMS 线束插接器 CA49 电源端子视图　　图 3-1-4　BMS 线束插接器 CA49 搭铁端子视图

a. 操作点火开关使电源模式切换至 OFF 状态。

b. 断开 BMS 线束插接器 CA49。

c. 用万用表测量 BMS 线束插接器 CA49 的 2 号端子和车身可靠搭铁之间的电阻。标准电阻：小于 1Ω。

d. 确认测量值是否符合标准。如不符合，则修理或更换线束。

▶ 注意：
- 对于电源和搭铁问题，如果 BMS 系统还可以进行诊断，读取到以下两个故障码之一。
- P21F024：BMS 的 12V 供电电源电压过低故障。
- P21F025：BMS 的 12V 供电电源电压过高故障。

需要进行以上电源和搭铁的检测，如果都没问题，可直接判断 BMS 故障，需要更换 BMS 的电池控制单元。

4）通信线路检测。

BMS 的通信线路诊断参考电路图如图 3-1-2 所示。

测量端子参考图 3-1-5 和图 3-1-6。

a. 操作点火开关使电源模式切换至 OFF 状态。

b. 断开 BMS 线束插接器 CA49。
c. 用万用表测量 BMS 线束插接器 CA49 端子 4 和诊断接口 IP15 端子 11 之间的电阻。
电阻标准值：小于 1Ω。
d. 用万用表测量 BMS 线束插接器 CA49 端子 3 和诊断接口 IP15 端子 3 之间的电阻。
电阻标准值：小于 1Ω。
e. 确认测量值是否符合标准。如不符合，则修理或更换线束。

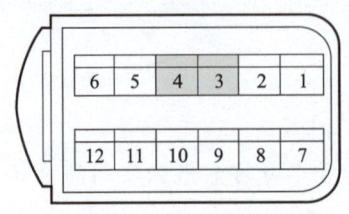

图 3-1-5　BMS 线束插接器 CA49 通信（P-CAN）端子视图

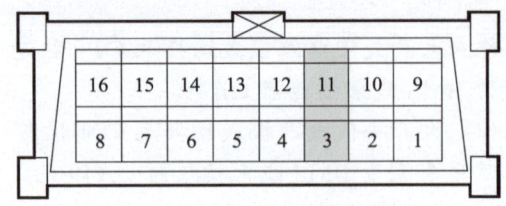

图 3-1-6　诊断接口 IP15 通信（P-CAN）端子视图

5）BMS 故障判断和处理。

如果通过以上检测，确定电源、搭铁和通信线路均没有问题，可判断 BMS 的电池控制单元自身故障，应进行更换。

2. 纯电动汽车动力电池漏电故障诊断与排除方法

BMS 系统具备绝缘监控功能，通过监控高压回路与车身搭铁之间的绝缘电阻判断动力电池是否存在漏电故障。下面介绍动力电池最常见的漏电故障诊断与排除方法。

（1）漏电故障症状与可能原因

1）故障症状。

① 如果 BMS 系统监控到漏电故障，为了人员和车辆安全，会控制高压继电器（接触器）断开并禁止再次闭合，禁止动力电池高压上电输出高压，使车辆不能进入 READY 模式。

② 位于仪表的动力电池故障警告灯 ▇ 及动力电池切断警告灯 ▇ 将点亮。

2）故障可能原因。

① 动力电池外部的高压回路绝缘电阻过低。

② 动力电池内部的高压回路绝缘电阻过低。

③ BMS 相关绝缘监控采样线路或漏电传感器故障。

④ BMS 自身故障。

（2）漏电故障诊断方法

动力电池漏电故障诊断与排除步骤如下。

1）读取故障码。

如果车辆发生漏电故障，使用诊断仪读取故障码，一般存在以下两个故障码的其中之一。

① P21F02A 高压继电器闭合的前提下，绝缘故障（最严重）。

② P21F02B 高压继电器断开的前提下，绝缘故障（最严重）。

读到以上任何一个故障码，均可判断车辆为绝缘故障。

2）故障码分析和诊断步骤。

如果读到故障码是"P21F02A 高压继电器闭合的前提下，绝缘故障（最严重）"，则说明是高压继电器闭合之后才监控到绝缘电阻过低，在 BMS 自身诊断正常的情况下可以判断发生漏电的位置为高压继电器之后的高压回路。针对此故障可以检查动力电池外部负载高压回路绝缘电阻是否正常，如果绝缘电阻过低，则进行进一步检查以确定漏电部件。如果电池外部负载高压回路绝缘电阻正常，则说明故障属于电池内部故障（高压继电器到动力电池高压输出接口这段高压回路漏电、动力电池 BMS 自身诊断出错故障），需要分别测量高压母线接口正、负极与车身搭铁之间的绝缘电阻，分别测量直流快充接口正、负极与车身搭铁之间的绝缘电阻，必要时分解动力电池组进行测量判断。

如果读到故障码是"P21F02B 高压继电器断开的前提下，绝缘故障（最严重）"，则说明是高压继电器闭合之前就监控到绝缘电阻过低，在 BMS 自身诊断正常的情况下可以判断发生漏电的位置为高压继电器之前的高压回路、相关采样线路或单体电池本身。针对此故障可以通过维修开关处，分别测量两接口与车身搭铁之间的绝缘电阻是否正常，如果绝缘电阻过低，则说明电池内部漏电，需分解动力电池组进行进一步的测量来判断故障点，如果绝缘电阻正常，则判断为 BMS 自身故障。

▶ **注意**：对于吉利帝豪纯电动汽车，后期车型取消了维修开关，因此高压继电器之前的高压回路、相关采样线路或单体电池模组本身的绝缘电阻测量，需要断开动力电池组才可以进行。

3）动力电池外部绝缘电阻检测。

测量参考图 3-1-7。

① 确认高压回路切断。

a. 操作点火开关使电源模式切换至 OFF 状态。

b. 断开蓄电池负极电缆。

c. 拆卸维修开关。

d. 断开动力电池高压母线线束插接器 EP41。

e. 等待 5min。

f. 用万用表检测 EP41 端子 1 与端子 2 之间的电压。

标准电压：≤ 5V。

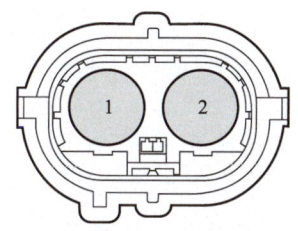

图 3-1-7　动力电池高压母线线束插接器 EP41 端子视图

▶ **注意**：检修时必须佩戴绝缘手套。如果端子 1 与端子 2 距离较近，则严禁万用表针头短接和触碰任何非目标测量金属部件。

② 检测动力电池外部负载高压回路绝缘阻值。

a. 操作点火开关使电源模式切换至 OFF 状态。

b. 断开蓄电池负极电缆。

c. 拆卸维修开关。

d. 拆卸动力电池高压线线束插接器 EP41。

e. 将绝缘检测仪的档位调至 1 000V。

f. 用绝缘测试仪测量动力电池高压线线束插接器 EP41 的 1 号端子与车身搭铁之间的电阻。

标准电阻：≥ 2MΩ。

g. 用绝缘测试仪测量动力电池高压线线束插接器 EP41 的 2 号端子与车身搭铁之间的电阻。

标准电阻：≥ 2MΩ。

③ 检测动力电池直流充电线路的绝缘阻值。

测量参考图 3-1-8。

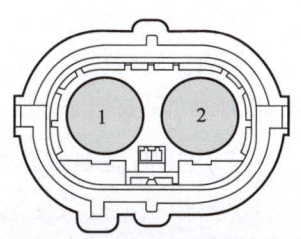

图 3-1-8　动力电池直流充电线束插接器 EP33 端子视图

a. 操作点火开关使电源模式至 OFF 状态。

b. 断开蓄电池负极电缆。

c. 拆卸维修开关。

d. 拆卸动力电池高压线线束插接器 EP33。

e. 将绝缘检测仪的档位调至 1 000V。

f. 用绝缘测试仪测量动力电池高压线线束插接器 EP33 的 1 号端子与车身搭铁之间的电阻。

标准电阻：≥ 20MΩ。

g. 用绝缘测试仪测量动力电池高压线线束插接器 EP33 的 2 号端子与车身搭铁之间的电阻。

标准电阻：≥ 20MΩ。

二 基本技能

▶ **警告**：在没有断开高压线路之前，请勿用手直接触碰前机舱内的高压部件，如果不可避免，则请借助高压绝缘棒，或者用绝缘物质代替。

▶ **警告**：

禁止未参加该车型高压系统知识培训的维修人员拆卸高压系统。

当拆解或装配高压部件时，必须先执行标准高压中止与检验步骤。

在进行高压相关操作前，维修人员必须穿戴好劳保用品，戴好绝缘手套，穿好高压绝缘鞋。在戴绝缘手套前，必须检查绝缘手套是否有破损的地方，确保手套无绝缘失效。

在安装和拆卸过程中，应防止制动液、洗涤液等液体进入或飞溅到高压部件上。

▶ **提示**：指导教师可以提前设置故障。

▶ **提示**：参照"基本知识"所学习的内容，以吉利帝豪纯电动汽车为例，完成以下操作。

1. 动力电池管理系统低压电源和搭铁检测

（1）BMS 电源线路检测

1）操作点火开关使电源模式切换至 OFF 状态。

2）断开 BMS 线束插接器 CA49（图 3-1-9）。

3）操作点火开关使电源模式切换至 ON 状态。

4）用万用表测量 BMS 线束插接器 CA49 的 1 号端子和车身可靠搭铁之间的电压。

测量端子参考图 3-1-3。

5）用万用表测量 BMS 线束插接器 CA49 的 7 号端子和车身可靠搭铁之间的电压。

测量端子参考图 3-1-3。

6）确认测量值是否符合标准。

电压标准值：11~14V。

动力电池管理系统低压电源和搭铁检测

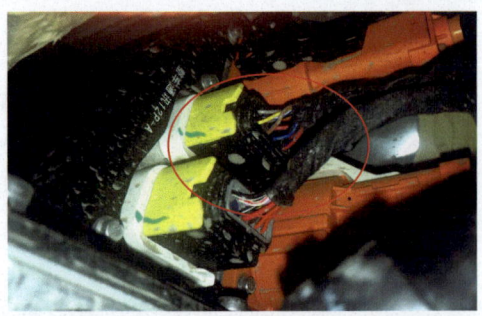

图 3-1-9　BMS 线束插接器 CA49

（2）BMS 搭铁线路检测

1）操作点火开关使电源模式切换至 OFF 状态。

2）断开 BMS 线束插接器 CA49。

3）用万用表测量 BMS 线束插接器 CA49 的 2 号端子和车身可靠搭铁之间的电阻。

测量端子参考图 3-1-4。

4）确认测量值是否符合标准。

标准电阻：小于 1Ω。

2. 动力电池高压母线电流检测

1）操作点火开关使电源模式切换至 OFF 状态。

2）在动力电池高压母线（图 3-1-10）正极或负极线缆上套入钳形电流表。

3）使用诊断仪进行诊断，操作点火开关使电源模式切换至 ON 状态，读取 VCU 数据流，观察动力电池电流数据，如图 3-1-11 所示。

动力电池高压母线电流检测

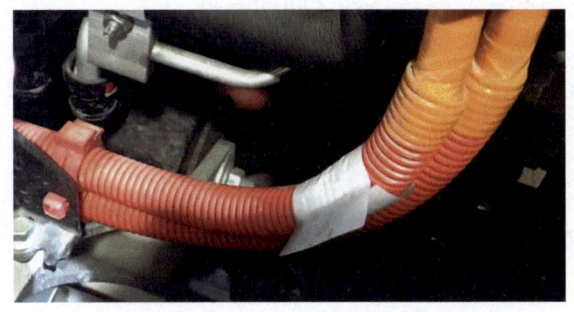

图 3-1-10　动力电池高压母线　　　　图 3-1-11　整车控制器（VCU）数据流

4）同时对比观察各状态下的钳形电流表流读数与 VCU 数据流中的"电池电流"读数。

① 操作点火开关使车辆进入 READY 状态。

② 操作点火开关使车辆进入 READY 状态，打开空调制冷到最低温度。

③ 操作点火开关使车辆进入 READY 状态，打开空调加热到最高温度。

④ 操作点火开关使车辆进入 READY 状态，挂入 D 位。

⑤ 操作点火开关使车辆进入 READY 状态，挂入 R 位。

⑥ 使用慢充充电枪对车辆进行充电，当仪表显示正在充电状态时。钳形电流表流读数与 VCU 数据流中"电池电流"读数应基本一致。

3. 动力电池绝缘性能检测

（1）高压回路断电与检验

1）操作点火开关使电源模式切换至 OFF 状态。

2）断开蓄电池负极电缆。

3）拆卸维修开关。

4）断开动力电池高压母线线束插接器 EP41。动力电池高压母线线束插接器 EP41 位置如图 3-1-12 所示。

5）等待 5min。

6）用万用表检测 EP41 端子 1 与端子 2 之间的电压。标准电压：≤ 5V。

（2）检测动力电池外部负载高压回路绝缘阻值

1）拆卸动力电池高压母线线束插接器 EP41。

2）将绝缘测试仪的档位调至 1 000V。

3）用绝缘测试仪测量动力电池高压母线线束插接器 EP41 的 1 号端子与车身搭铁之间的电阻。

动力电池绝缘性能检测

图 3-1-12　动力电池高压母线线束插接器 EP41 的位置

测量参考图 3-1-7；标准电阻：≥2MΩ。

4）用绝缘测试仪测量动力电池高压母线线束插接器 EP41 的 2 号端子与车身搭铁之间的电阻。测量参考图 3-1-7；标准电阻：≥2MΩ。

（3）检测动力电池母线接口绝缘阻值

1）用万用表检测动力电池母线接口正、负极端子之间的电压，确保无高电压输出。标准电压：≤5V。

2）将绝缘测试仪的档位调至 1 000V。

3）用绝缘测试仪测量动力电池母线接口正极端子与车身搭铁之间的电阻。标准电阻：≥2MΩ。

4）用绝缘测试仪测量动力电池母线接口负极端子与车身搭铁之间的电阻。标准电阻：≥2MΩ。

任务二　纯电动汽车驱动电机及控制器故障诊断与排除

情境导入

情境描述

一辆纯电动汽车组合仪表驱动电机系统故障警告灯点亮，车辆也不能行驶。经初步判断是驱动电机及控制器存在故障，你的主管要求你进一步诊断并排除故障，你能完成这个任务吗？

情境提示

驱动电机系统相关的故障灯点亮，应首先进行故障码读取，根据内容进一步诊断分析，并排除故障。

学习目标

知识目标

1）能描述纯电动汽车驱动电机控制器故障诊断与排除方法。
2）能描述纯电动汽车驱动电机故障诊断与排除方法。

技能目标

1）能进行电机角度传感器线圈电阻检测。
2）能进行电机角度传感器波形检测。
3）能进行电机驱动电流检测。

知识学习

一　基本知识

1. 纯电动汽车驱动电机控制器故障诊断与排除方法

驱动电机控制器，简称电机控制器（MCU 或 PEU），是纯电动汽车电驱动系统的主控模块。

电机控制器将动力电池输出的直流电变换为交流电以驱动电机，同时将车轮旋转的动能转换为电能（交流电变换为直流电）给动力电池充电，在车辆制动或滑行阶段，电机作为发电机应用。电机控制器通过接收动力电池管理系统（BMS）和整车控制器（VCU）的信息，控制电机的运转，并实现电机转速、方向和转矩的改变。电机控制器通过接收电机角度传感器（也称为解角器或旋变传感器）信号作为控制命令的输出反馈，实现系统的闭环控制。

以吉利帝豪纯电动汽车为例，该车型的电机控制器（PEU）安装在前舱内，通过控制动力电池组到电机之间能量的传输，同时采集电机位置信号和三相电流检测信号，精确地控制电机运行。电机控制器集成了 DC-DC 变换器，其功能是将动力电池的高压电转换成 12V 低压电，提供整车低压系统供电。帝豪纯电动汽车电机控制系统功能原理如图 3-2-1 所示。

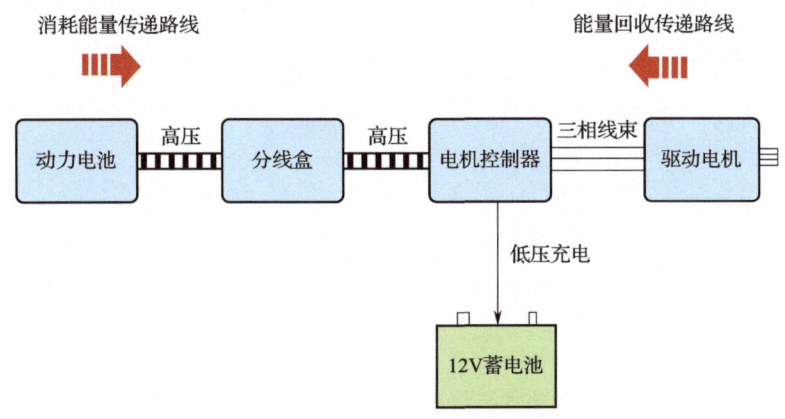

图 3-2-1　帝豪纯电动汽车电机控制系统功能原理

下面以帝豪纯电动汽车为例，介绍纯电动汽车电机控制器的故障诊断思路与注意事项。

（1）电机控制器故障症状与可能原因

1）故障症状。

电机控制器存在故障时，会导致电机不能正常运转，使车辆失去动力。同时位于车辆仪表内的动力系统故障警告灯、驱动电机系统故障警告灯将点亮。如果仅驱动电机及控制器过热警告灯点亮，则说明电机及控制器冷却系统的温度过高，系统将降低电机的功率输出。

2）可能原因。

造成电机控制器故障的主要原因如下。

① 低压电源和搭铁不良。

② 控制器通信线路故障。

③ 控制器本身的故障。

（2）驱动电机控制器故障诊断与排除方法

以帝豪纯电动汽车为例，电机控制器故障诊断与排除步骤如下。

1）使用诊断仪诊断。

使用诊断仪读取电机控制器相关的故障码（DTC），通过故障码所指示的方向进行故障方向和大概范围的判断，根据相关维修手册故障码检修指引，确定相关的检测与维修步骤。

2）电机控制器电源与搭铁检测。

帝豪纯电动汽车电机控制器电源与搭铁诊断参考电路如图 3-2-2 所示。

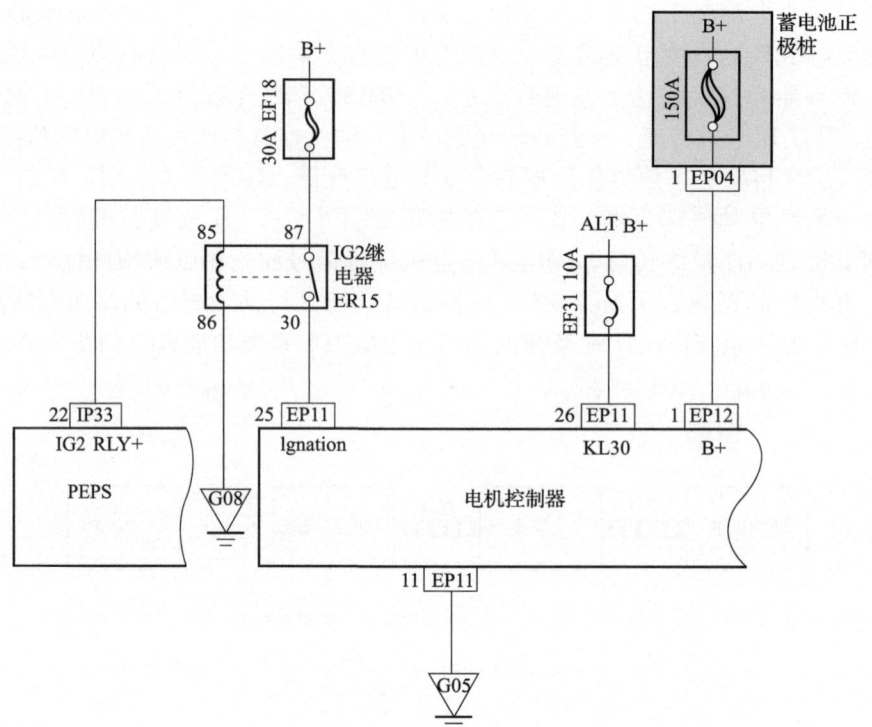

图 3-2-2　帝豪纯电动汽车电机控制器电源与搭铁诊断参考电路

① 检查蓄电池电压。

a. 操作点火开关使电源模式切换至 OFF 状态。
b. 用万用表测量蓄电池电压。

标准电压：11~14V。

c. 确认测量值是否符合标准。如不符合，则为蓄电池充电或更换蓄电池。

② 检查电机控制器熔丝 EF18、EF31 和蓄电池正极的熔丝是否熔断。

a. 操作点火开关使电源模式切换至 OFF 状态。
b. 拔下熔丝 EF31，检查熔丝是否熔断。

熔丝额定容量：10A。

c. 拔下熔丝 EF18，检查熔丝是否熔断。

熔丝额定容量：30A。

d. 拔下蓄电池正极熔丝，检查熔丝是否熔断。

熔丝额定容量：150A。检修熔断丝线路。

③ 测量电机控制器电源电压。

测量端子参考图 3-2-3。

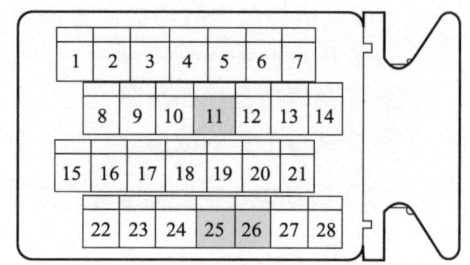

图 3-2-3　电机控制器线束插接器 EP11 电源端子视图

a. 操作点火开关使电源模式切换至 OFF 状态。
b. 断开电机控制器线束插接器 EP11。
c. 操作点火开关使电源模式切换至 ON 状态。
d. 用万用表测量电机控制器线束插接器 EP11 端子 25 和车身搭铁之间的电压值。

标准电压：11~14V。

e. 用万用表测量电机控制器线束插接器 EP11 端子 26 和车身搭铁之间的电压值。

标准电压：11~14V。

f. 确认测量值是否符合标准。如不符合，则进一步检查线路，修理或更换线束。

④ 检查电机控制器搭铁电阻。

测量端子参考图 3-2-4。

a. 操作点火开关使电源模式切换至 OFF 状态。

b. 断开电机控制器线束插接器 EP11。

c. 用万用表测量电机控制器线束插接器 EP11 端子 11 和车身搭铁之间的电阻。

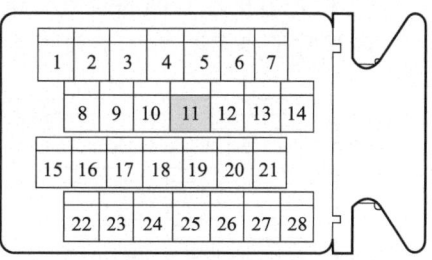

图 3-2-4　电机控制器线束插接器 EP11 搭铁端子视图

标准电阻：小于 1Ω。

d. 确认测量值是否符合标准。如不符合，则进一步检查线路，修理或更换线束。

3）电机控制器通信检测

帝豪纯电动汽车电机控制器通信故障诊断参考电路如图 3-2-5 所示。

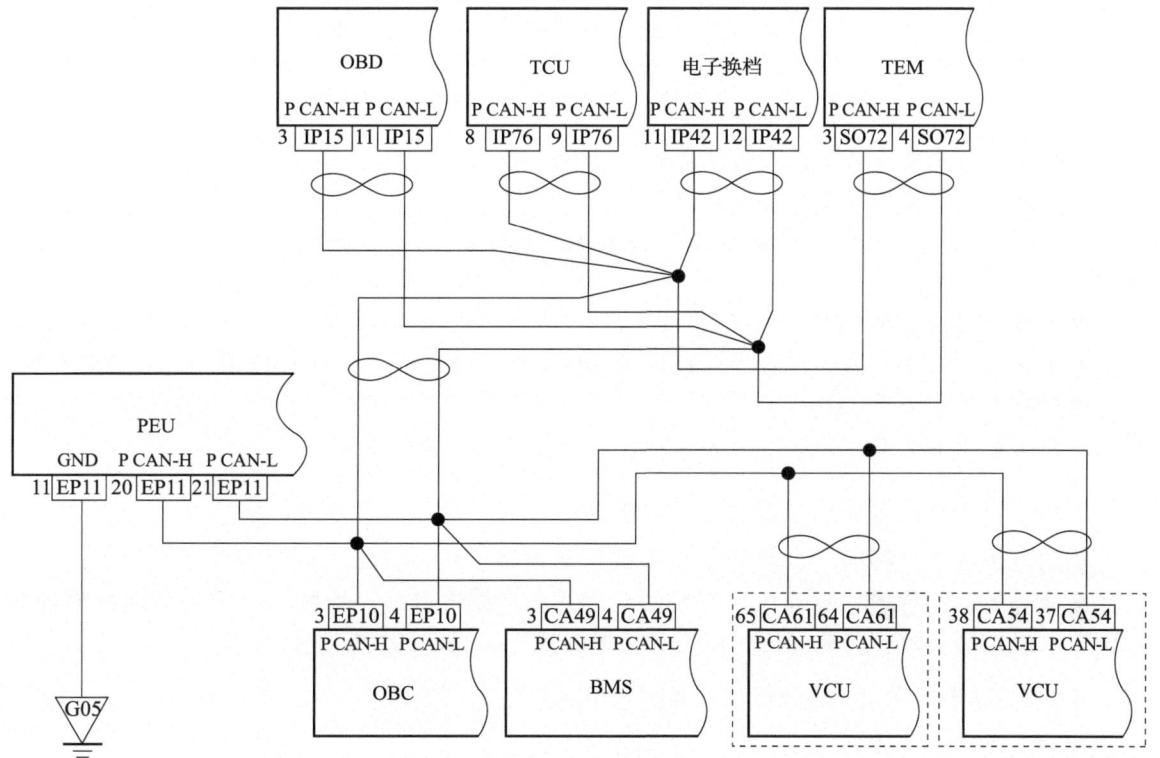

图 3-2-5　帝豪纯电动汽车电机控制器通信故障诊断参考电路

① 检查电机控制器的通信屏蔽线路。

测量端子参考图 3-2-6。

a. 操作点火开关使电源模式切换至 OFF 状态。

b. 断开电机控制器线束插接器 EP11。

c. 用万用表测量电机控制器线束插接器 EP11 端子 10 与车身可靠搭铁之间的电阻。

电阻标准值：小于 1Ω。

d. 确认测量值是否符合标准。如不符合，则修理或更换线束。

② 检查电机控制器的通信线路。

测量端子参考图 3-2-7 和图 3-2-8。

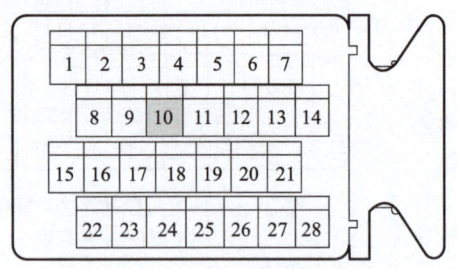

图 3-2-6　电机控制器线束插接器
EP11 通信屏蔽线端子视图

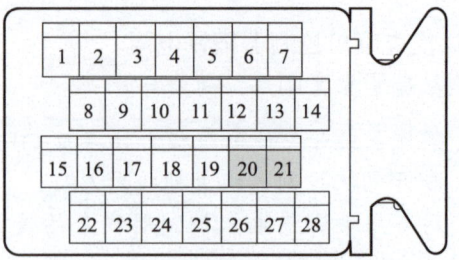

图 3-2-7　电机控制器线束插接器
EP11 通信（P-CAN）端子视图

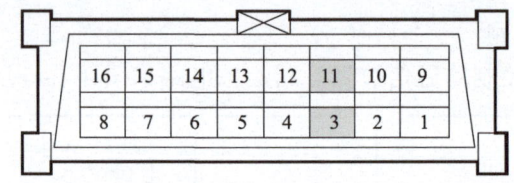

图 3-2-8　诊断接口 IP15 通信（P-CAN）端子视图

a. 操作点火开关使电源模式切换至 OFF 状态。

b. 断开电机控制器线束插接器 EP11。

c. 用万用表测量电机控制器线束插接器 EP11 端子 21 和诊断接口 IP15 端子 11 之间的电阻。

电阻标准值：小于 1Ω。

d. 用万用表测量电机控制器线束插接器 EP11 端子 20 和诊断接口 IP15 端子 3 之间的电阻。

电阻标准值：小于 1Ω。

e. 确认测量值是否符合标准。如不符合，则修理或更换线束。

2. 纯电动汽车驱动电机故障诊断与排除方法

驱动电机发生故障时，会导致电机不能正常运转或运转异常，同时位于车辆仪表内的动力系统故障警告灯 ![图标]、驱动电机系统故障警告灯 ![图标] 将点亮。检修时，应先利用故障诊断仪读取电机控制系统相关故障码（DTC），根据故障码提示的内容进行检修。

（1）驱动电机常见的故障症状、原因与排除方法

驱动电机常见的故障症状、原因与排除方法如下。

1）电机起动困难或不能起动。

① 原因 1：驱动电压过低。排除方法：检查三相交流线路和电机控制器交流输出。

② 原因 2：电机过载。排除方法：减轻负载后再起动。

③ 原因 3：机械锁止（卡滞）。排除方法：解除机械锁止，然后起动电机。

④ 原因 4：电机角度传感器故障。排除方法：检查相关线路及信号，必要时予以更换。

2）电机运行温度过高。

① 原因 1：负载过大。排除方法：减轻负载。

② 原因2：电机扫膛。排除方法：检查气隙及转轴、轴承是否正常，不正常则重新装配或更换。

③ 原因3：电机绕组故障。排除方法：检查绕组是否有搭铁、短路、断路等故障，并给予排除。

④ 原因4：电机冷却不良。排除方法：检查冷却系统故障，并给予排除。

（2）电机角度传感器检测

电机角度传感器也称为"解角器""旋变传感器"或"旋转变压器"等，是一种检测磁极位置的传感器，它对保证电机控制是必需的。角度传感器的定子包括一个励磁线圈和两个检测线圈（正弦SIN和余弦COS）。电机控制器输出预定频率的交流电流过励磁线圈产生交变磁场，因为转子是椭圆形状的，定子和转子间的间隙随着转子转动而变化从而在感应线圈上产生强度变化的交变磁场，正弦和余弦感应线圈根据传感器转子位置的不同，感应出不同的交变电流，输出交流电信号。电机角度传感器的安装位置及结构如图3-2-9所示。

图3-2-9 电机角度传感器的安装位置及结构

如图3-2-10所示，电机控制器通过对两个感应线圈输出的交流信号进行解析从而确定电机转子位置和电机转速，根据检测线圈的相位及它们的波形幅值来检测转子的绝对位置。此外，电机控制器还能计算出在一段预定的时间内位置的变化次数，获取电机精确的运转速度。

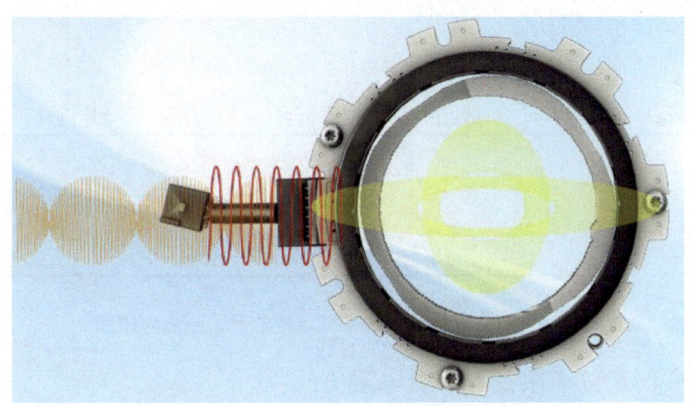

图3-2-10 电机角度传感器的工作原理

1）电机角度传感器相关故障码。如果电机角度传感器信号异常或丢失，则会导致电机输出功率受限制或无法工作；如果电机控制器在电机起动前诊断出相关的故障码，则会限制车辆无法进入READY状态。电机角度传感器安装于电机内部，如果判断传感器故障，则一般需要与电机一起作为整体部件进行更换。

表 3-2-1 是吉利帝豪纯电动汽车电机角度传感器故障相关的故障码。

表 3-2-1　吉利帝豪纯电动汽车电机角度传感器故障相关的故障码

故障码	故障描述
P0C5300	正弦/余弦输入信号消波故障
P0C511C	正弦/余弦输入信号超过电压阈值
P0C5200	正弦/余弦输入信号低于电压阈值
P0A4429	跟踪误差超过阈值
P170900	输入转速信号超过芯片的最大跟踪速率
P150700	电机超速故障
P171000	角度跳变故障
P171100	信号失配错误
P171200	配置错误
P171300	奇偶校检错误
P171400	锁相错误

2）电机角度传感器故障诊断步骤。电机角度传感器旋变信号诊断参考电路如图 3-2-11 所示。

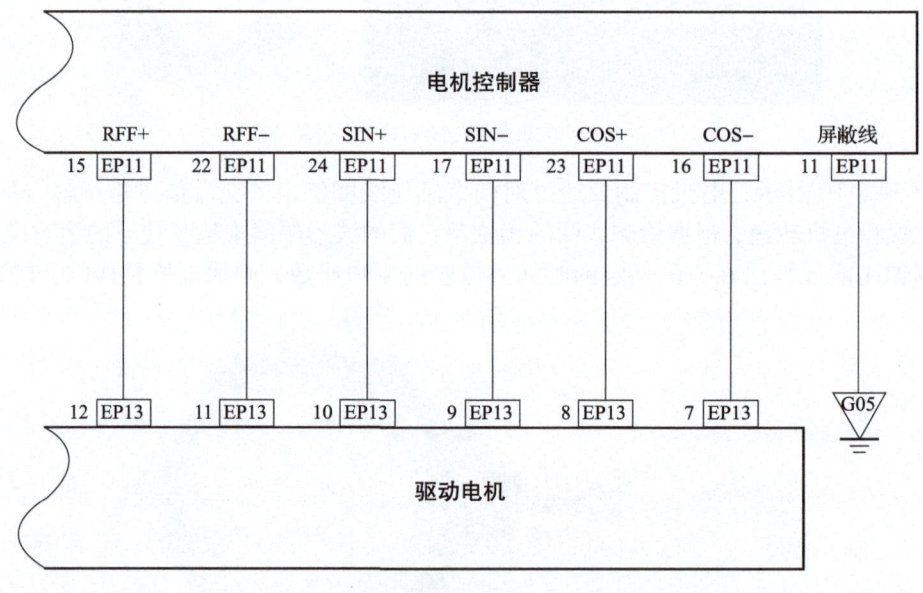

图 3-2-11　电机角度传感器旋变信号诊断参考电路

① 检测电机旋变的正弦、余弦、励磁电阻值。

电机旋变的正弦、余弦、励磁电阻正常值如下。

余弦：（14.5±1.5）Ω。

正弦：（13.5±1.5）Ω。

励磁：（9.5±1.5）Ω。

② 检测驱动电机旋变信号屏蔽线路。

测量端子参考图 3-2-12。

a. 操作点火开关使电源模式切换至 OFF 状态。
b. 拆卸维修开关。
c. 操作点火开关使电源模式切换至 ON 状态。
d. 断开电机控制器线束插接器 EP11。
e. 用万用表测量电机控制器线束插接器 EP11 的 10 号端子与车身搭铁之间的电阻。

标准电阻：小于 1Ω。

f. 确认测量值是否符合标准。如不符合，则修理或更换线束。

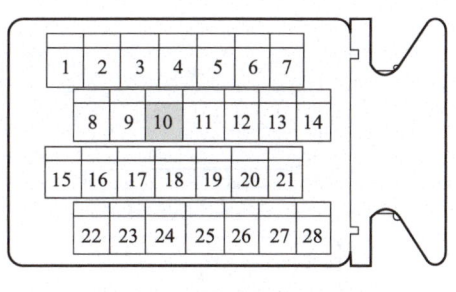

图 3-2-12　电机控制器线束插接器 EP11 端子视图

③ 检测驱动电机余弦旋变信号线路。

a. 操作点火开关使电源模式切换至 OFF 状态。
b. 拆卸维修开关。
c. 操作点火开关使电源模式切换至 ON 状态。
d. 断开驱动电机线束插接器 EP13。
e. 断开电机控制器线束插接器 EP11。
f. 用万用表按图 3-2-13 所示的方法进行测量。
g. 确认测量值是否符合标准。如不符合，则修理或更换线束。

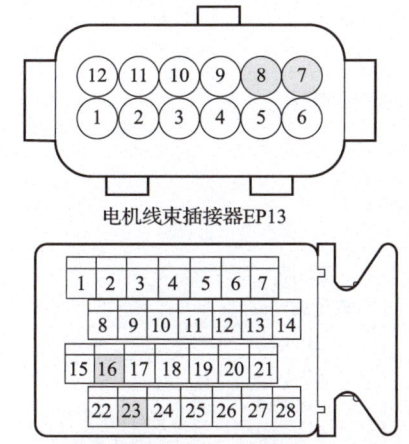

万用表红表笔连接位置	万用表黑表笔连接位置	测量标准值
EP13-7	EP11-16	标准电阻 <1Ω
EP13-8	EP11-23	
EP13-7	EP13-8	标准电阻：10Ω或更高
EP13-8	车身搭铁	
EP13-7	车身搭铁	
EP13-7	车身搭铁	标准电压：0V
EP13-8	车身搭铁	

图 3-2-13　电机余弦旋变信号线路检测

④ 检测驱动电机正弦旋变信号线路。

a. 操作点火开关使电源模式切换至 OFF 状态。
b. 断开蓄电池负极电缆。
c. 拆卸维修开关。
d. 操作点火开关使电源模式切换至 ON 状态。
e. 断开驱动电机线束插接器 EP13。
f. 断开电机控制器线束插接器 EP11。
g. 用万用表按图 3-2-14 所示的方法进行测量。
h. 确认测量值是否符合标准。如不符合，则修理或更换线束。

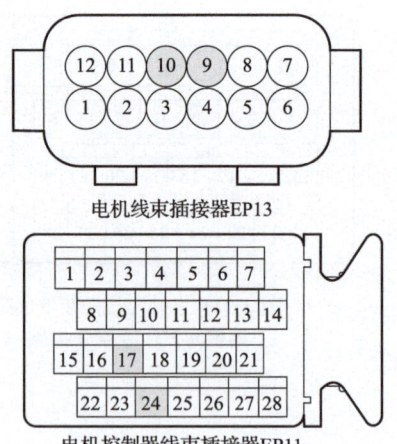

图 3-2-14 电机正弦旋变信号线路检测

⑤ 检测驱动电机励磁旋变信号线路。

a. 操作点火开关使电源模式切换至 OFF 状态。

b. 断开蓄电池负极电缆。

c. 拆卸维修开关。

d. 操作点火开关使电源模式切换至 ON 状态。

e. 断开驱动电机线束插接器 EP13。

f. 断开电机控制器线束插接器 EP11。

g. 用万用表按图 3-2-15 所示的方法进行测量。

h. 确认测量值是否符合标准。如不符合,则修理或更换线束。

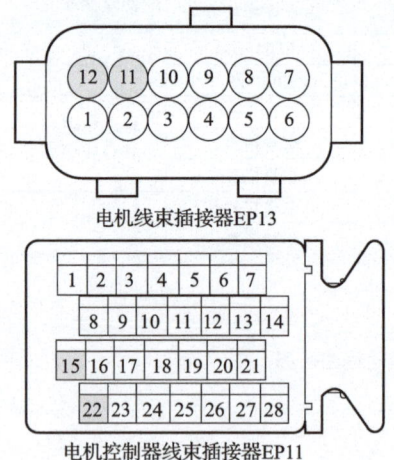

图 3-2-15 电机励磁旋变信号线路检测

⑥ 电机角度传感器信号检测。

a. 使用示波器检测励磁线圈交流信号波形。

励磁线圈正常波形参考图 3-2-16。

b. 确认励磁线圈交流信号波形是否正常,如无信号或信号异常,则更换电机控制器。

c. 使用示波器分别检测正弦和余弦感应线圈的交流信号波形。

正弦和余弦感应线圈正常波形参考图 3-2-17。

d. 确认感应线圈交流信号波形是否正常，如无信号或信号异常，则更换驱动电机。

e. 诊断结束。

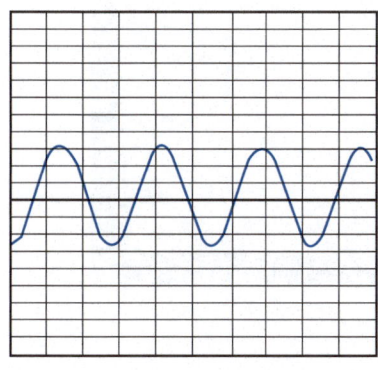
图 3-2-16　励磁线圈正常波形

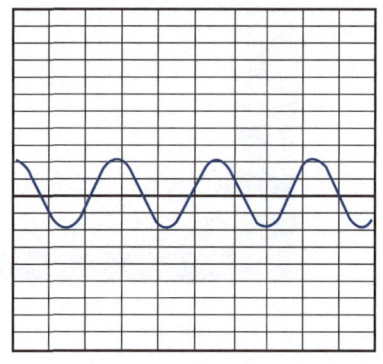
图 3-2-17　正弦和余弦感应线圈正常波形

（3）电机转子偏移角标定

对于帝豪纯电动汽车车型，当电机角度传感器正常无故障，但电机转子偏移角没标定或出现偏差时，可能读取到相关的故障码，车辆被限制功率，需要重新进行电机转子偏移角标定。

1）电机转子偏移角标定异常相关故障码。帝豪纯电动汽车驱动电机转子偏移角异常相关的故障码见表 3-2-2。

表 3-2-2　帝豪纯电动汽车驱动电机转子偏移角异常相关的故障码

故障码	故障描述
P0C4E99	初始位置标定处于加速阶段，加速至阈值频率的时间超过时间阈值
P170000	初始位置标定处于初始阶段，标定停留时间超过时间阈值
P170100	停止位置设定（Off set）角不合理故障
P170200	停止位置设定（Off set）角状态无效故障

2）使用诊断仪读取偏移角。

① 操作点火开关使电源模式切换至 ON 状态。

② 连接诊断仪读取电机当前转子的偏移角，如图 3-2-18 所示。

标准值：41°±2°。

③ 检查读取偏移角是否在标准范围内。如不正常，则进行下一步重新标定。

3）使用诊断仪标定偏移角。

① 操作点火开关使电源模式切换至 ON 状态。

图 3-2-18　电机转子偏移角数据读取

② 连接诊断仪，根据电机铭牌上的标准值重新标定转子偏移角，如图 3-2-19 所示。

③ 确认标定完成。

图 3-2-19　电机转子偏移角标定

二 基本技能

> **警告**：在没有断开高压线路之前，请勿用手直接触碰前机舱内的高压部件，如果不可避免，则请借助高压绝缘棒，或者用绝缘物质代替。

> **提示**：参照"基本知识"所学习的内容，以吉利帝豪纯电动汽车为例，完成以下操作。

1. 电机角度传感器线圈电阻检测

1）将万用表旋至电阻档，校准万用表。
2）操作点火开关使电源模式切换至 OFF 状态。
3）断开蓄电池负极电缆。
4）拆卸维修开关（如果有装备）。
5）断开电机控制器线束插接器 EP11，如图 3-2-20 所示。
6）通过 EP11 测量电机角度传感器线圈电阻值，EP11 端子视图如图 3-2-12 所示。

图 3-2-20　电机控制器线束插接器 EP11 的位置

① 用万用表测量电机控制器线束插接器 EP11 端子 15 和 EP11 端子 22 之间的励磁线圈电阻。
② 用万用表测量电机控制器线束插接器 EP11 端子 24 和 EP11 端子 17 之间的正弦线圈电阻。
③ 用万用表测量电机控制器线束插接器 EP11 端子 23 和 EP11 端子 16 之间的余弦线圈电阻。
④ 记录所测量的数据，并与正常值作比较。
电机旋变的正弦、余弦、励磁电阻正常值如下：

余弦：（14.5±1.5）Ω。
正弦：（13.5±1.5）Ω。
励磁：（9.5±1.5）Ω。

电机角度传感器线圈电阻检测

⑤ 测量完毕，复原车辆，将仪器及工具归位。

2. 电机角度传感器波形检测

1）操作点火开关使电源模式切换至 OFF 状态。
2）断开蓄电池负极电缆。
3）举升车辆至车轮离开地面高度，使驱动车轮离地。
4）将示波器探针和角度传感器励磁线圈端子连接。
5）重新装复蓄电池负极，操作点火开关使电源模式切换至 ON 状态。
6）观察电机静止时示波器上的励磁线圈波形。
7）操作点火开关使电源模式切换至 OFF 状态，将示波器探针和角度传感器正弦线圈端子连接。
8）操作点火开关使电源模式切换至 ON 状态。观察电机静止时示波器上的正弦线圈波形。
9）操作点火开关使车辆进入 READY 状态。挂入 D 位，使电机工作转动，观察电机转动时示波器上的正弦线圈波形。
10）操作点火开关使电源模式切换至 OFF 状态，将示波器探针和角度传感器余弦线圈端子连接。
11）操作点火开关使电源模式切换至 ON 状态。观察电机静止时示波器上的余弦线圈波形。
12）操作点火开关使车辆进入 READY 状态。挂入 D 位，使电机工作转动，观察电机转动时示波器上的余弦线圈波形。
13）将读取的波形与正常波形作比较（参照图 3-2-16 和图 3-2-17）。
14）检测完毕，操作点火开关使电源模式切换至 OFF 状态，关闭并取下示波器，车辆复位，将仪器及工具归位。

电机角度传感器的波形检测

3. 电机驱动电流检测

1）举升车辆至车轮离开地面高度，使驱动车轮离地。
2）使用诊断仪读取电机控制器数据流，读取电机驱动 U 相、V 相、W 相电流数据。
3）操作点火开关使车辆进入 READY 状态，挂入 D 位，观察电机驱动 U 相、V 相、W 相电流数据变化。
4）操作点火开关使电源模式切换至 OFF 状态，在驱动电机 U 相线缆上套入钳形电流表，测量电机驱动 U 相电流。
5）操作点火开关使车辆进入 READY 状态，挂入 D 位，观察钳形电流表测量的电机驱动 U 相电流数据变化。
6）操作点火开关使电源模式切换至 OFF 状态，在驱动电机 V 相线缆上套入钳形电流表，测量电机驱动 V 相电流。
7）操作点火开关使车辆进入 READY 状态，挂入 D 位，观察钳形电流表测量的电机驱动 V 相电流数据变化。
8）操作点火开关使电源模式切换至 OFF 状态，在驱动电机 W 相线缆上套入钳形电流表，测量电机驱动 W 相电流。
9）操作点火开关使车辆进入 READY 状态，挂入 D 位，观察钳形电流表测量的电机驱动 W 相电流数据变化。

电机驱动电流检测

➤ **提示：** 钳形电流表的电流数据读数应与同一阶段诊断仪的数据流基本一致。

10）检测完毕，操作点火开关使电源模式切换至 OFF 状态，车辆复位，将仪器及工具归位。

任务三　纯电动汽车整车动力控制系统故障诊断与排除

➡ 情境导入

情境描述

一辆纯电动汽车发生故障，无法进入 READY 状态，组合仪表的动力系统故障警告灯  点亮。你的主管要求你进行故障诊断并排除，你能完成这个任务吗？

情境提示

纯电动汽车高压不上电，无法进入 READY 状态，故障警告灯点亮，可以初步判断是整车控制器（VCU）监控到高压系统严重故障，采取的保护措施。应首先进行 VCU 故障码读取，根据内容进一步诊断和分析，并排除故障。

➡ 学习目标

知识目标

1）能描述纯电动汽车高压不上电故障诊断与排除方法。
2）能描述纯电动汽车高压漏电故障诊断与排除方法。
3）能描述纯电动汽车高压互锁故障诊断与排除方法。

技能目标

1）能进行纯电动汽车高压部件绝缘电阻检测。
2）能进行纯电动汽车整车控制器（VCU）互锁回路检测。

➡ 知识学习

一　基本知识

1. 纯电动汽车高压不上电故障诊断与排除方法

整车控制器（Vehicle Control Unit，VCU）是纯电动汽车整车动力控制系统的核心控制模块，VCU 通过采集加速踏板、制动踏板、档位等信号来判定驾驶人的驾驶意图，通过监控车辆状态信息（动力电池状态、电机驱动系统状态、车速、温度等），向动力电池管理系统 BMS、电机控制器发送车辆的运行状态控制指令，同时控制其他高压、低压系统的工作模式，从而实现纯电动汽车整车动力控制系统的各项功能。其中控制整车高压系统上电，进入 READY 状态是 VCU 核心的控制功能之一。

图 3-3-1 所示为吉利帝豪纯电动汽车整车控制器（VCU）进行高压上电控制相关的电气原理图，其高压上电起动流程如图 3-3-2 所示。在正常情况下，使用有效钥匙进入车内，防盗认证正常通过，档位于 P 位状态，踩下制动踏板并按下一键起动开关（SSB），无钥匙起动与进入系统（PEPS）会控制低压点火电源（IGN）接通。在满足起动条件后，PEPS 向 VCU 发送起动请求。VCU 控制高压相关的控制模块进行自检并在满足起动条件下，指令全车各系统进入起动运行状态，动力电池输出高压电，整车将进入 READY 状态（仪表指示），此时车辆高压系统上电，车辆进入了就绪状态。

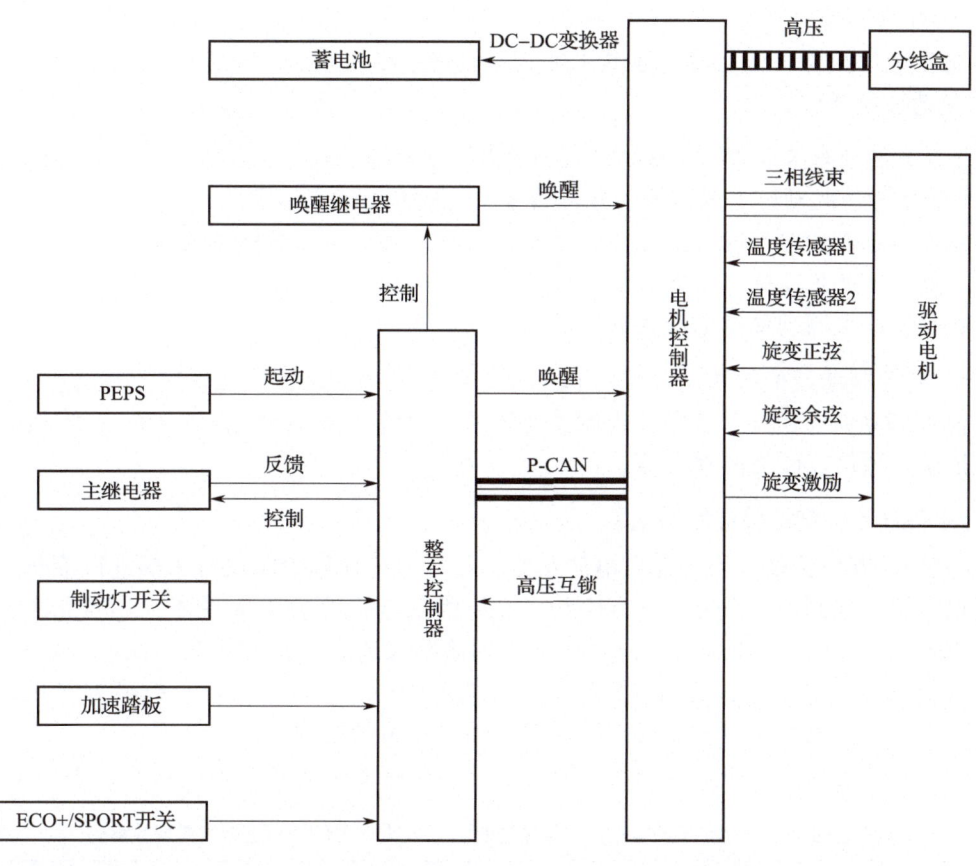

图 3-3-1 吉利帝豪纯电动汽车整车控制器（VCU）进行高压上电控制相关的电气原理图

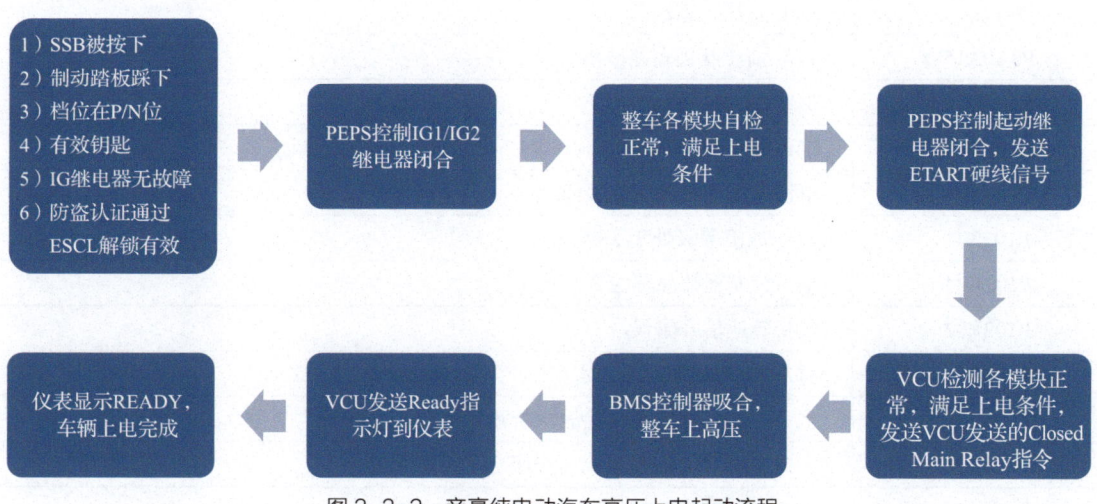

图 3-3-2 帝豪纯电动汽车高压上电起动流程

（1）高压不上电故障症状与可能原因

1）故障症状。纯电动汽车如果发生高压不上电故障，则在正常进行相关上电操作后，仪表上 READY 指示灯不亮，部分故障会导致仪表内动力系统故障警告灯 在内的各种相关警告灯等点亮。

2）可能原因。高压上电涉及多方面的控制，高压不上电故障的原因非常多，一般可以分为以下几方面原因。

① 低压电源故障：低压蓄电池电压过低或线路故障。

② 起动控制条件方面：

a. 起动相关的信号异常，包括起动按钮信号、制动开关信号、档位信号、IG2继电器信号、IG1继电器信号、起动继电器信号、互锁信号、充电枪连接信号等。

b. 预充接触器回路故障、主负接触器回路故障、主正接触器回路故障。

c. 动力电池电压过低、电驱动系统故障。

d. 控制系统监测到绝缘电阻过低（漏电）。

③ 上电控制涉及的模块不工作，包括整车控制器（VCU）、无钥匙起动与进入 PEPS、动力电池管理系统（BMS）、电机控制器（PEU/MCU）、车载充电机（OBC）等相关系统的电源、搭铁、通信或硬件内部故障。

（2）高压不上电故障诊断方法

1）使用诊断仪诊断。检查低压电源系统正常后，应使用诊断仪对车辆进行诊断。首先使用诊断仪对整车控制器（VCU）进行诊断，如果诊断仪显示 VCU 系统不工作或无法通信，应对 VCU 进行检查。如果 VCU 能正常诊断，则使用诊断仪读取 VCU 故障码。如果 VCU 无故障码，则读取其他高压上电相关系统的故障码。通过故障码所指示的方向进行故障方向和大概范围的判断，根据相关维修手册故障码检修指引，确定相关的检测与维修步骤。

吉利帝豪纯电动汽车整车控制器（VCU）影响高压上电的典型故障码见表3-3-1。

表 3-3-1　吉利帝豪纯电动汽车整车控制器（VCU）影响高压上电的典型故障码

故障码	故障描述
P0A0A11	VCU 高压互锁断开
P0A0A15	VCU 高压互锁短路故障
P100E04	BMS 预充失败
P100F04	BMS 系统故障
P101204	电池故障等级处于软关闭
P101304	BMS 故障等级处于关断
P102B04	电机控制器故障等级3（下电）
P102E02	电机转速信号错误
P104E63	VCU 检测高压互锁超时（上、下电时）
P105202	上、下电过程中高压接触器断开
P105063	BMS 执行预充超时及高压未吸合（上、下电）

2）通过数据流进行故障判定。部分起动控制条件方面故障，例如相应的开关信号异常导致不能识别相关操作等，可能并不会产生故障码，对于此类无故障码故障，可以通过诊断仪读取相关的开关信号数据流，同时进行相关的操作并观察数据流的变化情况，判断相关信号是否异常。如果出现异常，则制定相关部件的故障检测与维修步骤，以便进一步测量相关元件确定故障点。

3）故障检测与排除。根据制定的故障检测与维修步骤，使用相关仪器（万用表、绝缘测试仪、示波器等）进行检测确定故障点并予以排除。

2. 纯电动汽车高压漏电故障诊断与排除方法

新能源汽车维修安全的首要条件就是防止高压系统与车身存在漏电。纯电动汽车高压系统采用漏电传感器来监测高压电路是否存在与车身之间的漏电情况，如果发生漏电，则系统将自动切断高压继电器（接触器），以避免更大的事故发生。

> **警告**：在执行高压车辆诊断及维护前，务必佩戴完好的个人防护设备，并严格遵守正确的操作步骤。

（1）高压漏电故障症状与可能原因

高压系统漏电故障分为两种：

1）高压电路与车身存在漏电。

2）漏电传感器系统本身故障。漏电传感器一般内置于动力电池内部；也有部分车辆为外置单独部件。高压系统漏电类故障会导致组合仪表内的动力系统故障警告灯  点亮，且车辆将关闭动力输出。

（2）高压系统漏电故障诊断方法

高压漏电的故障诊断与排除步骤如下。

对于吉利帝豪纯电动汽车，由于漏电传感器内置于动力电池，其绝缘监控采样点在动力电池正极和负极输出高压回路上，位于主正和主负继电器输出高压回路之前，可以监控高压继电器闭合前和闭合后的整车高压回路绝缘状况，所以对于高压电路与车身存在漏电故障，可以分为以下两种情况。

情况一：动力电池外部高压回路漏电。

情况二：动力电池内部高压回路漏电。

此处以动力电池外部高压回路漏电故障为例，介绍如何诊断确定具体漏电部件的方法。

1）读取故障码。如果发生车辆动力电池外部高压回路漏电故障，使用诊断仪读取 BMS 相关的故障码，可读取到故障码：P21F02A 高压继电器闭合的前提下，绝缘故障（最严重）。

2）动力电池外部高压回路漏电故障诊断。针对"P21F02A 高压继电器闭合的前提下，绝缘故障（最严重）"此故障码，可以进行高压安全断电操作后通过断开动力电池高压线线束插接器 EP41，并在该处进行动力电池外部负载高压回路绝缘电阻测量，检查动力电池外部负载高压回路绝缘电阻是否正常（正常阻值：$\geq 2\mathrm{M}\Omega$），如果绝缘电阻过低，则确定为车辆动力电池外部高压回路漏电故障，需要进一步检查确定漏电部件。

3）漏电部件检测。车辆动力电池外部高压回路漏电故障主要是相关高压部件中高压回路或高压线束与车身搭铁之间绝缘性能降低导致的，因此漏电故障的诊断主要是通过分段测量相关部件高压回路对车身搭铁之间的绝缘电阻值，并结合整车高压回路的结构布置，根据测量结果使用排除分离法进行判断。帝豪纯电动汽车高压供电回路电路图如图 3-3-3 所示。

① 操作点火开关使电源模式切换至 OFF 状态（车辆下电）。

② 打开前机舱盖，拆下盖板，拆下 12V 蓄电池的负极。

③ 拆下手动维修开关。

④ 检查易于接触或能够看到的高压系统部件（高压线束、高压插接器、电机控制器、车载充电机、PTC 加热器、空调压缩机等），以查明其是否有明显损坏或存在可能导致故障的情况。

⑤ 检查分线盒高压线束插接器是否松动，内部是否有锈蚀的迹象。

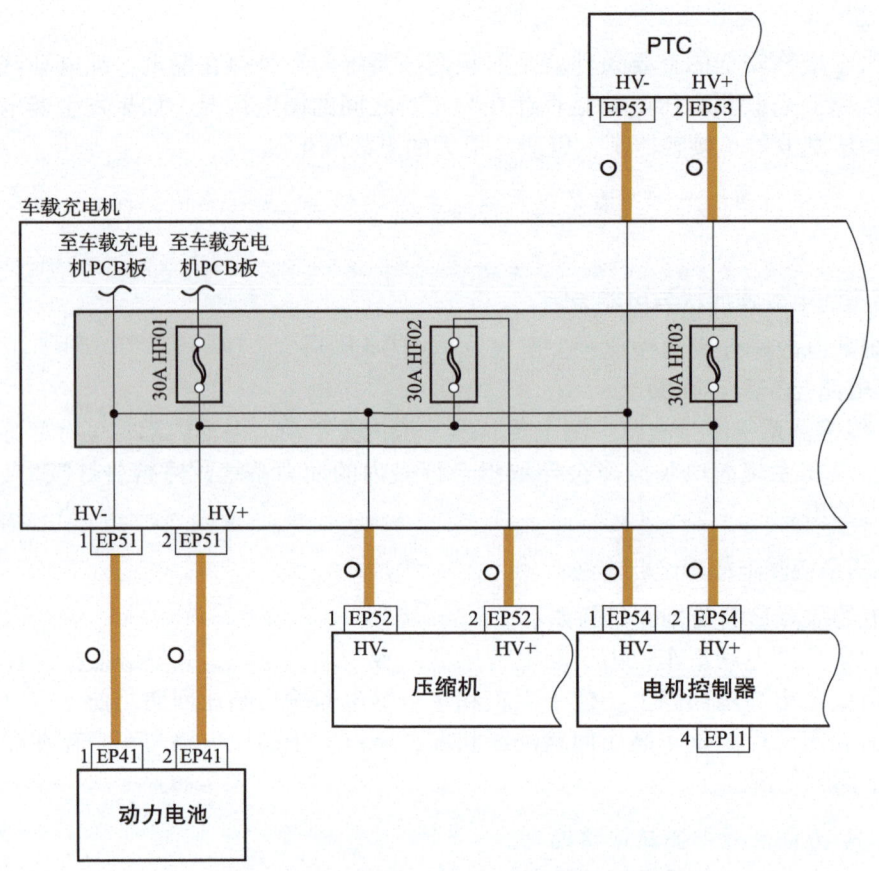

图 3-3-3　帝豪纯电动汽车高压供电回路电路图

⑥ 根据高压供电回路结构，使用绝缘测试仪（测量电压为 1 000V）采用分段测量法，逐一测量各高压部件的绝缘阻值来进行故障排除。帝豪纯电动汽车各高压部件绝缘电阻值判断标准见表 3-3-2。

表 3-3-2　帝豪纯电动汽车各高压部件绝缘电阻值判断标准

高压部件名称	测试端	正常阻值
电机控制器	高压正极端子与车身搭铁	≥2MΩ
	高压负极端子与车身搭铁	≥2MΩ
电动空调压缩机	高压正极端子与车身搭铁	≥10MΩ
	高压负极端子与车身搭铁	≥10MΩ
车载充电机	高压正极端子与车身搭铁	≥10MΩ
	高压负极端子与车身搭铁	≥10MΩ
PTC 加热器	高压正极端子与车身搭铁	≥20MΩ
	高压负极端子与车身搭铁	≥20MΩ
驱动电机三相线束	U 相与车身搭铁	≥20MΩ
	V 相与车身搭铁	≥20MΩ
	W 相与车身搭铁	≥20MΩ

（续）

高压部件名称	测试端	正常阻值
动力电池直流母线	高压正极端子与车身搭铁	≥20MΩ
	高压负极端子与车身搭铁	≥20MΩ
PTC加热器高压线束	高压线束正极端子与车身搭铁	≥20MΩ
	高压线束负极端子与车身搭铁	≥20MΩ
电动空调压缩机高压线束	高压线束正极端子与车身搭铁	≥20MΩ
	高压线束负极端子与车身搭铁	≥20MΩ
电机控制器高压线束	高压线束正极端子与车身搭铁	≥20MΩ
	高压线束负极端子与车身搭铁	≥20MΩ

⑦ 对于不符合要求的高压部件或线束，需要更换新的部件。

3. 纯电动汽车高压互锁故障诊断与排除方法

高压部件及线束互锁功能是指当任何一个高压部件的高压线束插接器断开或高压部件的外盖打开时，车辆就会自动断开动力电池的高压电输出，以防止高压电的输出造成触电意外的发生。

对于纯电动汽车，高压部件及线束互锁功能通过车辆高压互锁回路监控实现。一旦某处插接器断开或高压部件外盖打开后，导致相关互锁回路断开，整车报高压互锁故障，控制断电，起到高压保护作用。

图 3-3-4 所示为帝豪纯电动汽车 VCU 高压互锁回路原理图。具备高压互锁功能的部件包括全车所有高压部件上可快速插拔高压插接器、车载充电机检修盖和电机控制器检修盖。通过整车控制器（VCU）高压互锁、车载充电机（OBC）高压互锁、动力电池管理系统 BMS 高压互锁三套互锁系统实现这些部件的高压互锁功能。

VCU 高压互锁监控功能以 VCU 为监控模块，VCU 通过"HVIL OUT"端子输出高压互锁信号（脉冲信号），PTC 加热器、电动压缩机和电机控制器形成的互锁回路传输互锁信号，最后回到 VCU 的"HVIL IN"端子，

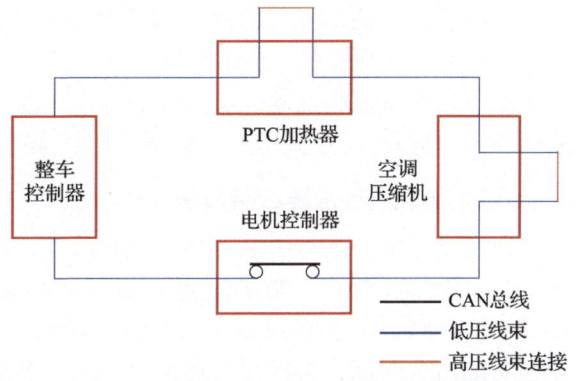

图 3-3-4 帝豪纯电动汽车 VCU 高压互锁回路原理图

VCU 通过"HVIL IN"端子监控到正常的互锁信号以判断 VCU 高压互锁回路正常，如果回路中任何相关的插接器（高压或低压）或电机控制器开盖检测装置没有正确安装到位，则将导致互锁回路开路，报 VCU 互锁故障，控制 BMS 断电，从而起到高压保护作用。

图 3-3-5 所示为帝豪纯电动汽车车载充电机（OBC）高压互锁回路原理图。车载充电机（OBC）高压互锁监控功能以 OBC 为监控模块，OBC 内部控制板输出高压互锁信号（直流电压信号），依次通过 OBC 检修盖互锁检测开关、高压母线插接器、慢充（220V 交流）插接器、低压插接器后接车身搭铁，正常情况下 OBC 内部控制板高压互锁信号输出端监控到电压为 0V，如果回路中任一相关的插接器（高压或低压）或 OBC 开盖检测开关没有正确安装到位，则将导致互锁线路开路无法接车身搭铁，OBC 内部控制板高压互锁信号输出端监控到电压为

输出参考电压（直流电压），报 OBC 互锁故障，控制 BMS 断电，起到高压保护作用。

图 3-3-6 所示为帝豪纯电动汽车 BMS 高压互锁回路原理图。BMS 高压互锁监控功能以 BMS 为监控模块，BMS 上高压母线插接器、快充插接器、高压维修开关 MSD 互锁监控分别是单独的互锁回路，但互锁监控工作原理与 VCU 互锁监控类似，BMS 内部线路输出端输出高压互锁信号通过相关的高压插接器后回到 BMS 高压互锁信号输入端进行监控，一旦互锁回路故障导致互锁信号接收异常，报 BMS 相关互锁故障，则 BMS 断开高压电，从而起到高压保护作用。

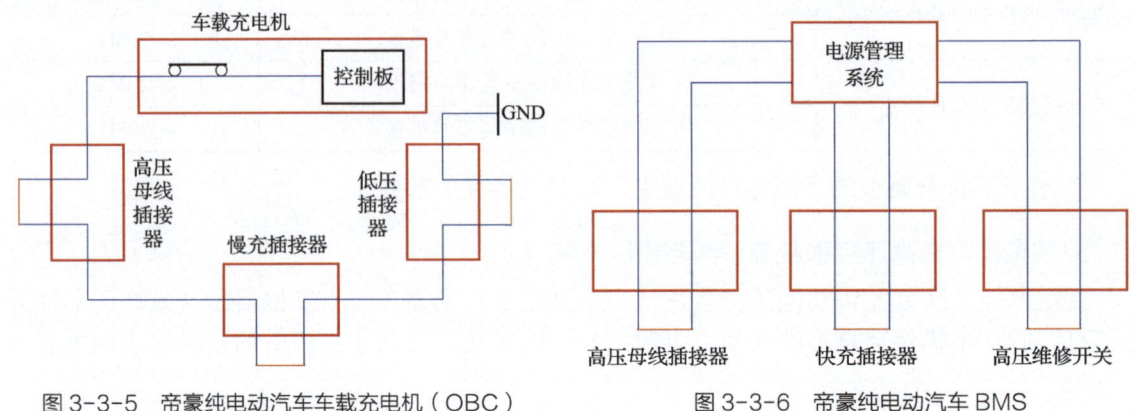

图 3-3-5　帝豪纯电动汽车车载充电机（OBC）高压互锁回路原理图

图 3-3-6　帝豪纯电动汽车 BMS 高压互锁回路原理图

（1）高压互锁故障症状与可能原因

纯电动汽车高压互锁故障，属于高压不上电故障的其中之一，一般现象为正常进行相关上电操作后，仪表上的 READY 指示灯不亮，仪表内的动力系统故障警告灯点亮。

对于吉利帝豪纯电动汽车，由于具有三套（VCU、OBC、BMS）独立的高压互锁监控装置，故障原因可能是 VCU 高压互锁故障、OBC 高压互锁故障或 BMS 高压互锁故障。

（2）高压互锁故障诊断方法

以帝豪纯电动汽车为例，高压互锁故障诊断与排除步骤如下。

1）读取故障码。如果发生高压互锁故障，使用诊断仪读取相关系统（VCU、OBC、BMS）故障码，可读取到具体的互锁故障码，根据具体互锁故障码所指示，先确定是哪一套互锁系统出现问题，再针对具体的互锁系统进行下一步诊断检测。以 VCU 互锁故障为例，可读到故障码见表 3-3-3。

表 3-3-3　帝豪纯电动汽车整车控制器 VCU 互锁故障的故障码

故障码	故障描述
P0A0A11	VCU 高压互锁断开
P0A0A15	VCU 高压互锁短路故障
U34EE82	车载充电机报文循环计数错误
P105763	准备充电过程中高压互锁检测超时

2）故障检测。

以 VCU 互锁故障为例，具体检测步骤如下。

① 操作起动开关使电源模式切换至 OFF 状态，断开低压蓄电池。

② 等待 5min 后断开维修开关。（无维修开关车型，断开动力电池输出母线插接器）

③ 检查互锁回路相关部件插接器是否松动。如果松动没有安装到位，则重新安装到位。

④ 断开 VCU 插接器，使用万用表电阻档在 VCU 高压互锁信号输出和输入端子处测量互锁回路是否正常导通。如不正常，则进一步分段检测查找确定线路的开路位置，检修更换相关线束或高压部件。

⑤ 使用万用表电阻档测量互锁回路线路是否对车身搭铁短路。如线路对车身搭铁短路，则进一步分段检测查找确定线路对车身搭铁短路故障点，检修并更换相关的线束或高压部件。

⑥ 接上 VCU 插接器，接上低压蓄电池，点火开关转至 ON 位，使用万用表电压档测量互锁信号电压是否正常（正常平均电压约为 5V）或使用示波器测量互锁信号波形。如果所测的互锁信号异常，则进一步检查互锁线路是否对电源或其他信号线路短路。

⑦ 通过以上检测，如果确定高压互锁回路正常（无断路、短路），则更换 VCU。

二 基本技能

> **警告**：在没有断开高压线路之前，请勿用手直接触碰前机舱内的高压部件，如果不可避免，则请借助高压绝缘棒，或者用绝缘物质代替。

> **警告**：

禁止未参加该车型高压系统知识培训的维修人员拆卸高压系统。

当拆解或装配高压部件时，必须先执行标准高压中止与检验步骤。

在进行高压相关操作前，维修人员必须穿戴好劳保用品，戴好绝缘手套，穿好高压绝缘鞋。在戴绝缘手套前，必须检查绝缘手套是否有破损的地方，确保手套无绝缘失效。

在安装和拆卸过程中，应防止制动液、洗涤液等液体进入或飞溅到高压部件上。

> **提示**：指导教师可以提前设置故障。

> **提示**：参照"基本知识"所学习的内容，以吉利帝豪纯电动汽车为例，完成以下操作。

1. 高压部件绝缘电阻检测

（1）测量驱动电机三相线束绝缘电阻

图 3-3-7 所示为吉利帝豪纯电动汽车电机控制器。

高压部件绝缘电阻检测

1）拆卸电机控制器上盖 8 个螺栓，取下电机控制器上盖。

2）拆卸电机控制器上电机三相线束插接器 6 个固定螺栓，脱开三相线束。

3）在三相线束仅连接电机的情况下，用绝缘测试仪（1 000V 档）测量三相线束（U/V/W 任意一相）与车身搭铁之间的绝缘电阻。

正常绝缘电阻值 ≥ 20MΩ；如果不正常，则检查高压线路是否存在漏电的故障。

（2）测量驱动电机控制器绝缘电阻

1）拆卸电机控制器高压线束插接器 4 个固定螺栓，脱开电机控制器高压直流线束。

图 3-3-7 吉利帝豪纯电动汽车电机控制器

2）用绝缘测试仪（1 000V 档）测量电机控制器各高压连接点与车身搭铁之间的绝缘电阻。电机控制器高压线路连接点如图 3-3-8 所示。

① 测量电机控制器上高压直流正极与外壳间的绝缘电阻。
② 测量电机控制器上高压直流负极与外壳间的绝缘电阻。
③ 测量电机控制器上 U 相线路连接点与外壳间的绝缘电阻。
④ 测量电机控制器上 V 相线路连接点与外壳间的绝缘电阻。
⑤ 测量电机控制器上 W 相线路连接点与外壳间的绝缘电阻。
正常绝缘电阻值≥ 2MΩ；如果不正常，则检查高压线路是否存在漏电的故障。

（3）测量 PTC 加热器绝缘电阻

1）断开 PTC 加热器高压线束插接器，如图 3-3-9 所示。

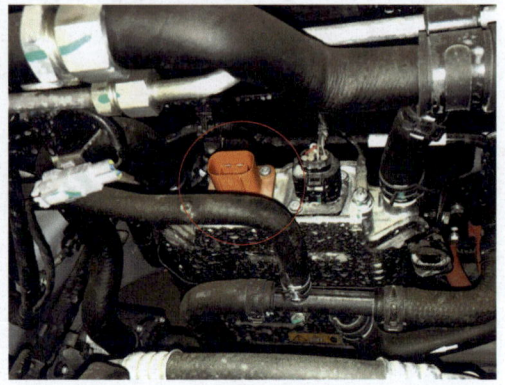

图 3-3-8　电机控制器高压线路连接点　　图 3-3-9　PTC 加热器高压接口位置

2）用绝缘测试仪（1 000V 档）测量 PTC 加热器与车身搭铁之间的绝缘电阻。
① 测量 PTC 加热器正极与车身搭铁之间的绝缘电阻。
② 测量 PTC 加热器负极与车身搭铁之间的绝缘电阻。
正常绝缘电阻值≥ 20MΩ；如果不正常，则检查高压线路是否存在漏电的故障。

（4）测量电动压缩机绝缘电阻

1）断开电动压缩机高压线束插接器，如图 3-3-10 所示。

2）用绝缘测试仪（1 000V 档）测量电动压缩机与车身搭铁之间的绝缘电阻。
① 测量电动压缩机正极与车身搭铁之间绝缘电阻。
② 测量电动压缩机负极与车身搭铁之间绝缘电阻。
正常绝缘电阻值≥ 10MΩ；如果不正常，检查高压线路是否存在漏电的故障。

（5）测量车载充电机绝缘电阻

1）断开车载充电机上动力电池母线和慢充交流高压线束插接器，如图 3-3-11 所示。

图 3-3-10　电动压缩机高压接口位置　　图 3-3-11　车载充电机动力电池母线和慢充交流高压接口位置

2）确保车载充电机上的高压回路与其他高压部件均分离，用绝缘测试仪（1 000V 档）测量充电机与车身搭铁之间的绝缘电阻。

① 测量车载充电机正极与车身搭铁之间的绝缘电阻。
② 测量车载充电机负极与车身搭铁之间的绝缘电阻。

正常绝缘电阻值 ≥ 10MΩ；如果不正常，检查高压线路是否存在漏电的故障。

2. 整车控制器（VCU）互锁回路检测

1）操作点火开关使电源模式切换至 OFF 状态，断开低压蓄电池。
2）等待 5min 后断开维修开关（无维修开关车型，断开动力电池输出母线插接器）。

整车控制器（VCU）
互锁回路检测

3）测量 VCU 高压互锁回路的完整性。
① 断开 VCU 上的两个低压插接器，如图 3-3-12 所示。

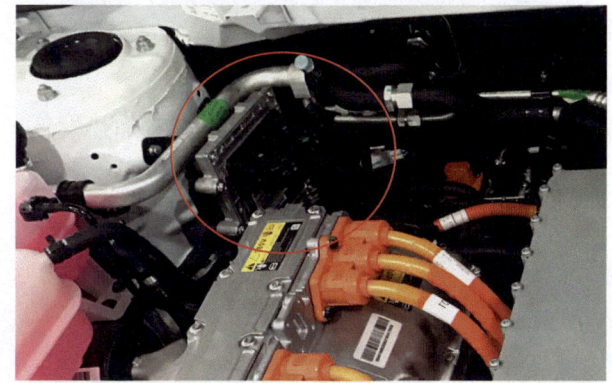

图 3-3-12　帝豪纯电动汽车整车控制器（VCU）的位置

② 使用万用表在 VCU 低压插接器两高压互锁信号端子（HVIL OUT—CA55 插接器 73 号端子；HVIL IN—CA55 插接器 51 号端子）间测量 VCU 高压互锁回路的电阻值，应该正常导通。端子参考图 3-3-13。

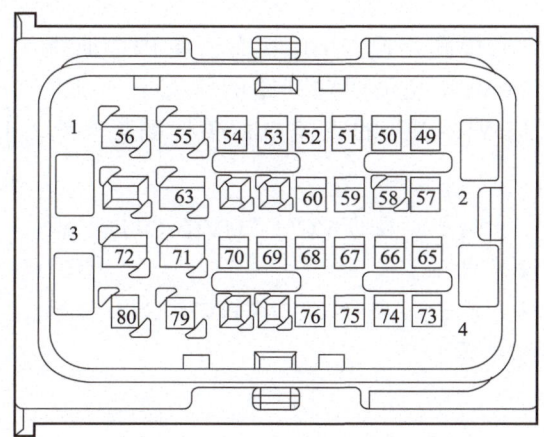

图 3-3-13　VCU 低压插接器 CA55 端子图

4）测量 VCU 高压互锁信号。
① 插上 VCU 低压插接器，安装低压蓄电池负极。
② 操作点火开关使电源模式切换至 ON 状态。

③ 使用万用表直流电压档测量 VCU 高压互锁信号电压（正常平均电压约为 5V）。

④ 使用示波器测量 VCU 高压互锁信号波形，如图 3-3-14 所示。

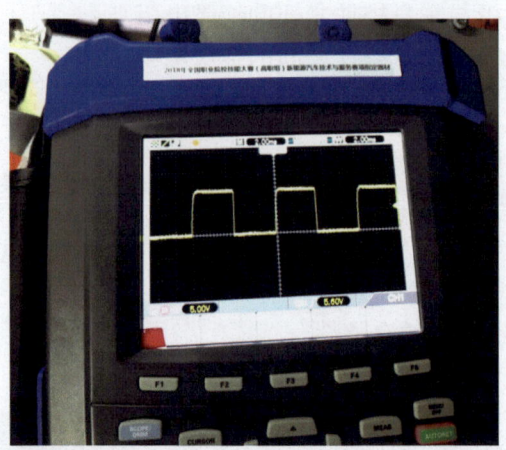

图 3-3-14　VCU 高压互锁信号波形测量

⑤ 操作点火开关使电源模式切换至 OFF 状态，断开 PTC 加热器低压插接器，如图 3-3-15 所示。

图 3-3-15　PTC 加热器低压插接器 CA48

⑥ 操作点火开关使电源模式切换至 ON 状态，在 PTC 加热器低压插接器 CA48 处测量 VCU 互锁回路开路的状态下，VCU 上端子"HVIL OUT"和"HVIL IN"的直流电压值。测量参考图 3-3-16。

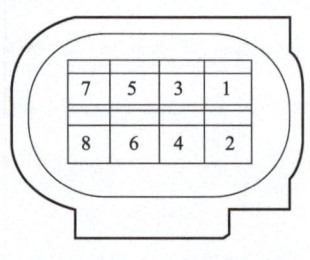

图 3-3-16　PTC 加热器低压插接器 CA48 端子图

a. 测量 CA48 插接器 5 号端子，应为 VCU "HVIL OUT"信号电压（应输出高压互锁参考电压）。

b. 测量 CA48 插接器 7 号端子，应为 VCU "HVIL IN"信号电压（应输入高压互锁参考电压）。

项目四
混合动力汽车故障诊断与排除

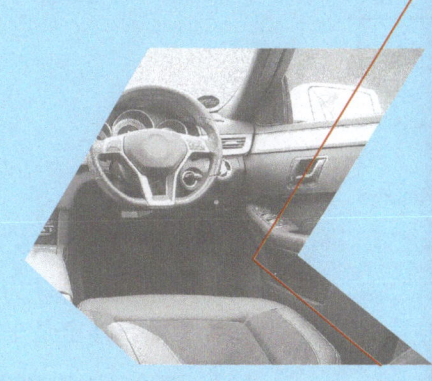

本项目介绍混合动力汽车的故障诊断与排除方法,分为3个工作任务,分别为:
1)混合动力汽车动力电池及管理系统故障诊断与排除。
2)混合动力汽车驱动电机及控制器故障诊断与排除。
3)混合动力汽车整车动力控制系统故障诊断与排除。

通过以上3个任务的学习,你能够掌握混合动力汽车主要系统的基本诊断流程,以及常见车辆运行数据的分析与判断思路,并学会混合动力汽车的故障排除方法。

任务一　混合动力汽车动力电池及管理系统故障诊断与排除

▶ 情境导入

情境描述

一辆丰田混合动力汽车无法行驶,仪表的主故障警告灯点亮,并显示"电池系统故障,请到经销店检查"。你的主管要求你进行故障诊断与排除,你能完成这个任务吗?

情境提示

混合动力汽车由于设计有电力和内燃机的双重动力结构,因此在故障诊断过程中既要检查内燃机的动力系统,又要检查电力驱动系统。常见的故障主要包括有因电力驱动系统导致内燃机不能驱动,或电力驱动系统失效的故障症状。

▶ 学习目标

知识目标

1)能描述混合动力汽车动力电池及管理系统的故障症状和原因。
2)能描述混合动力汽车动力电池及管理系统故障诊断与排除方法。

技能目标

1)能进行混合动力汽车动力电池及管理系统故障码和数据流读取。
2)能进行混合动力汽车动力电池及管理系统高压线路检测。
3)能进行混合动力汽车动力电池及管理系统传感器检测。

知识学习

一 基本知识

1. 混合动力汽车动力电池及管理系统的故障症状和原因

动力电池是混合动力汽车的重要组成部分,其内部或管理系统存在故障将导致混合动力控制系统失效,甚至是车辆无法行驶。

（1）混合动力汽车动力电池及管理系统的故障症状

混合动力汽车动力电池及管理系统发生故障会有以下症状。

1）仪表显示相关警告指示。动力电池及管理系统故障会导致仪表故障警告灯点亮（图4-1-1），蜂鸣器鸣响,并根据相关故障等级和类型在仪表显示屏上显示警告信息。

主警告灯

动力电池警告灯

动力系统故障警告灯

图4-1-1　混合动力汽车仪表故障警告灯

图4-1-2所示为卡罗拉双擎混合动力汽车仪表显示动力电池及管理系统的故障信息,表4-1-1是仪表显示相关警告信息的说明（不同车型显示内容可能不同,请参考《用户手册》）。

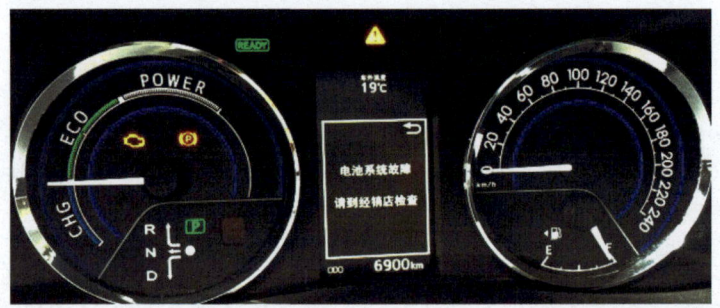

图4-1-2　卡罗拉双擎混合动力汽车仪表显示动力电池及管理系统的故障信息

表4-1-1　卡罗拉双擎混合动力汽车动力电池及管理系统故障仪表信息说明

仪表显示屏警告信息	主警告灯	蜂鸣器
电池系统故障,请到经销店检查	点亮	鸣响
电池系统故障,动力输出极低,请到经销店检查	点亮	鸣响
电池系统故障,已限制动力输出,请到经销店检查	点亮	鸣响
电池系统故障,将车辆停放在安全位置,请参考《用户手册》	点亮	鸣响
电池系统故障,将车辆停放在0.5km以内的安全位置	点亮	鸣响
电池系统故障,将车辆停放在1.0km以内的安全位置	点亮	鸣响
电池系统故障,将车辆停放在1.5km以内的安全位置	点亮	鸣响
电池系统故障,将车辆停放在2.0km以内的安全位置	点亮	鸣响

（续）

仪表显示屏警告信息	主警告灯	蜂鸣器
电池系统故障，将车辆停放在 5.0km 以内的安全位置	点亮	鸣响
电池系统故障，将车辆停放在 10km 以内的安全位置	点亮	鸣响
电池系统故障，输出动力不足，勿换至 N 位	点亮	鸣响
电池系统故障，勿换至 N 位，请到经销店检查	点亮	鸣响
电池系统故障，系统停止，请将车辆停放在安全位置	点亮	鸣响
电池系统故障，不可驾驶，请将车辆停放在安全位置	点亮	鸣响
电池系统故障，换至 P 位，请参考《用户手册》	点亮	鸣响

2）车辆不能起动或功率降低。

未起动车辆前，会导致车辆不能正常起动；对高速运行的车辆，会导致车辆降低运行功率。

（2）混合动力汽车动力电池及管理系统的故障原因

动力电池及管理系统常见的故障原因如下。

1）动力电池管理系统供电、通信线路或控制器本身故障。

2）动力电池组内部单体电池电压故障，如监测到单体电池电压过高或过低。

3）动力电池组冷却系统故障，造成温度过高或过低。

4）动力电池组高压输出电路故障，如 HV 高压继电器接线盒总成故障。

5）动力电池及管理系统相关传感器故障，如电压传感器、电流传感器、温度传感器等。

2. 混合动力汽车动力电池及管理系统故障诊断与排除方法

下面以丰田卡罗拉双擎混合动力汽车常见的故障为例，介绍混合动力汽车动力电池及管理系统（BMS，丰田汽车公司称为 HV 蓄电池 ECU、动力电池智能单元、蓄电池电压传感器或蓄电池传感器模块）故障诊断与排除方法。

（1）HV 蓄电池 ECU 故障诊断与排除

如果 HV 蓄电池 ECU 检测到故障，故障信号会发送到混合动力车辆控制 ECU（简称 HCU，也称为混合动力控制单元 HV ECU），HCU 控制仪表相关的警告灯点亮，并执行失效保护控制，车辆不能正常起动。部分故障会导致 HV 蓄电池 ECU 无法工作，无法与 HCU 通信，HCU 同样控制仪表相关的警告灯点亮，并执行失效保护控制，车辆不能正常起动。

HV 蓄电池 ECU 主要的故障原因有：

① HV 蓄电池 ECU 供电故障。

② HV 蓄电池 ECU 通信线路故障。

③ HV 蓄电池 ECU 内部硬件、软件故障。

1）读取故障码。使用诊断仪进入混合动力车辆控制 ECU，读取 HV 蓄电池 ECU 相关的故障码，通过故障码所指示的方向进行故障方向和大概范围的判断，根据相关维修手册故障码检修指引，确定相关的检测与维修步骤。卡罗拉双擎混合动力汽车涉及 HV 蓄电池 ECU（蓄电池传感器模块）相关故障的典型故障码见表 4-1-2。

表 4-1-2　卡罗拉双擎混合动力汽车涉及 HV 蓄电池 ECU（蓄电池传感器模块）相关故障的典型故障码

故障码	故障描述
P0AFC00	混合动力 /HV 蓄电池传感器模块
P0AFC16	混合动力 /HV 蓄电池传感器模块电路电压低于阀值
P0AFC96	混合动力 /HV 蓄电池传感器模块零部件内部故障
P308A12	混合动力 /HV 蓄电池传感器模块全部对辅助蓄电池短路
U029A87	与混合动力 /HV 蓄电池传感器模块失去通信（丢失信息）

2）HV 蓄电池 ECU 供电故障诊断与排除步骤。供电故障应参考相关电路图进行诊断，HV 蓄电池 ECU 控制电路图如图 4-1-3 所示。

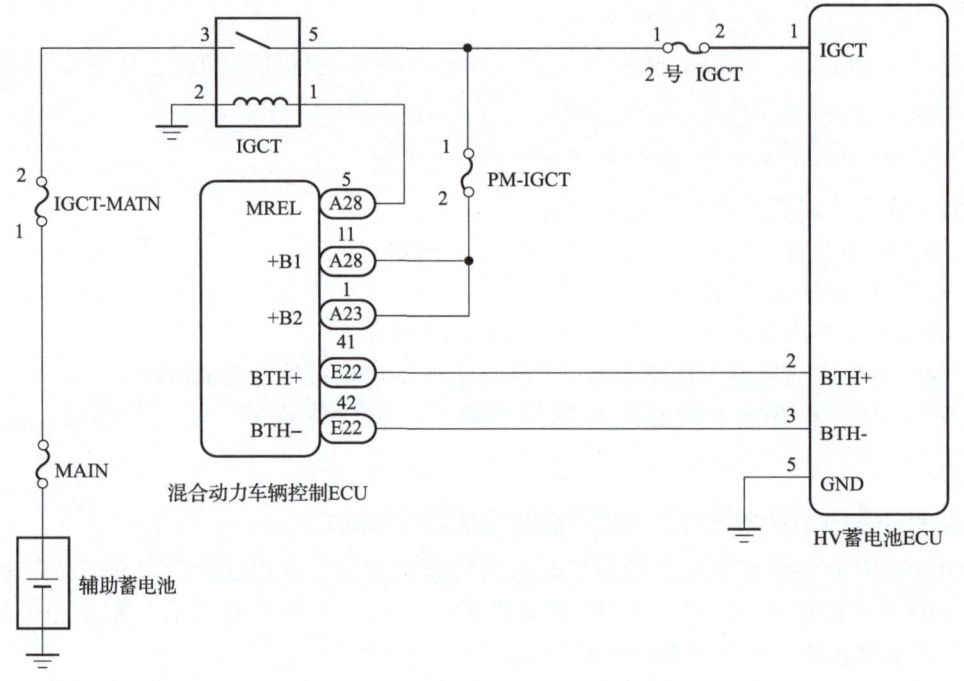

图 4-1-3　HV 蓄电池 ECU 控制电路图

① 检查 HV 蓄电池 ECU 相关供电熔丝。

检查发动机舱 1 号继电器盒 IGCT 2 号熔丝（10A）是否熔断，如果熔断，则检修线路确保无短路后更换熔丝，发动机舱 1 号继电器盒的位置如图 4-1-4 所示。

图 4-1-4　发动机舱 1 号继电器盒的位置

② 执行高压安全断电操作。

按照标准流程进行高压中止与检验操作（断开辅助蓄电池负极桩、断开手动维修开关、验电等）。

③ 拆卸相关部件饰板。

如图 4-1-5 所示，拆卸阻碍接触到 HV 蓄电池 ECU 的车辆相关部件（后排座椅总成、行李舱前装饰板、3 号 HV 蓄电池屏蔽板等）。

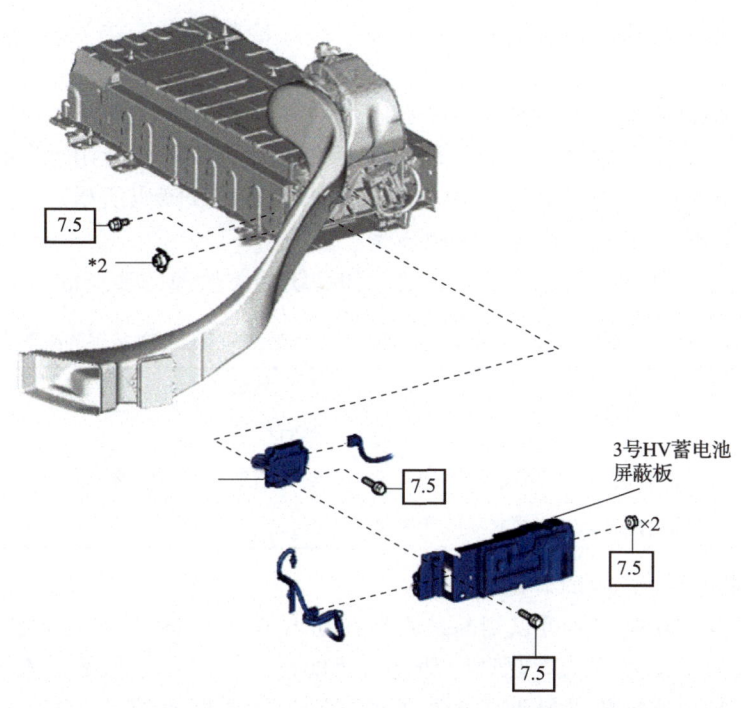

图 4-1-5　HV 蓄电池 ECU 的安装结构图

④ 检测 HV 蓄电池 ECU 的工作电压。

重新安装辅助蓄电池负极桩，操作点火开关切换至电源 ON 状态，测量 HV 蓄电池 ECU 的 L48 插接器 1 号端子（IGCT）与 5 号端子（GND）之间的电压是否正常（辅助蓄电池电压），测量参考图 4-1-6。如果测量电压正常，则更换 HV 蓄电池 ECU；如果电压不正常，则检查供电和搭铁线路。

正常电压值：11~14V（辅助蓄电池电压）。

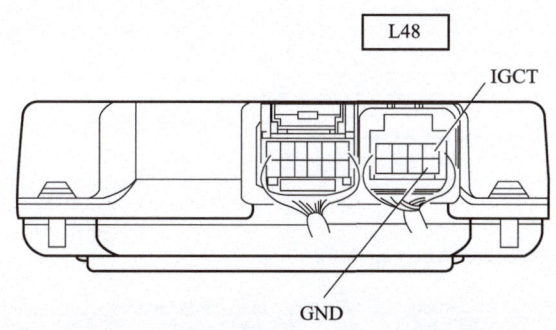

图 4-1-6　HV 蓄电池 ECU 电压测量端子图

⑤ 如果以上检查均正常，则需要更换 HV 蓄电池 ECU。

（2）混合动力汽车动力电池冷却系统故障诊断与排除

下面以丰田卡罗拉双擎混合动力汽车动力电池冷却系统的冷却鼓风机（内部是冷却风扇）不能正常工作为例，介绍混合动力汽车动力电池冷却系统故障诊断与排除方法。

1）冷却鼓风机不工作故障症状和原因。

① 动力电池（HV 蓄电池）冷却系统故障症状。

动力电池冷却系统的冷却鼓风机不能正常工作（冷却风扇不转），会导致动力电池温度过高，仪表提示电池系统故障。

② 动力电池冷却系统相关故障码。

冷却鼓风机不工作的故障，部分原因可能会有相关故障码，使用诊断仪进入混合动力车辆控制 ECU，读取动力电池冷却系统相关的故障码，通过故障码所指示方向进行故障方向和大概范围的判断，确定相关的检测与维修步骤。

卡罗拉双擎混合动力汽车涉及动力电池冷却系统相关故障的典型故障码见表 4-1-3。

表 4-1-3　卡罗拉双擎混合动力汽车涉及动力电池冷却系统相关故障的典型故障码

故障码	故障描述
P0A8111	混合动力 /HV 蓄电池冷却风扇 1 电路对搭铁短路
P0A8115	混合动力 /HV 蓄电池冷却风扇 1 电路对辅助蓄电池短路或断路
P0A8196	混合动力 /HV 蓄电池冷却风扇 1 零部件内部故障

③ 冷却鼓风机不工作故障确定。

通过诊断仪检查数据流，可以判断是否存在动力电池（HV 蓄电池）温度高的故障。

使用诊断仪的主动测试功能驱动冷却鼓风机的冷却风扇，如果驱动失败，且不能从数据流中正常看到冷却风扇电机的转速，则可判断为冷却风扇驱动控制方面或冷却鼓风机总成故障。诊断仪电池冷却风扇主动测试诊断菜单界面如图 4-1-7 所示。

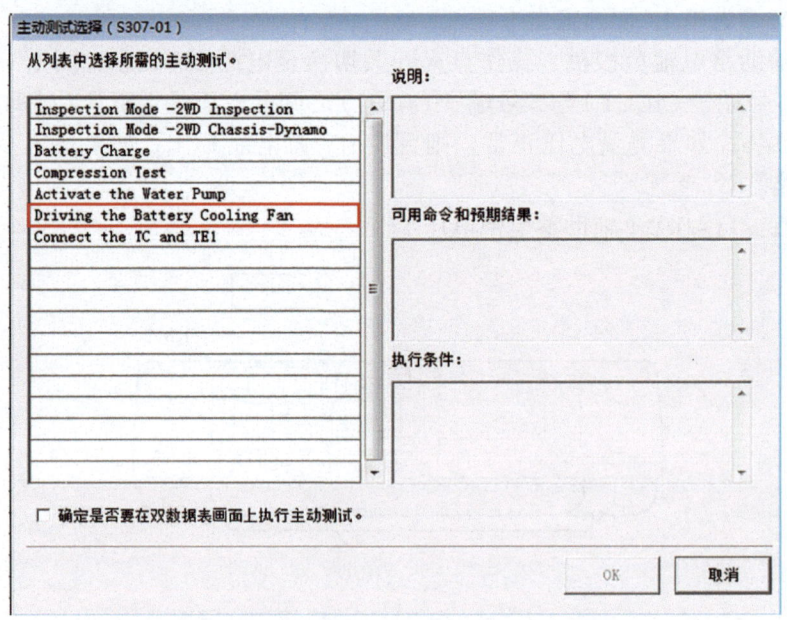

图 4-1-7　诊断仪电池冷却风扇主动测试诊断菜单界面

④ 冷却鼓风机不工作故障原因分析。

冷却鼓风机总成内部的冷却风扇通过混合动力车辆控制 ECU 控制。冷却鼓风机总成控制流程如图 4-1-8 所示，控制电路图如图 4-1-9 所示。

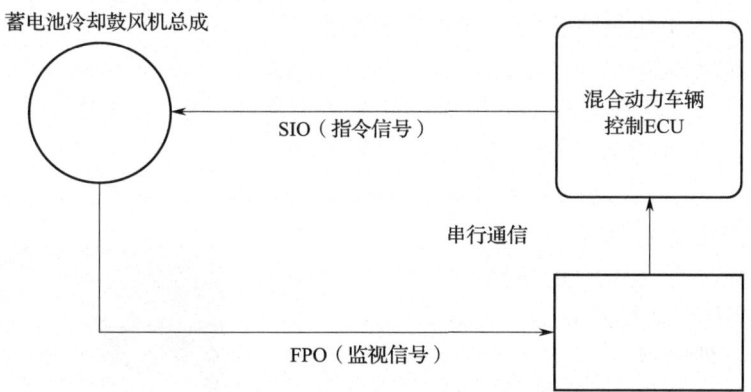

图 4-1-8　冷却鼓风机总成控制流程

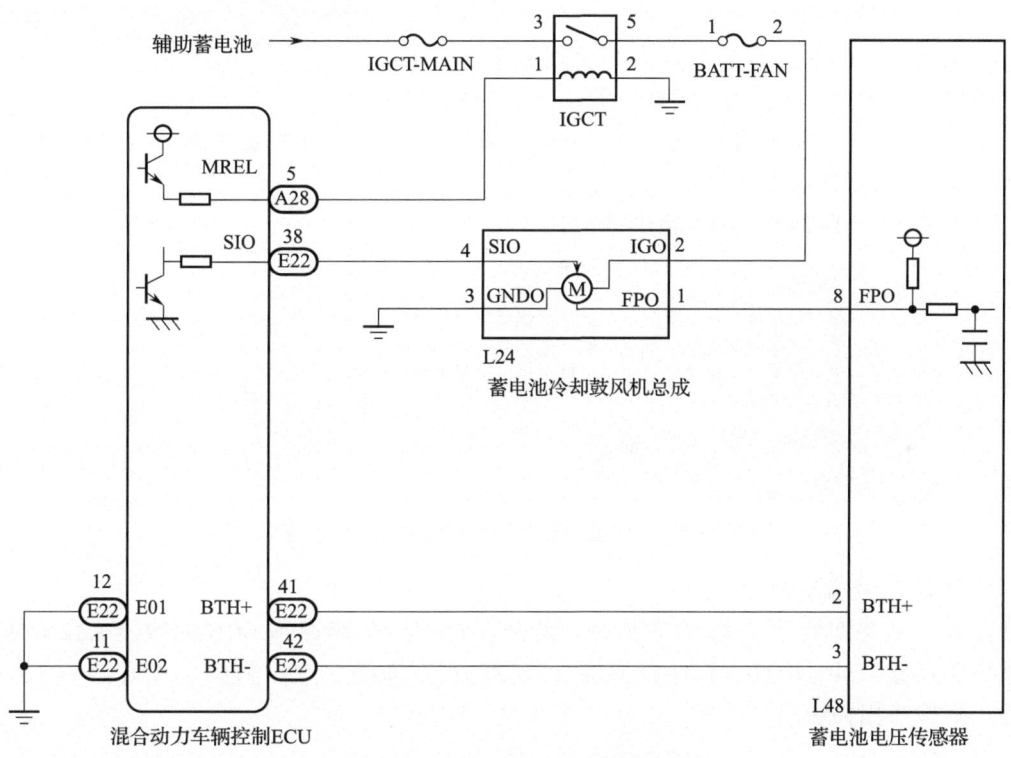

图 4-1-9　冷却鼓风机总成控制电路图

混合动力车辆控制 ECU 的端子 MREL 接通 IGCT 继电器时，向蓄电池冷却鼓风机总成供电，混合动力车辆控制 ECU 根据 HV 蓄电池温度传感器的温度信号确定所需的冷却鼓风机转速，通过发送控制指令信号（SIO）到电池冷却鼓风机总成调节鼓风机的转速，鼓风机实际转速通过监视信号（FPO）传输到 HV 蓄电池 ECU，HV 蓄电池 ECU 通过串行数据通信线路发送鼓风机转速反馈信号到混合动力车辆控制 ECU 对鼓风机转速进行闭环精确控制。

通过以上工作原理分析，可确定动力电池冷却系统冷却鼓风机不工作的主要原因有：

a.冷却鼓风机总成供电故障（电源、搭铁故障）。

b. 混合动力车辆控制 ECU 控制指令信号（SIO）线路故障。

c. HV 蓄电池 ECU 故障。

d. 混合动力车辆控制 ECU 故障。

2）冷却鼓风机不工作故障诊断关键步骤及参数。

① 检查冷却鼓风机熔丝。

检查发动机舱 1 号继电器盒中电池冷却鼓风机（冷却风扇）BATT-FAN 熔丝（10A）是否熔断，如果熔断，则检修线路确保无短路后更换熔丝。

如果熔丝正常，则应根据以下步骤检测冷却鼓风机总成供电电路。

② 执行高压安全断电操作。

按照标准流程进行高压中止与检验操作（断开辅助蓄电池负极桩、断开手动维修开关、验电等）。

③ 拆卸相关部件饰板。

拆卸行李舱的相关饰板，保证能够接触到冷却鼓风机总成（图 4-1-10）。

图 4-1-10 冷却鼓风机总成位置

④ 测量冷却鼓风机供电电压。

重新安装辅助蓄电池，操作点火开关切换至电源 ON 状态，测量冷却鼓风机 L24 插接器 2 号端子（IGO）与 3 号端子（GNDO）之间的电压是否正常（辅助蓄电池电压）。测量参考图 4-1-11。如果电压不正常，检查供电和搭铁线路。

电压正常值：11~14V（辅助蓄电池电压）。

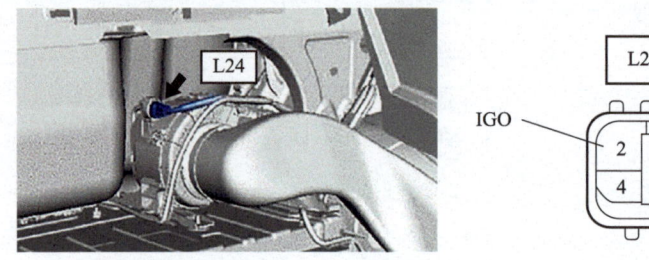

图 4-1-11 动力电池冷却鼓风机电压测量端子

⑤ 检查冷却鼓风机控制信号 SIO 线路。

操作点火开关切换至电源 OFF 状态，断开混合动力车辆控制 ECU 插接器 E22 和电池冷却鼓风机插接器 L24，检查 SIO 线路导通性能和是否对车身搭铁。测量参考图 4-1-12。如果不正常，则检修相关线路。

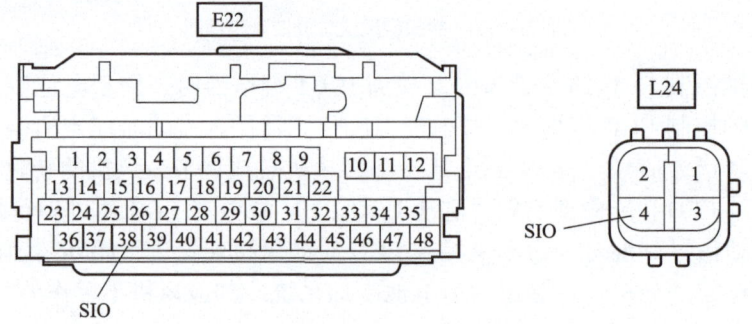

图 4-1-12 冷却鼓风机控制信号 SIO 线路测量

正常电阻值：

L24-4（SIO）与 E22-38（SIO）之间的电阻值小于 1Ω。

L24-4（SIO）与车身搭铁及其他端子之间的电阻值大于 10kΩ 或更大。

⑥ 检查冷却鼓风机控制信号 SIO 输出信号。

连接上混合动力车辆控制 ECU 插接器 E22 和冷却鼓风机插接器 L24，操作点火开关切换至电源 ON 状态，使用诊断仪执行冷却鼓风机（冷却风扇）主动测试，同时用示波器测量 SIO 线路输出波形。测量标准参考图 4-1-13。如果不正常，则更换混合动力车辆控制 ECU。

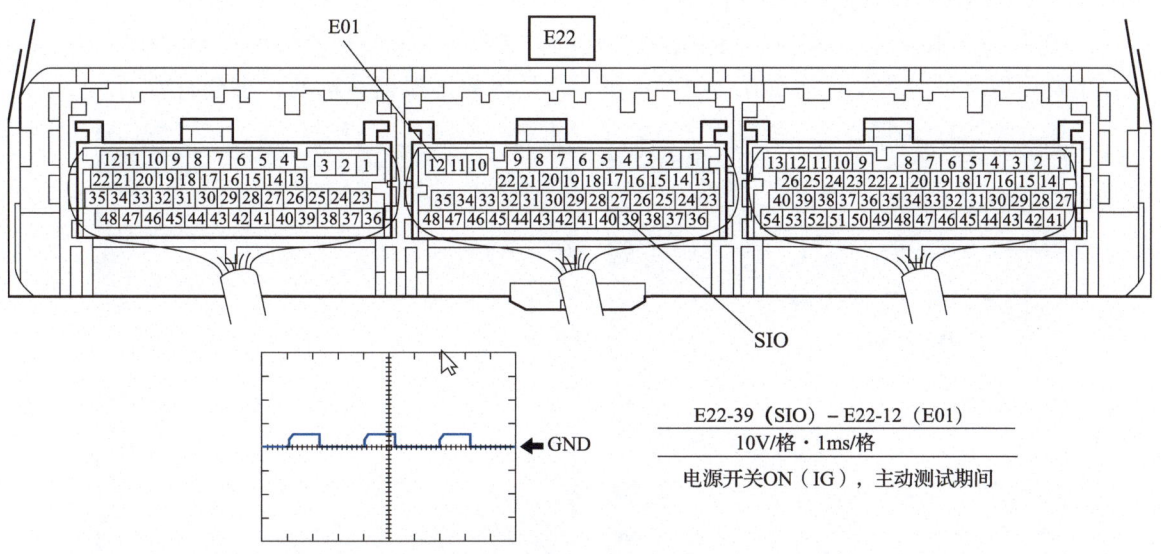

图 4-1-13 冷却鼓风机控制信号 SIO 波形测量

⑦ 如果通过以上检测，冷却鼓风机供电正常，使用诊断仪执行主动测试，确定主动测试期间 SIO 信号输出波形正常的情况下，鼓风机冷却风扇依然不转，更换冷却鼓风机总成。

二 基本技能

> **警告**：在没有断开高压线路之前，请勿用手直接触碰前机舱内的高压部件，如果不可避免，则请借助高压绝缘棒，或者用绝缘物质代替。

> **警告**：

禁止未参加该车型高压系统知识培训的维修人员拆卸高压系统。

当拆解或装配高压部件时，必须先执行标准高压中止与检验步骤。

在进行高压相关操作前，维修人员必须穿戴好劳保用品，戴好绝缘手套，穿好高压绝缘鞋。在戴绝缘手套前，必须检查绝缘手套是否有破损的地方，确保手套无绝缘失效。

在安装和拆卸过程中，应防止制动液、洗涤液等液体进入或飞溅到高压部件上。

> **提示**：指导教师可以提前设置故障。

> **提示**：参照"基本知识"所学习的内容，以丰田卡罗拉双擎混合动力汽车为例，完成以下操作。

混合动力汽车动力电池相关数据流读取

1. 混合动力汽车动力电池及管理系统的故障码和数据流读取

混合动力汽车动力电池（HV 蓄电池）及管理系统发生故障后，应该首先采用故障诊断仪器进行故障码读取和数据流分析。

（1）故障码读取

连接诊断仪，操作点火开关使电源切换至 ON 状态，读取混合动力车辆控制 ECU 的故障码，观察与动力电池相关的故障码并记录。

卡罗拉双擎混合动力汽车动力电池及管理系统相关的故障码，见诊断仪显示或维修手册。

（2）数据流读取

1）连接诊断仪，操作点火开关使电源切换至 ON 状态，读取混合动力车辆控制 ECU 数据流，观察与动力电池相关的数据流，并记录。

2）操作点火开关使车辆进入"READY"状态，观察动力电池相关数据流的变化，并记录。主要读取到的数据流内容如图 4-1-14 所示，具体数据根据车辆的状态会有差别。

图 4-1-14 主要读取到的数据流内容

2. 混合动力汽车动力电池及管理系统高压线路检测

下面以丰田卡罗拉双擎混合动力汽车的 HV 蓄电池接线盒总成（继电器部分）为例，介绍混合动力汽车动力电池及管理系统高压线路检测。

丰田卡罗拉双擎混合动力汽车的 HV 蓄电池继电器接线盒总成位于 HV 蓄电池内部，集成正极继电器（SMRB）、负极继电器（SMRG）、预充继电器（SMRP）和预充电阻（电抗器），相关的继电器通过混合动力车辆控制 ECU 进行控制，其诊断参考电路如图 4-1-15 所示。

卡罗拉混合动力汽车 HV 蓄电池接线盒总成（继电器部分）检测

（1）执行高压安全断电操作

按照标准流程进行高压中止与检验操作（断开辅助蓄电池负极桩、断开手动维修开关、验电等）。

（2）拆卸后排座椅总成

按以下步骤，拆卸后排座椅总成。

1）拆卸后排座椅垫侧盖，拆卸参考图 4-1-16。

2）拆卸后排座椅垫总成。

3）拆卸后排座椅靠背总成。

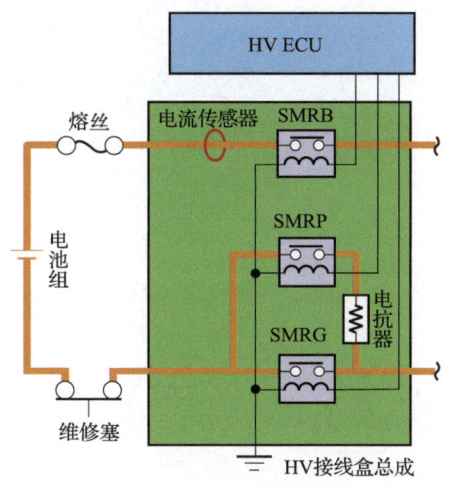

图 4-1-15　HV 蓄电池接线盒总成参考电路图

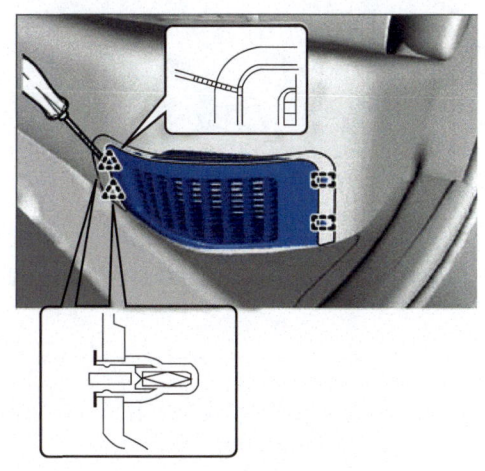

图 4-1-16　后排座垫侧盖拆卸

（3）拆卸 HV 蓄电池右侧盖分总成

拆卸时参考图 4-1-17。

（4）拆卸 HV 蓄电池继电器接线盒总成

1）佩戴绝缘手套，断开 2 个 HV 继电器接线盒插接器，用绝缘胶带将断开的插接器绝缘，拆开 HV 蓄电池屏蔽搭铁，拆卸时参考图 4-1-18。

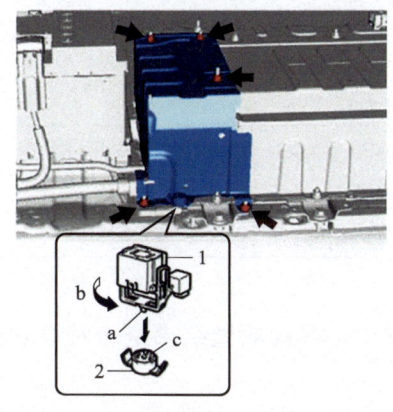

图 4-1-17　HV 蓄电池右侧盖分总成拆卸
1—手动维修开关（维修塞）　2—蓄电池盖锁扣
a—凸出部分　b—转动　c—按钮　箭头—螺栓

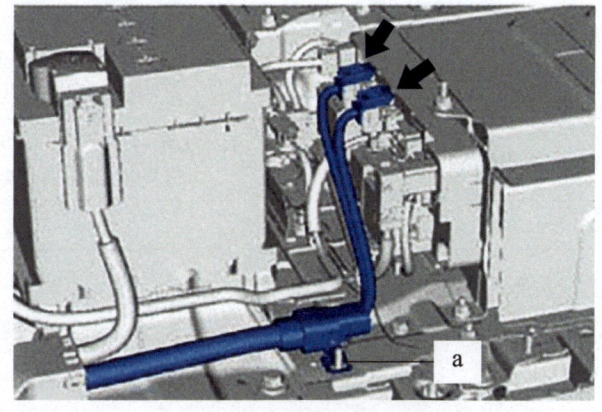

图 4-1-18　HV 继电器接线盒母线插接器拆卸
a—屏蔽线搭铁　箭头—插接器

2）断开其余 4 个 HV 继电器接线盒插接器，用绝缘胶带将断开的插接器绝缘，拆卸时参考图 4-1-19。

3）拆卸 HV 蓄电池继电器接线盒总成，拆卸参考图 4-1-20。

（5）HV 蓄电池继电器接线盒总成检查

1）检查 SMRB 正极继电器。

按照图 4-1-21 所示，对 SMRB 相关的各端子进行测量，观察测量结果是否符合规定值（表 4-1-4）。

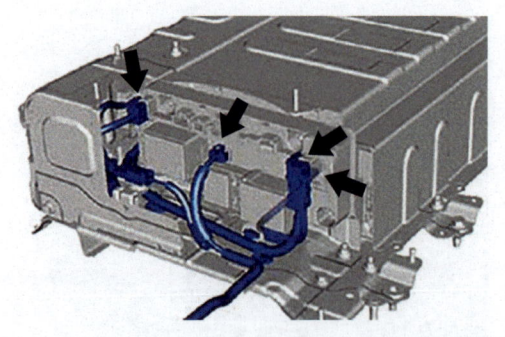 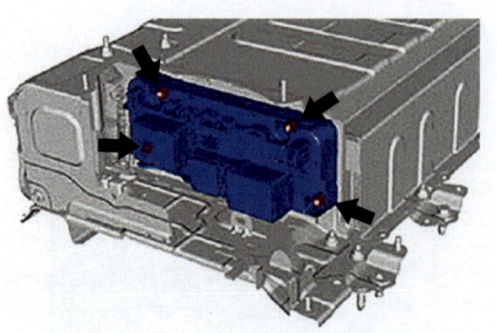

图 4-1-19　HV 继电器接线盒母线外其余插接器拆卸　　图 4-1-20　HV 蓄电池继电器接线盒总成拆卸

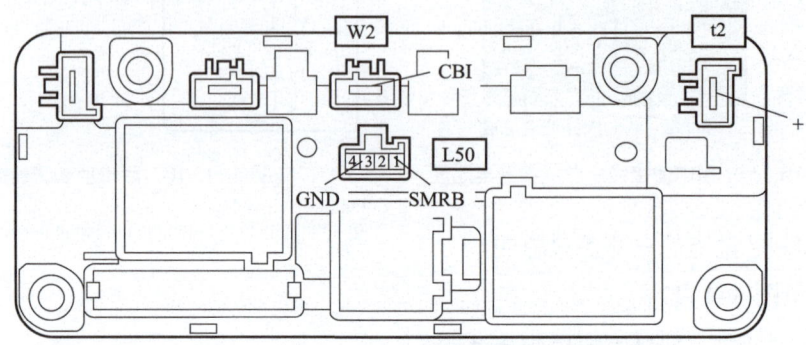

图 4-1-21　HV 蓄电池继电器接线盒总成 SMRB 检查

表 4-1-4　SMRB 正极继电器规定值

检测仪连接	条件	规定值
W2-1（CBI）与 t2-1（+）	未在端子 L50-1（SMRB）和 L50-3（GND）之间施加辅助蓄电池电压	≥ 10kΩ
W2-1（CBI）与 t2-1（+）	在端子 L50-1（SMRB）和 L50-3（GND）之间施加辅助蓄电池电压	<1Ω
L50-1（SMRB）与 L50-3（GND）	-40~80℃	20.6~40.8Ω

2）检查 SMRG 负极继电器。

按照图 4-1-22 所示，对 SMRG 相关的各端子进行测量，观察测量结果是否符合规定值（表 4-1-5）。

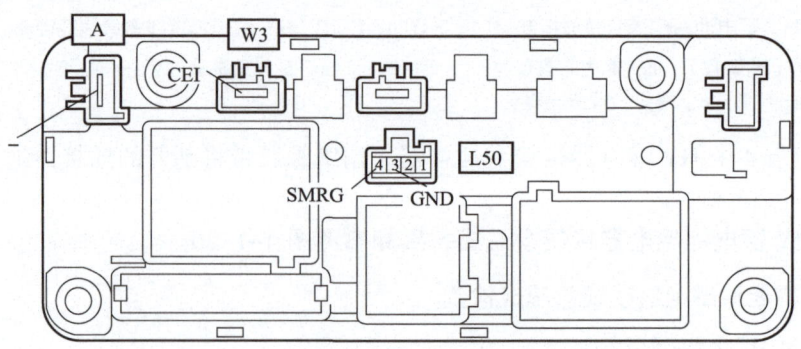

图 4-1-22　HV 蓄电池继电器接线盒总成 SMRG 检查

表 4-1-5　SMRG 负极继电器规定值

检测仪连接	条件	规定值
W3-1（CEI）与 A-1（-）	未在端子 L50-4（SMRG）和 L50-3（GND）之间施加辅助蓄电池电压	≥ 10kΩ
	在端子 L50-4（SMRG）和 L50-3（GND）之间施加辅助蓄电池电压	<1Ω
L50-4（SMRG）与 L50-3（GND）	-40~80℃	20.6~40.8Ω

3）检查 SMRP 预充继电器。

按照图 4-2-23 所示，对 SMRP 相关的各端子进行测量，观察测量结果是否符合规定值（表 4-1-6）。

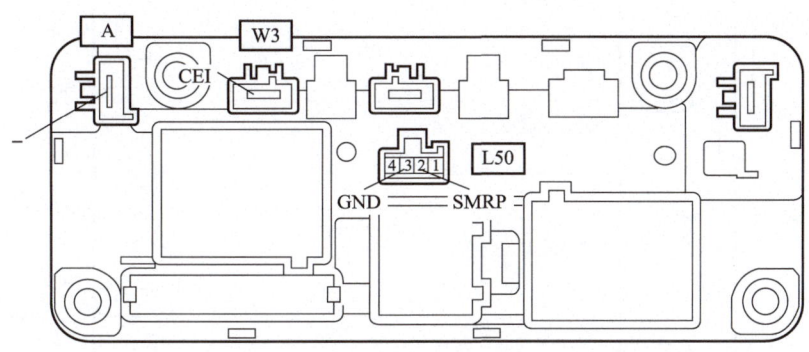

图 4-1-23　HV 蓄电池继电器接线盒总成 SMRP 检查

表 4-1-6　SMRP 预充继电器规定值

检测仪连接	条件	规定值
W3-1（CEI）与 A-1（-）	未在端子 L50-2（SMRP）和 L50-3（GND）之间施加辅助蓄电池电压	≥ 10kΩ
	在端子 L50-2（SMRP）和 L50-3（GND）之间施加辅助蓄电池电压	24.3~29.7Ω
L50-2（SMRP）与 L50-3（GND）	-40~80℃	140~290Ω

（6）检测完毕

按照拆卸相反顺序重新安装 HV 蓄电池继电器接线盒总成，复原车辆和工具。

3. 混合动力汽车动力电池及管理系统传感器检测

下面以丰田卡罗拉双擎混合动力汽车的 HV 蓄电池温度传感器为例，介绍混合动力汽车动力电池及管理系统传感器检测。

▶ **提示：** 丰田卡罗拉双擎混合动力汽车的 HV 蓄电池底部安装有 3 个蓄电池温度传感器，包括在每个蓄电池温度传感器里的热敏电阻的阻值，随着 HV 蓄电池总成的温度改变而改变。蓄电池温度越低，热敏电阻阻值越高，反之温度越高，电阻阻值越低。

HV 蓄电池 ECU 利用蓄电池温度传感器检测 HV 蓄电池总成的温度，其电路原理图如图 4-1-24 所示。HV 蓄电池 ECU 根据检测的结果传输给混合动力车辆控制 ECU，混合动力车辆控制 ECU 根据蓄电池温度控制蓄电池鼓风机总成。当 HV 蓄电池温度上升到预定数值时，将起动电池冷却鼓风机风扇，并根据不同的温度值控制相应的电池冷却鼓风机转速。

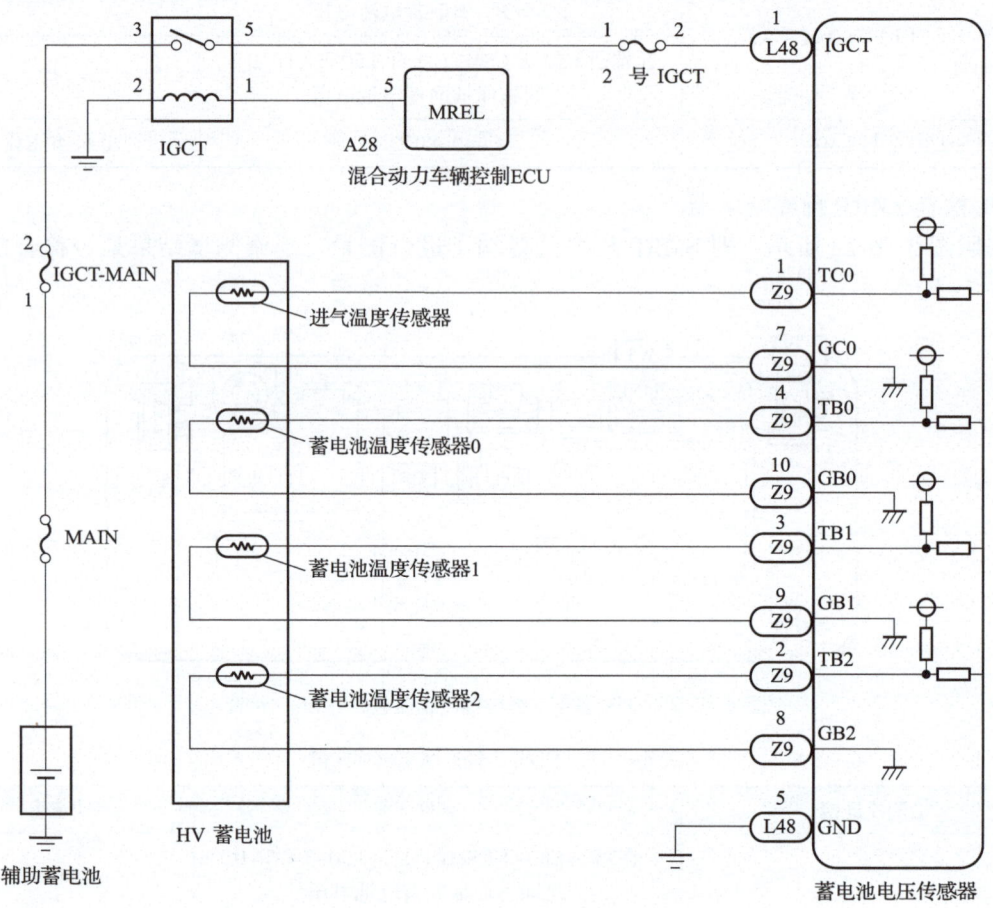

图 4-1-24　蓄电池温度传感器电路原理图

（1）执行高压安全断电操作

按照标准流程进行高压中止与检验操作（断开辅助蓄电池负极桩、断开手动维修开关、验电等）。

（2）拆卸后排座椅总成

参照前文步骤。

（3）断开 HV 蓄电池 ECU 连接器

断开 HV 蓄电池 ECU 上的 Z9 插接器，拆卸参考图 4-1-25。

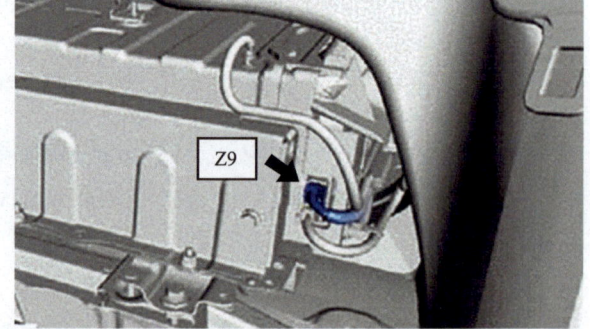

图 4-1-25　HV 蓄电池 ECU 的 Z9 插接器

（4）测量蓄电池温度传感器电阻

如图 4-1-26 所示，通过 HV 蓄电池 ECU 的 Z9 插接器测量蓄电池温度传感器的电阻，观察测量结果是否符合规定值（表 4-1-7）。

 项目四 混合动力汽车故障诊断与排除

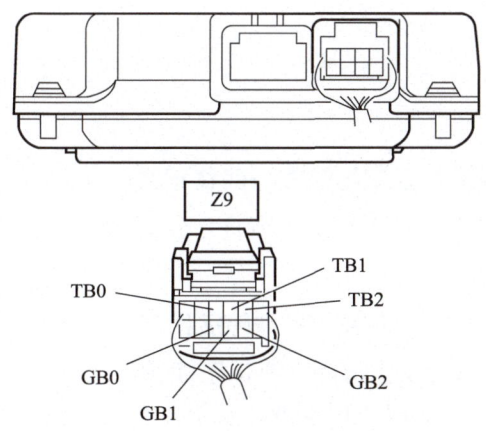

图 4-1-26 HV 蓄电池温度传感器电阻检查

表 4-1-7 HV 蓄电池温度传感器规定值

检测仪连接	条件/℃	规定值/kΩ
TB0 与 GB0：蓄电池温度传感器 0	0	26.7~27.8
TB1 与 GB1：蓄电池温度传感器 1	25	9.9~10.1
TB2 与 GB2：蓄电池温度传感器 2	40	5.73~5.92

任务二　混合动力汽车驱动电机及控制器故障诊断与排除

 情境导入

情境描述

一辆混合动力汽车因为驱动电机系统存在故障而无法行驶。你的主管要求你进行故障诊断并排除，你能完成这个任务吗？

情境提示

混合动力汽车驱动电机系统发生故障后，应该首先采用诊断仪器进行故障码读取和数据流分析，确认原因是电机本体、控制器、传感器等。

学习目标

知识目标

1）能描述混合动力汽车驱动电机及控制器的故障症状和原因。
2）能描述混合动力汽车驱动电机及控制器故障诊断与排除方法。

技能目标

1）能进行混合动力汽车驱动电机及控制器故障码和数据流读取。
2）能进行混合动力汽车电机温度传感器电阻测量。
3）能进行混合动力汽车电机角度传感器线圈电阻测量。

知识学习

一 基本知识

1. 混合动力汽车驱动电机及控制器的故障症状和原因

混合动力汽车驱动电机及控制器发生故障将导致车辆不能正常行驶，以下介绍常见的故障症状和原因。

（1）混合动力汽车驱动电机及控制器的故障症状

混合动力汽车驱动电机系统发生故障会有以下症状。

1）仪表显示相关警告指示。以丰田卡罗拉双擎混合动力汽车为例，驱动电机及控制器故障会导致仪表主警告灯点亮，蜂鸣器鸣响，并根据相关的故障等级和类型在仪表显示屏上显示相关的警告信息，部分故障发动机故障警告灯也会点亮。图4-2-1所示为卡罗拉双擎混合动力汽车驱动电机及控制器的仪表故障信息（不同车型显示内容可能不同，请参考《用户手册》）。

2）车辆功率降低或暂停动力输出。混合动力汽车驱动电机及控制器故障会导致车辆降低运行功率或暂停动力输出，部分严重的故障甚至会导致混合动力系统停止，车辆无法上电进入"READY"状态。

图4-2-1 卡罗拉双擎混合动力汽车驱动电机及控制器的仪表故障信息

（2）混合动力汽车驱动电机及控制器的故障原因

混合动力汽车驱动电机及控制器的故障原因如下。

1）电机控制器（丰田汽车也称为逆变器或变频器）温度传感器故障或电机温度过高。

2）电机角度传感器（也称为旋变传感器、旋转变压器、解角器等）故障。

3）混合动力车辆控制ECU（简称HCU，也称为混合动力控制单元HV ECU）与电机控制器之间的通信和切断信号线路故障。

4）电机控制器硬件或软件故障。

5）电机（混合动力汽车发电机MG1和驱动电机MG2）故障。

2. 混合动力汽车驱动电机及控制器故障诊断与排除方法

下面以丰田卡罗拉双擎混合动力汽车常见的故障为例，介绍混合动力汽车驱动电机及控制器故障诊断与排除步骤。

（1）混合动力系统过热故障

1）故障症状。如果监控到电机控制器（逆变器）或电机（发电机或驱动电机）温度过高，仪表会点亮主警告灯，蜂鸣器鸣叫，同时提示"混合动力系统过热，降低输出功率"。

2）故障原因分析。对于丰田混合动力汽车，电机和电机控制器通过独立的电机冷却系统进行冷却。电机冷却系统由水泵、冷却风扇、散热器和相关冷却水管组成。电机冷却系统冷却循环示意图如图 4-2-2 所示。

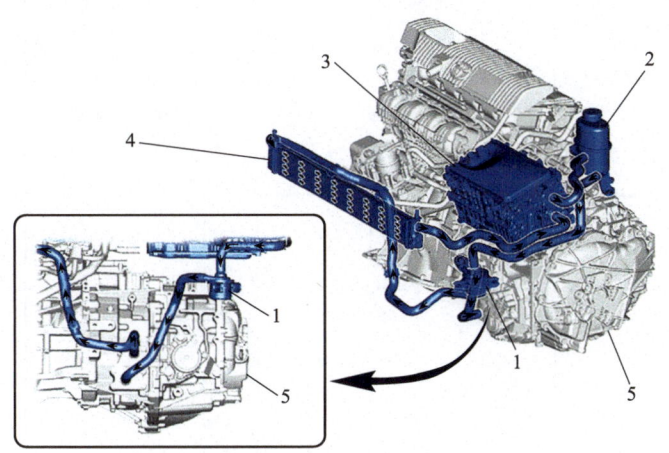

图 4-2-2 电机冷却系统冷却循环示意图

1—水泵 2—储液罐 3—带 DC-DC 变换器的电机控制器（逆变器）
4—散热器（HV） 5—混合动力车辆驱动桥总成（变速驱动单元）

水泵由混合动力车辆控制 ECU（HCU）控制和监测，HCU 根据相关温度信息控制水泵工作。电机冷却系统水泵电路图如图 4-2-3 所示。

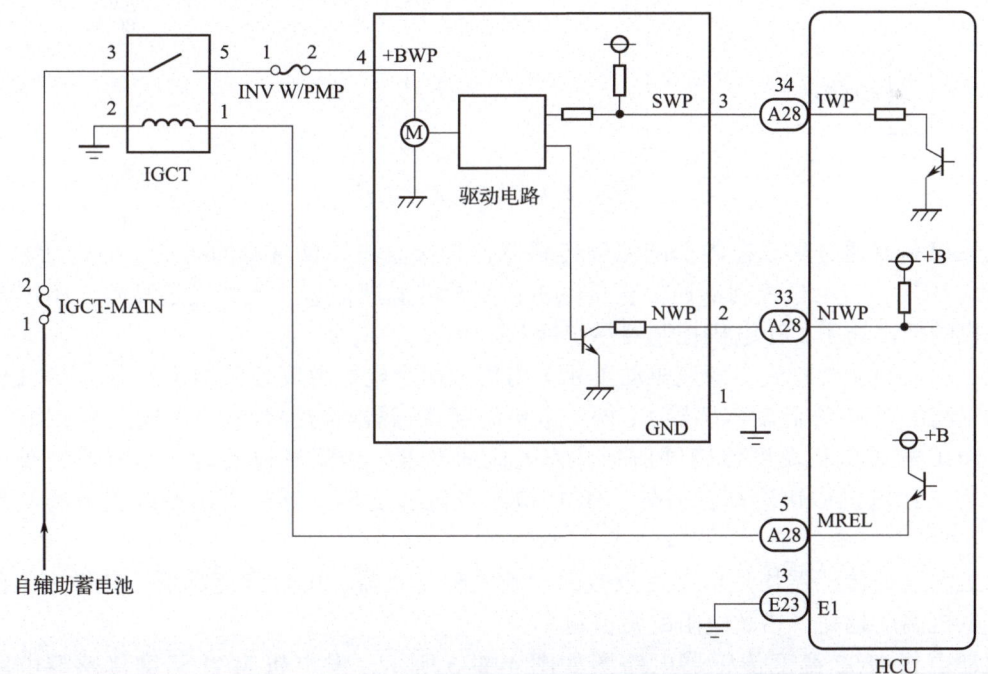

图 4-2-3 电机冷却系统水泵电路图

IWP—水泵驱动占空比 NIWP—水泵转速信号

冷却风扇由发动机控制模块（ECM）控制和监测，发动机控制模块（ECM）根据相关需求（发动机冷却需求、空调制冷需求、电机冷却系统需求）控制两个冷却风扇工作。冷却风扇电路图如图4-2-4所示。

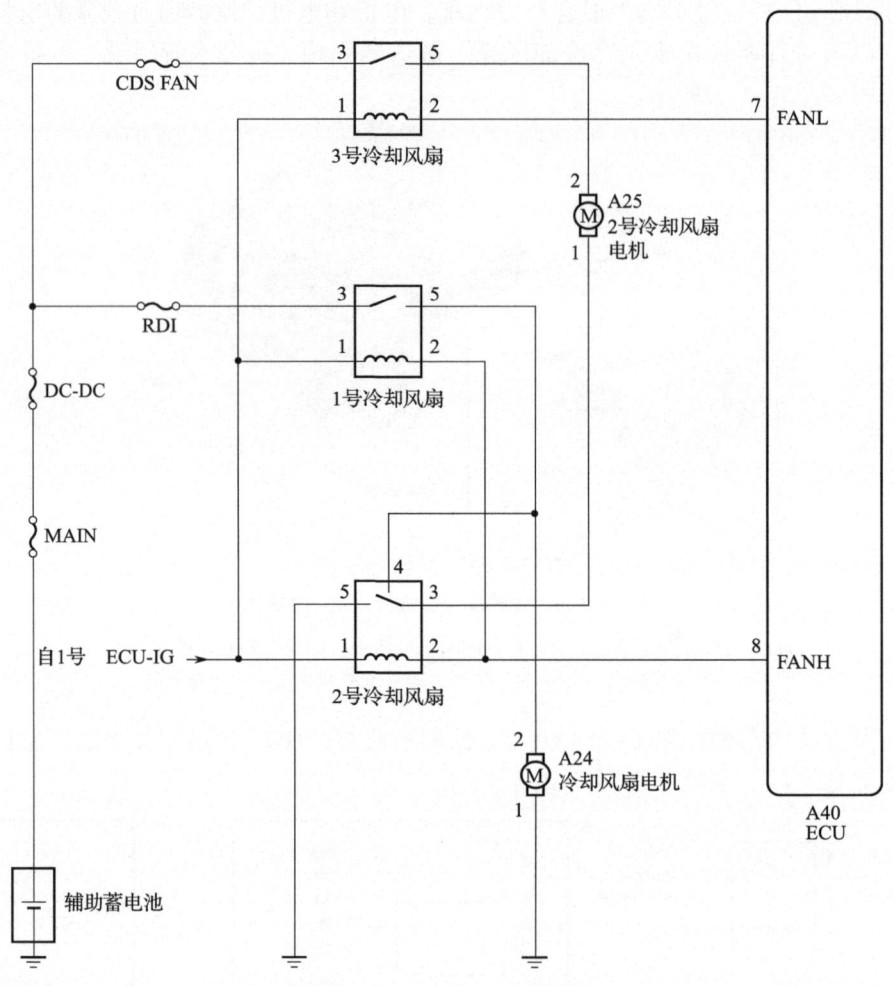

图4-2-4　冷却风扇电路图

电机控制器通过集成在内部的温度传感器，直接监测计算自身的温度。混合动力车辆控制ECU（HCU）与电机控制器通信获得电机控制器的温度信息。当温度过高时，HCU将降低驱动电机的输出功率，让电机控制器尽快冷却。

混合动力驱动桥总成（变速驱动单元）内集成两个电机温度传感器（发电机MG1温度传感器和驱动电机MG2温度传感器），两个电机温度传感器均与混合动力车辆控制ECU（HCU）连接，HCU根据电机温度传感器信号计算电机的温度，当温度过高时，HCU将降低电机的输出功率，让电机尽快冷却。另外，HCU检测电机温度传感器是否出现线路故障和传感器故障。

采集温度的传感器均是负温度系数的热敏电阻传感器。电机温度越低，热敏电阻的阻值越大；电机温度越高，热敏电阻的阻值越小。

驱动电机MG2温度传感器电路图如图4-2-5所示，发电机MG1温度传感器电路图如图4-2-6所示。

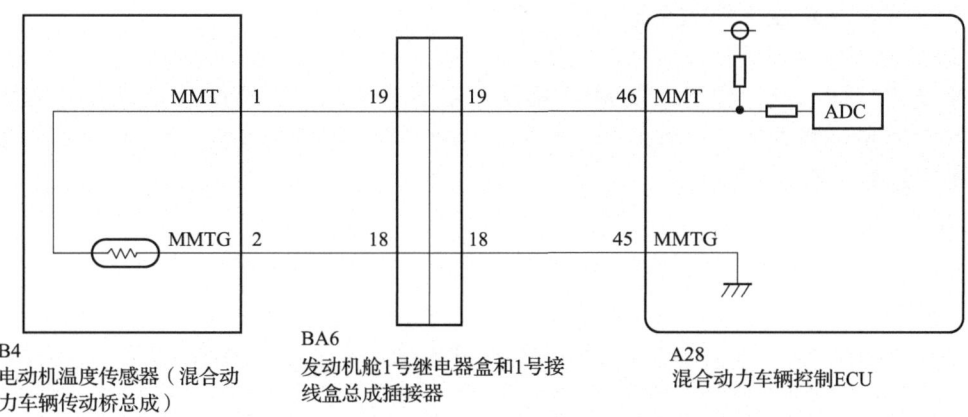

图 4-2-5　驱动电机 MG2 温度传感器电路图

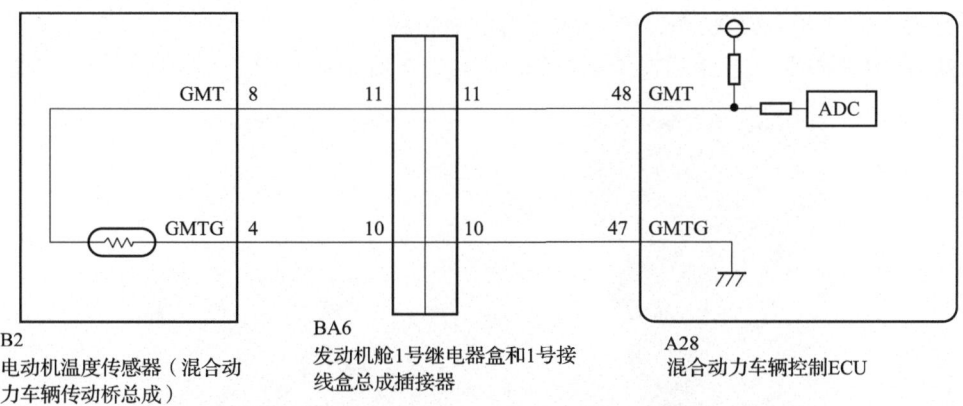

图 4-2-6　发电机 MG1 温度传感器电路图

通过以上原理分析，混合动力系统过热的主要故障原因有：
① 电机冷却系统冷却循环异常。
② 水泵或线路故障。
③ 驱动电机温度传感器或线路故障。
④ 发电机温度传感器或线路故障。
⑤ 电机控制器故障（内部温度传感器、内部电路故障导致温度过高等）。
⑥ 混合动力车辆控制 ECU 故障。
3）故障诊断方法。
① 读取电机冷却系统相关的故障码。
诊断仪进入混合动力控制系统（诊断菜单名称：Hybrid Control），可读取电机温度传感器和电机冷却系统水泵相关故障码；进入电机控制器（诊断菜单名称：Motor Generator），可读取电机控制器温度异常相关故障码。故障码的含义见诊断仪的显示或参考维修手册。
② 读取电机冷却系统相关的数据流。
使用诊断仪进入相应的系统（Hybird Control 或 Motor Generator），通过对数据流的分析，进一步缩小故障范围或确定故障点。
例如，怀疑驱动电机 MG2 温度传感器过高，可以读取 MG2 温度数据流进行故障分析。
正常情况下 MG2 温度数据如下：

在25℃的环境温度下停放车辆1天：25℃。

在25℃的环境温度下行驶时：25~120℃。

如果电机冷却系统无异常，仅MG2温度显示不正常，需要检查MG2温度传感器和相关线路。相关测量检测方法与一般的热敏电阻类温度传感器测量方法一致，具体测量步骤和检测标准参考维修手册相关说明。

> 提示：

当读取到故障码"P0A2A15：驱动电机A温度传感器对辅助蓄电池短路或断路"，诊断仪显示的数据是-40℃。

当读取到故障码"P0A2A11：驱动电机A温度传感器电路对搭铁短路"，诊断仪显示的数据是215℃。

4）驱动电机MG2温度传感器检测步骤。

驱动电机MG2温度传感器检测步骤如下：

① 点火开关置于OFF状态，断开辅助蓄电池负极。

② 断开MG2温度传感器插接器B4，如图4-2-7所示。

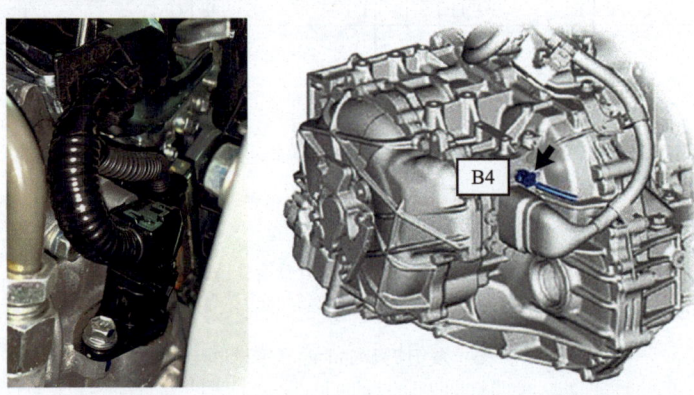

图4-2-7　驱动电机MG2温度传感器插接器位置

③ 使用万用表检测驱动电机MG2温度传感器的电阻值，通过电阻值是否符合相应温度下的标准范围可判断MG2温度传感器是否正常。如图4-2-8所示，端子B4-1（MMT）和B4-2（MMTG）之间在不同温度下的电阻值变化曲线。

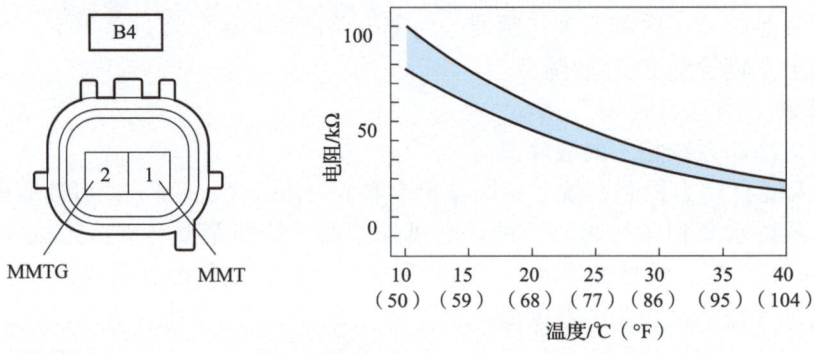

图4-2-8　驱动电机MG2温度传感器电阻检测

5）发电机MG1温度传感器检测步骤。

发电机MG1温度传感器检测步骤如下。

①点火开关置于 OFF 状态，断开辅助蓄电池负极。
②断开 MG1 温度传感器插接器 B2，如图 4-2-9 所示。
③使用万用表检测发电机 MG1 温度传感器的电阻值，通过电阻值是否符合相应温度下的标准范围可判断 MG1 温度传感器是否正常。如图 4-2-10 所示，端子 B2-8（GMT）和 B2-4（GMTG）之间在不同温度下的电阻值变化曲线。

6）水泵检测步骤。

①诊断仪检测。

使用诊断仪进入混合动力控制系统，使用主动测试功能（图 4-2-11），测试冷却系统的水泵，观察水泵是否工作，如水泵不工作，进一步检查水泵的电源搭铁和控制信号。

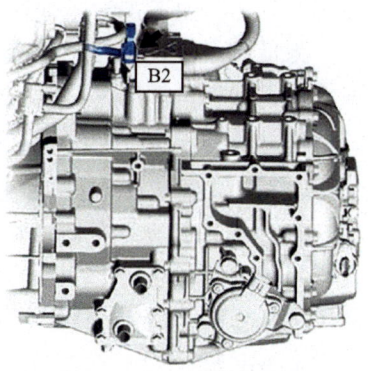

图 4-2-9 发电机 MG1 温度传感器插接器的位置

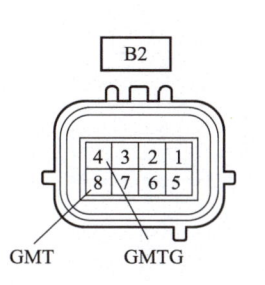
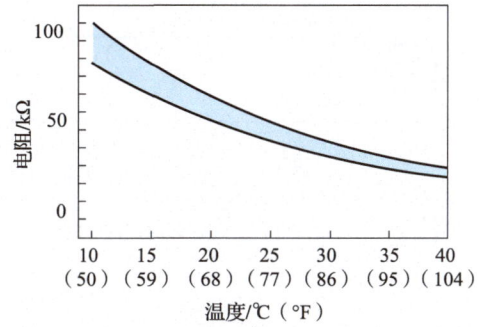

图 4-2-10 发电机 MG1 温度传感器电阻的测量

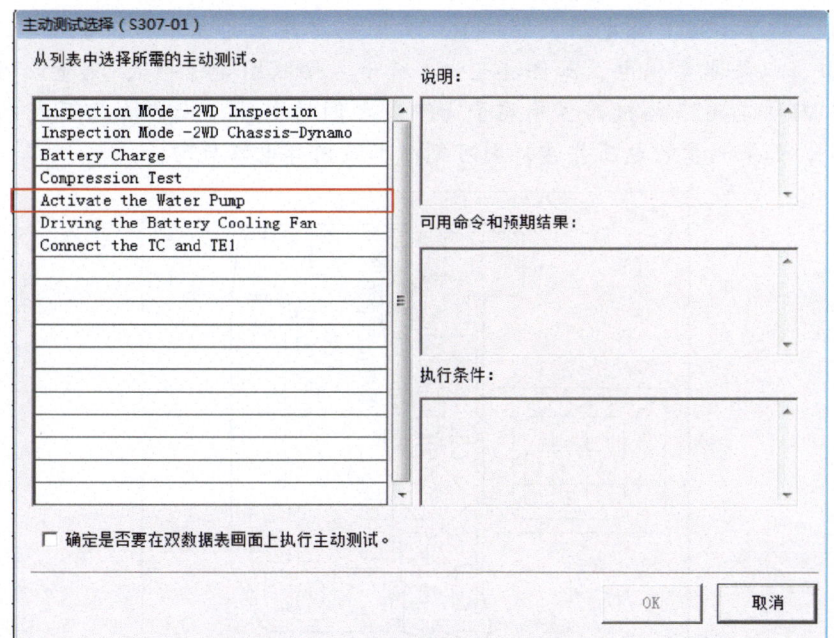

图 4-2-11 水泵主动测试诊断菜单界面

②水泵供电检测。
点火开关置于 ON 状态，使用万用表测量水泵供电电压是否正常（与辅助蓄电池电压一致，

12V左右），如不正常，则检修供电和搭铁线路。

测量端子：水泵 A3 插接器 4 号端子（+BWP）与 1 号端子（GND），如图 4-2-12 所示。

③ 水泵驱动信号相关检测。

a. 点火开关置于 OFF 状态，断开辅助蓄电池负极。

b. 断开混合动力车辆控制 ECU 插接器 A28 和水泵插接器 A3，按照图 4-2-13 方法，测量相关电阻值，判断水泵驱动信号线路（IWP-SWP）是否正常。

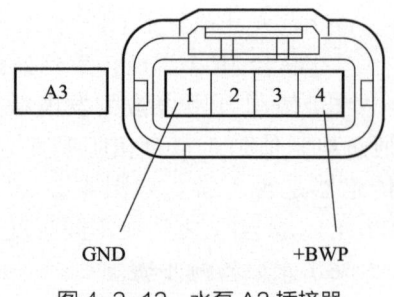

图 4-2-12　水泵 A3 插接器电源搭铁端子图

正常电阻值：

A28-34（IWP）与 A3-3（SWP）之间的电阻值应小于 1Ω。

A28-34（IWP）或 A3-3（SWP）与车身搭铁及其他端子之间的电阻值应为 10kΩ 或更大。

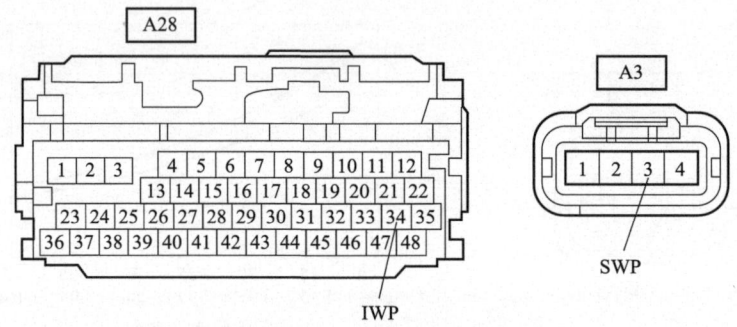

图 4-2-13　水泵驱动信号线路检测

c. 插上水泵插接器 A3，保持混合动力车辆控制 ECU 插接器 A28 断开状态，从发动机舱 1 号继电器盒上拆下 IGCT 继电器，短接 IGCT 继电器座上的 3 号和 5 号端子，重新安装辅助蓄电池负极，以给水泵供电，如图 4-2-14 所示。按照图 4-2-15，测量此时 A28 插接器 34 号端子（IWP）与 E23 插接器 3 号端子（E1）之间的电压，正常情况下为 11~14V（辅助蓄电池电压），如果测量的电压异常，则可判断水泵内部电路故障。

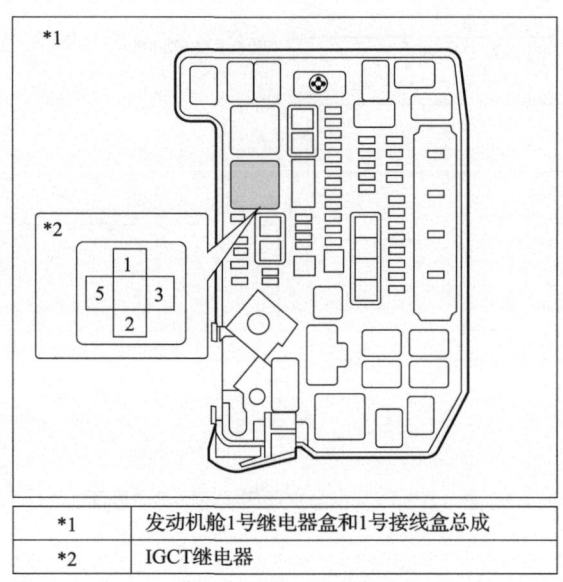

*1	发动机舱1号继电器盒和1号接线盒总成
*2	IGCT继电器

图 4-2-14　IGCT 继电器位置图

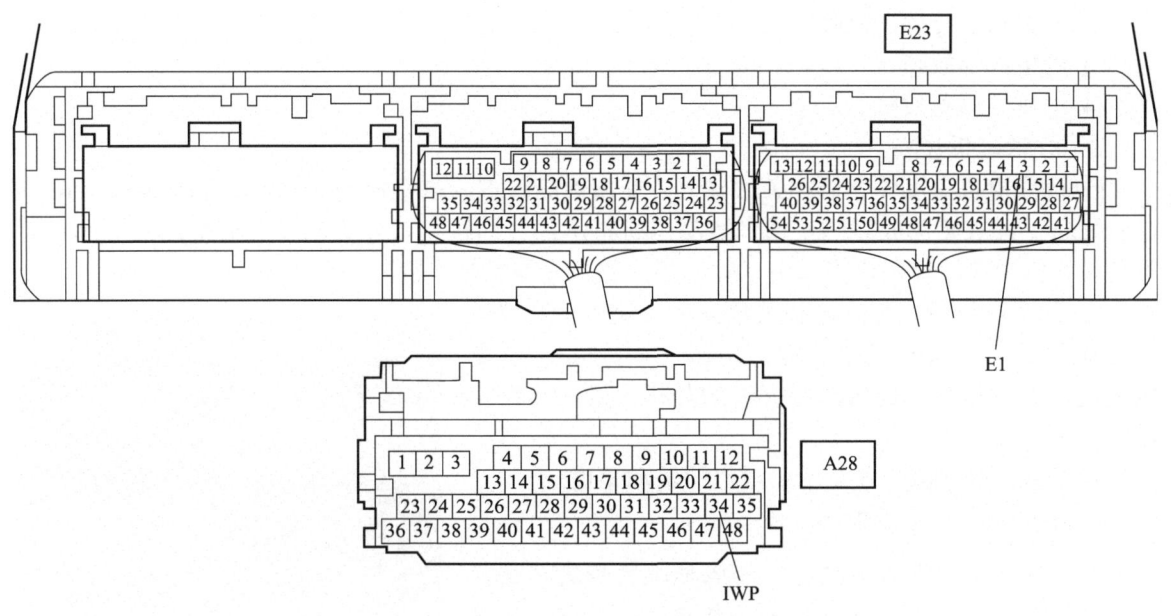

图 4-2-15 水泵驱动信号端子电压测量

d. 点火开关置于 OFF 状态，插上混合动力车辆控制 ECU 插接器 A28。

e. 点火开关置于 ON 状态，测量水泵驱动信号波形，测量方法如图 4-2-16 所示。端子 A28-34（IWP）与 E23-3（E1）之间的正常波形占空比在 3%~9% 的范围内，如果波形异常，判断混合动力车辆控制 ECU 故障，无法输出水泵驱动信号。

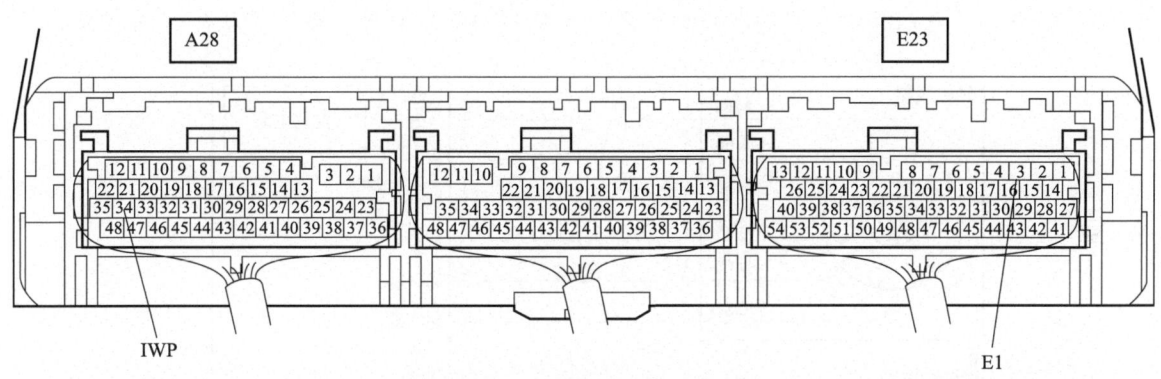

图 4-2-16 水泵驱动信号波形测量

（2）电机角度传感器异常的故障

1）故障症状。如果系统监控到电机角度传感器故障，仪表会点亮主警告灯，蜂鸣器鸣叫，同时显示"混合动力系统故障"警告信息，部分相关故障发动机故障警告灯也会点亮；车辆不能正常驱动（驱动电机 MG2 角度故障）；或发动机不能被正常起动（发电机 MG1 角度故障）。

2）故障原因分析。混合动力汽车电机角度传感器的工作原理与纯电动汽车基本一致，用于检测电机转子磁极的位置，确保混合动力控制系统对发电机 MG1 和驱动电机 MG2 的准确控制。

电机角度传感器故障的主要原因有：

① 电机角度传感器线路故障。

② 电机角度传感器故障。
③ 电机内部故障。
④ 电机控制器故障。

3）故障诊断方法。

① 读取电机角度传感器相关故障码。使用诊断仪进入电机控制器（诊断菜单名称：Motor Generator）读取相关故障码。通过故障码所指示的方向进行故障方向和大概范围的判断，根据相关维修手册故障码检修指引，确定相关的检测与维修步骤。

② 读取电机角度传感器相关数据流。使用诊断仪进入电机控制器（诊断菜单名称：Motor Generator）读取相关电机的数据流，通过对数据流的分析，进一步缩小故障范围或确定故障点。

标准值：数据流应该显示出电机的转动角度。

③ 电机角度传感器检测。

a. 执行高压安全断电操作。按照标准流程进行高压中止与检验操作（断开辅助蓄电池负极桩头、断开手动维修开关、验电等）。

b. 断开电机控制器（逆变器）插接器 B27，如图 4-2-17 所示。

图 4-2-17　断开逆变器插接器 B27

c. 按照图 4-2-18 所示，连接辅助蓄电池负极，点火开关置于 ON 状态，测量电机控制器插接器 B27 上 MG2 电机角度传感器相关端子与车身搭铁之间的电压。电压测量值都应低于 1V。如果相关电压异常，则判断线路存在对其他线路短路故障，进一步检修线路线束。

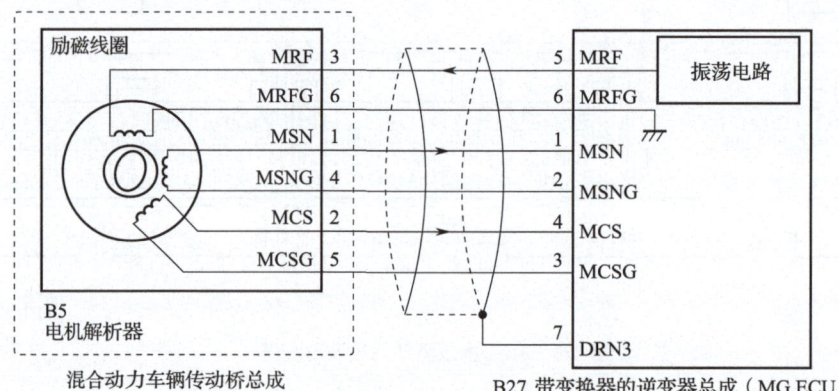

图 4-2-18　电机控制器插接器 B27 上 MG2 电机角度传感器相关线路测量

d. 点火开关置于 OFF 状态，按照图 4-2-19 所示，在电机控制器插接器 B27 上测量电机角度传感器相关端子间的电阻值，根据相关测量结果，判断电机角度传感器 3 组线圈的电阻是否正常，电机角度传感器间的线路是否存在开路或相互短路的可能。如果测量结果异常，则进一步检查线束或电机角度传感器。

正常电阻值（断路检查）：

B27-5（MRF）与 B27-6（MRFG）之间的电阻值为 9.5~15.5Ω（励磁线圈）。
B27-1（MSN）与 B27-2（MSNG）之间的电阻值为 15.0~27.0Ω（感应线圈 S）。
B27-4（MCS）与 B27-3（MCSG）之间的电阻值为 14.0~26.0Ω（感应线圈 C）。

正常电阻值（短路检查）：

B27-5（MRF）或 B27-6（MRFG）与车身搭铁及其他端子之间的电阻值大于 1MΩ 或更大。
B27-1（MSN）或 B27-2（MSNG）与车身搭铁及其他端子之间的电阻值大于 1MΩ 或更大。
B27-4（MCS）或 B27-3（MCSG）与车身搭铁及其他端子之间的电阻值大于 1MΩ 或更大。

e. 断开 MG2 电机角度传感器插接器 B5，如图 4-2-20 所示。

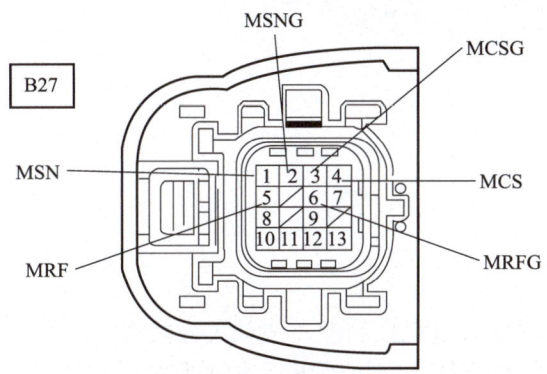

图 4-2-19　电机控制器插接器 B27 上测量电机角度传感器相关端子间的电阻值

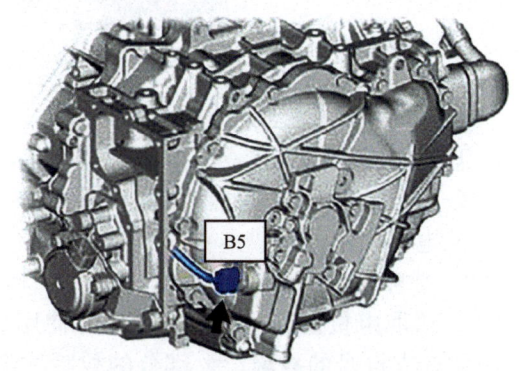

图 4-2-20　驱动电机 MG2 电机角度传感器插接器 B5

f. 按照图 4-2-21 所示，直接测量电机角度传感器各端子间的电阻值，如果异常，则判断电机角度传感器故障。

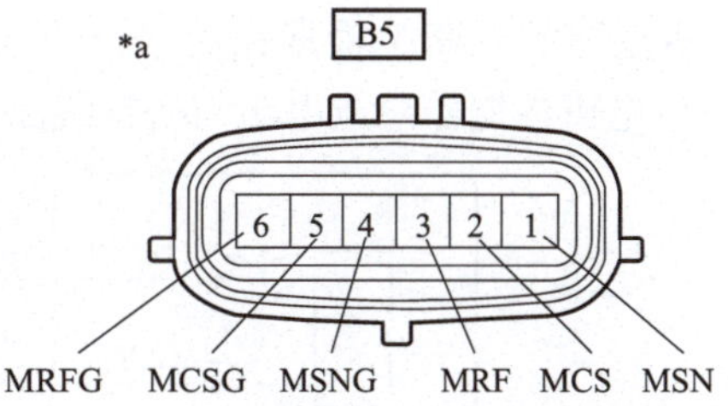

正常电阻值（断路检查）：

B5-1（MSN）与 B5-4（MSNG）之间的电阻值为 15.0~27.0Ω（感应线圈 S）。

B5-2（MCS）与 B5-5（MCSG）之间的电阻值为 14.0~26.0Ω（感应线圈 C）。

B5-3（MRF）与 B5-6（MRFG）之间的电阻值为 9.5~15.5Ω（励磁线圈）。

正常电阻值（短路检查）：

图 4-2-21　电机角度传感器各端子间的电阻检查

B5-1（MSN）与车身搭铁及除 B5-4（MSNG）外的其他端子之间的电阻值大于 1MΩ 或更大。
B5-2（MCS）与车身搭铁及除 B5-5（MCSG）外的其他端子之间的电阻值大于 1MΩ 或更大。
B5-3（MRF）与车身搭铁及除 B5-6（MRFG）外的其他端子之间的电阻值大于 1MΩ 或更大。
B5-4（MSNG）与车身搭铁及除 B5-1（MSN）外的其他端子之间的电阻值大于 1MΩ 或更大。
B5-5（MCSG）与车身搭铁及除 B5-2（MCS）外的其他端子之间的电阻值大于 1MΩ 或更大。
B5-6（MRFG）与车身搭铁及除 B5-3（MRF）外的其他端子之间的电阻值大于 1MΩ 或更大。

（3）电机控制器总成故障

1）故障症状。电机控制器总成相关联的控制系统比较多，根据不同的故障，车辆会有不同的故障现象，典型的现象如仪表会点亮主警告灯，蜂鸣器鸣叫，同时显示相关警告信息，部分相关故障发动机故障警告灯也会点亮；驱动电机输出功率降低或无法运转，车辆不能正常驱动甚至不能起动。

2）故障原因分析。对于丰田卡罗拉双擎混合动力汽车，采用与 MG ECU（电机转速、方向的控制单元）、逆变器、增压变换器和 DC-DC 变换器集成于一体的紧凑、轻量化的电机控制器总成。电机控制器总成如图 4-2-22 所示。

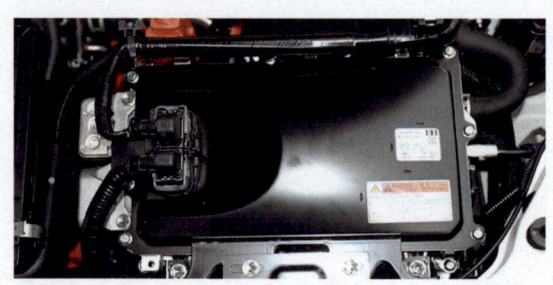

图 4-2-22　卡罗拉双擎混合动力汽车电机控制器总成

电机控制器总成故障的主要原因有：
① 电机控制器总成低压电源和搭铁不良。
② 电机控制器总成通信线路故障。
③ 电机控制器总成本身的故障。

3）故障诊断方法。

① 读取电机控制器总成故障码。使用诊断仪读取电机控制器总成相关故障码，其中电机控制器总成自身的故障，大部分的故障均会产生相关具体的故障码，同时故障指示可能的原因故障点均在电机控制器总成内部，因此根据相关故障码直接可以判断电机控制器总成故障并进行更换。

而对于少数故障码所指示的故障，部分故障点可能不在电机控制器自身，如供电、通信、电流异常、冷却系统等相关故障，对于此类故障，需通过故障码所指示的方向进行故障方向和大概范围的判断，根据相关维修手册故障码检修指引，确定相关的检测与维修步骤。

② 电机控制器总成电源与搭铁线路检测。其电源与搭铁诊断参考电路图如图 4-2-23 所示。

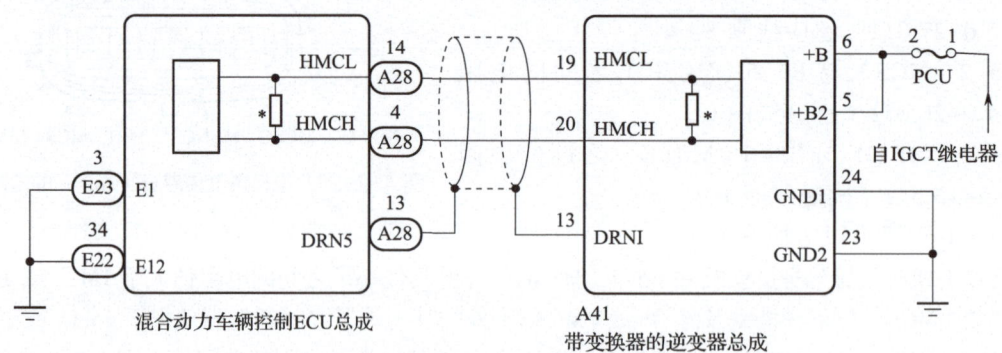

图 4-2-23　电机控制器总成电源与搭铁诊断参考电路图

a. 执行高压安全断电操作。按照标准流程进行高压中止与检验操作（断开辅助蓄电池负极桩头、断开手动维修开关、验电等）。

b. 断开电机控制器低压插接器 A41，如图 4-2-24 所示。

c. 参考图 4-2-25，测量电机控制器搭铁线路 GND1 和 GND2 是否正常，如果电阻值异常，则检修相关线束。

正常电阻值：

A41-24（GND1）与车身搭铁之间的电阻值小于 1Ω。

A41-23（GND2）与车身搭铁之间的电阻值小于 1Ω。

d. 连接辅助蓄电池负极，点火开关置于 ON 状态。

图 4-2-24　断开电机控制器低压插接器 A41

e. 参考图 4-2-26，分别测量电机控制器低压供电线路 +B 和 +B2 与车身搭铁之间的电压是否正常（与辅助蓄电池电压一致，12V 左右），如果异常，检修相关熔丝和线束。

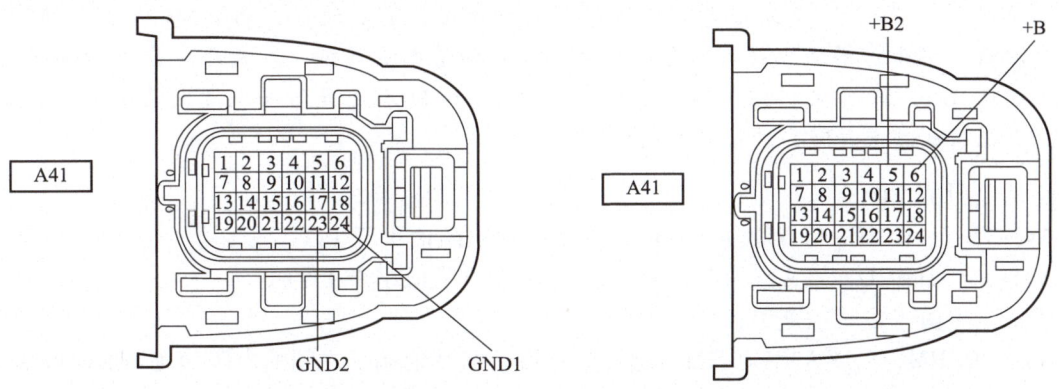

图 4-2-25　电机控制器搭铁线路检测　　　图 4-2-26　电机控制器供电线路检测

f. 以上测试均正常，判断电机控制器总成电源和搭铁正常。

③ 电机控制器总成通信线路检测。电机控制器总成通信线路诊断参考电路图如图 4-2-27 所示。

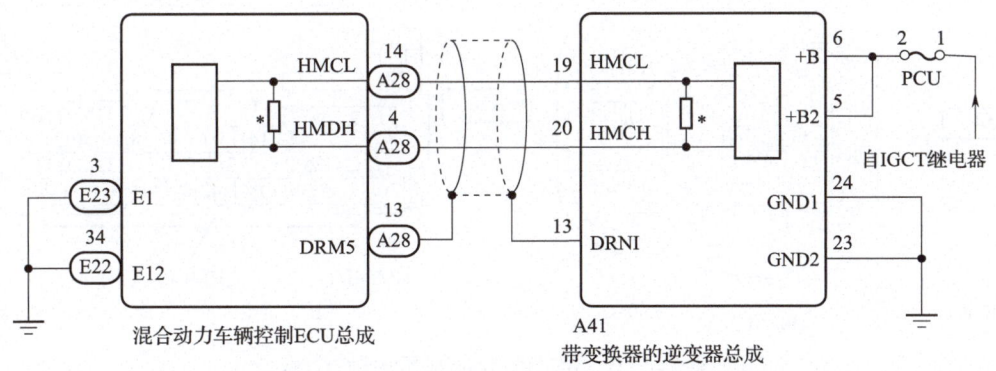

图 4-2-27　电机控制器总成通信线路诊断参考电路图

a. 执行高压安全断电操作。按照标准流程进行高压中止与检验操作（断开辅助蓄电池负极桩头、断开手动维修开关、验电等）。

b. 断开电机控制器低压插接器 A41。

c. 断开混合动力车辆控制 ECU 插接器 A28，如图 4-2-28 所示。

图 4-2-28　断开混合动力车辆控制 ECU 插接器 A28

d. 参考图 4-2-29，首先在断电的情况下测量电机控制器通信线路 HMCH 和 HMCL 是否存在断路、对车身搭铁短路的问题；然后连接辅助蓄电池负极，点火开关置于 ON 状态，在通电的情况下，测量电机控制器通信线路 HMCH 和 HMCL 是否与电源或其他带电压线路短路；如果检测结果异常，则检修相关线束。

正常电阻值（断路检查）：
A41-20（HMCH）与 A28-4（HMCH）之间的电阻值小于 1Ω。
A41-19（HMCL）与 A28-14（HMCL）之间的电阻值小于 1Ω。

正常电阻值（短路检查）：
A41-20(HMCH)或 A28-4(HMCH)与车身搭铁及其他端子之间的电阻值为 10kΩ 或更大。
A41-19(HMCL)或 A28-14(HMCL)与车身搭铁及其他端子之间的电阻值为 10kΩ 或更大。

正常电压值：
A41-20（HMCH）或 A28-4（HMCH）与车身搭铁及其他端子之间的电压值低于 1V。
A41-19（HMCL）或 A28-14（HMCL）与车身搭铁及其他端子之间的电压值低于 1V。

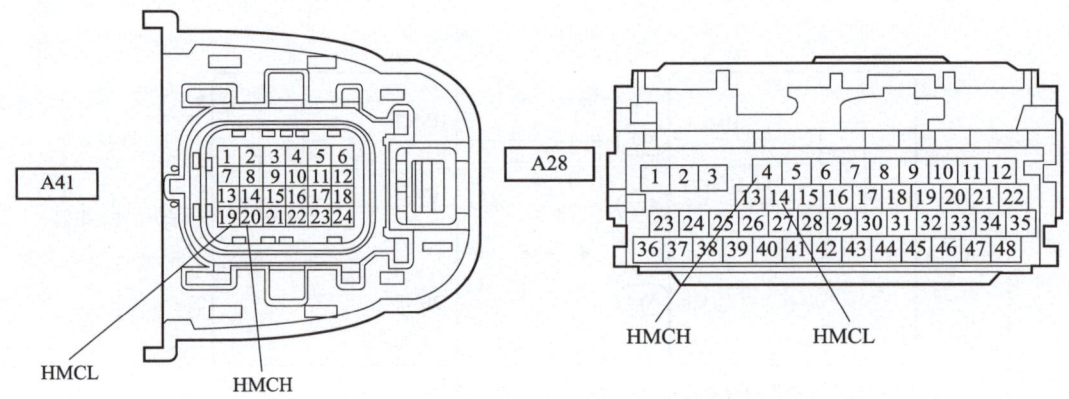

图 4-2-29　电机控制器总成通信线路检测

e. 参考图 4-2-30，点火开关置于 OFF 状态，断开混合动力车辆控制 ECU 插接器 A28，测量电机控制器 A28 插接器上通信线路 HMCH 与 HMCL 间的电阻（电机控制器总成内的终端电阻）是否正常，如果异常，则判断电机控制器总成内部故障。

正常电阻值：

A28-4（HMCH）与 A28-14（HMCL）之间的电阻值为 80~170Ω。

f. 参考图 4-2-31，测量混合动力车辆控制 ECU 上电机控制器通信线路 HMCH 与 HMCL 间的电阻（混合动力车辆控制 ECU 内的终端电阻）是否正常，如果异常，则判断混合动力车辆控制 ECU 内部故障。

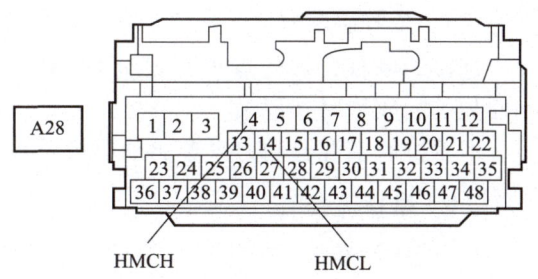

图 4-2-30　电机控制器通信线路终端电阻测量（电机控制器总成内）

正常电阻值：

A28-4（HMCH）与 A28-14（HMCL）之间的电阻值为 80~170Ω。

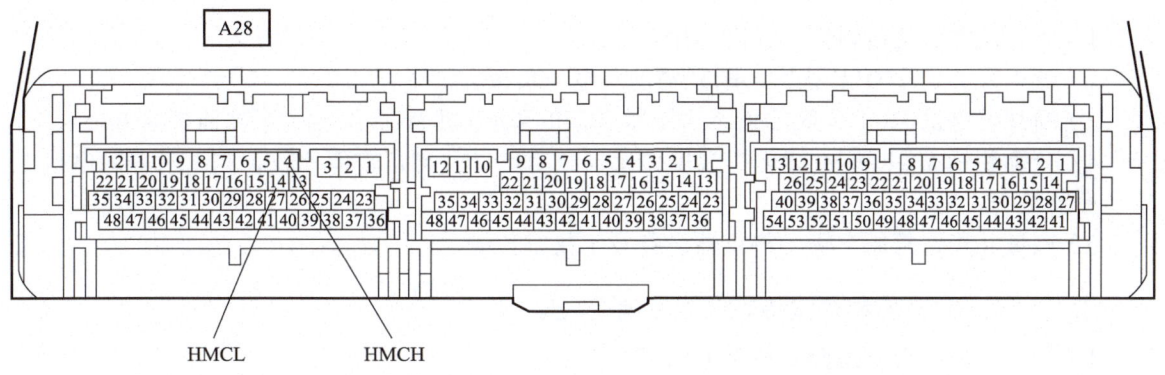

图 4-2-31　电机控制器通信线路终端电阻测量（混合动力车辆控制 ECU 内）

二　基本技能

> **警告**：在没有断开高压线路之前，请勿用手直接触碰前机舱内的高压部件，如果不可避免，则请借助高压绝缘棒，或者用绝缘物质代替。

> **警告**：
禁止未参加该车型高压系统知识培训的维修人员拆卸高压系统。
当拆解或装配高压部件时，必须先执行标准高压中止与检验步骤。
在进行高压相关操作前，维修人员必须穿戴好劳保用品，戴好绝缘手套，穿好高压绝缘鞋。
在戴绝缘手套前，必须要检查绝缘手套是否有破损的地方，确保手套无绝缘失效。
在安装和拆卸过程中，应防止制动液、洗涤液等液体进入或飞溅到高压部件上。

> **提示**：指导教师可以提前设置故障。

> **提示**：参照"基本知识"所学习的内容，以丰田卡罗拉双擎混合动力汽车为例，完成以下操作。

1. 混合动力汽车驱动电机及控制器的故障码和数据流读取

对于卡罗拉双擎混合动力汽车，电机控制器总成具备故障诊断功能，可使用诊断仪诊断电机控制器（诊断菜单名称：Motor Generator）读取到关于驱动电机及控制器的故障码和数据流。

（1）故障码读取

连接诊断仪，操作点火开关至 ON 状态，读取电机控制器故障码，观察与驱动电机及控制器相关的故障码并记录。

卡罗拉双擎混合动力汽车驱动电机及控制器相关的故障码，见诊断仪显示或维修手册。

（2）数据流读取

1）连接诊断仪，操作点火开关至 ON 状态，读取驱动电机及控制器数据流，观察与驱动电机及控制器相关的数据流并记录。

2）操作点火开关使车辆进入 READY 状态，观察驱动电机及控制器相关的数据流的变化，并记录。

2. 混合动力汽车电机温度传感器电阻测量

1）将万用表旋至电阻档，校准万用表。

2）点火开关置于 OFF 状态，断开辅助蓄电池负极。

3）断开发电机 MG1 温度传感器插接器 B2 和驱动电机 MG2 温度传感器插接器 B4。

4）分别测量 MG1 和 MG2 电机温度传感器电阻值，并与正常值比较，判断对应的电机温度传感器是否正常。

5）测量完毕，复原车辆，将仪器设备及工具归位。

3. 混合动力汽车电机角度传感器线圈电阻测量

1）将万用表旋至电阻档，校准万用表。

2）点火开关置于 OFF 状态，断开辅助蓄电池负极。

3）断开电机控制器插接器 B27。

4）通过电机控制器插接器 B27 测量电机角度传感器 MG1 励磁线圈、MG1 感应线圈 S、MG1 感应线圈 C，以及 MG2 励磁线圈、MG2 感应线圈 S、MG2 感应线圈 C 的电阻值，并与正常值进行比较，判断对应的电机角度传感器是否正常。

5）测量完毕，复原车辆，将仪器设备及工具归位。

任务三　混合动力汽车整车动力控制系统故障诊断与排除

 情境导入

情境描述

一辆丰田混合动力汽车无法起动，仪表的主故障警告灯点亮，并显示"混合动力系统故障，请换到 P 位，请参见用户手册"。你的主管要求你进行故障诊断并排除，你能完成这个任务吗？

情境提示

混合动力汽车整车动力控制系统发生故障，原因很复杂，有传统内燃机的原因，也有高压系统的原因。检修时，应该首先采用故障诊断仪器进行故障码读取和数据流分析，确认是传统内燃机故障还是高压系统的故障。

学习目标

知识目标
1）能描述混合动力汽车整车动力控制系统的故障症状和原因。
2）能描述混合动力汽车整车动力控制系统故障诊断与排除方法。

技能目标
1）能进行混合动力汽车整车动力控制系统的故障码和数据流读取。
2）能进行混合动力系统发动机、MG1 发电机和 MG2 驱动电机转速检查。
3）能进行混合动力系统主要部件绝缘电阻检测。

知识学习

一 基本知识

1. 混合动力汽车整车动力控制系统的故障症状和原因

（1）混合动力汽车整车动力控制系统的故障症状

混合动力汽车整车动力控制系统发生故障会有以下症状。

1）仪表显示相关警告指示。混合动力汽车整车动力控制系统故障会导致仪表主警告灯点亮，蜂鸣器鸣响，并根据相关故障等级和类型在仪表显示屏上显示相关警告信息，部分故障发动机故障警告灯也会点亮。图 4-3-1 所示为丰田卡罗拉双擎混合动力汽车整车动力控制系统故障仪表指示。

图 4-3-1　丰田卡罗拉双擎混合动力汽车整车动力控制系统故障仪表指示

2）车辆不能起动或功率降低。未起动车辆前，会导致车辆不能正常起动，车辆无法上电进入 READY 状态；高速运行的车辆会导致车辆降低运行功率，部分严重的故障甚至会导致混合动力系统停止，车辆无法行驶。

（2）混合动力汽车整车动力控制系统的故障原因

混合动力汽车整车动力控制系统常见的故障原因如下。

1）混合动力车辆控制 ECU 不工作，或相关传感器及线路故障。
2）HV 蓄电池继电器盒中 SMR 继电器故障。
3）混合动力系统高压绝缘故障。

4）混合动力系统高压互锁故障。

2. 混合动力汽车整车动力控制系统故障诊断与排除方法

混合动力汽车整车动力控制系统故障涉及多方面的，下面以丰田卡罗拉双擎混合动力汽车常见的故障为例，介绍混合动力汽车整车动力控制系统故障诊断与排除的方法。

（1）混合动力车辆控制 ECU 供电异常导致的故障诊断与排除

1）故障症状。混合动力车辆控制 ECU 供电异常，会导致 ECU 不工作，无法通信，仪表主警告灯和发动机故障警告灯点亮，显示混合动力系统故障，蜂鸣器鸣响，且车辆不能正常起动。

2）诊断关键步骤及参数。

① 常电电源（BATT）检查。图 4-3-2 所示为卡罗拉双擎车型混合动力车辆控制 ECU 常电电源（BATT）电路图，图 4-3-3 所示为其常电电源（BATT）检查端子图。用万用表测量常电电源（BATT）对搭铁端子 E1 间的电压是否正常，如异常，则检修搭铁、相关熔丝及线路线束。

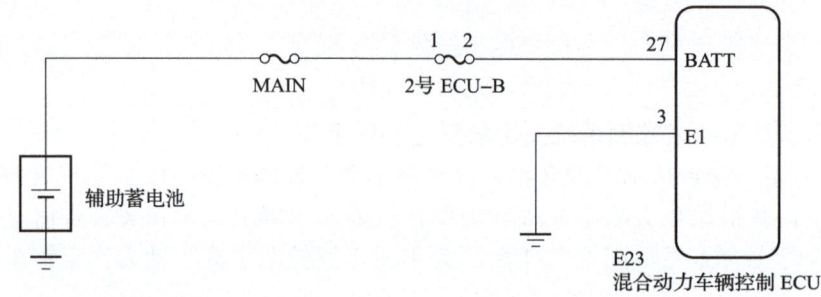

图 4-3-2　卡罗拉双擎车型混合动力车辆控制 ECU 常电电源（BATT）电路图

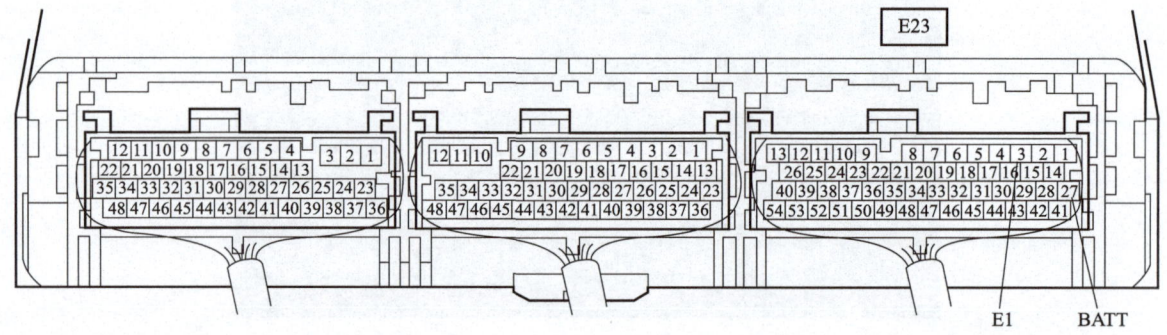

图 4-3-3　卡罗拉双擎车型混合动力车辆控制 ECU 常电电源（BATT）检查端子图

正常电压值：

E23-27（BATT）与 E23-3（E1）之间的电压为 11~14V（辅助蓄电池电压）。

▶ **提示：**

电源（BATT）作为系统备用电源，用于保证即使电源状态为 OFF 时，也可存储 DTC 和定格数据。如果仅是电源（BATT）异常，出现对搭铁短路或断路故障，系统会记录相关故障码。

电源（BATT）相关故障码为：P056014——系统电压（BATT）电路对搭铁短路或断路。

② 主电源（+B1、+B2）检查。图 4-3-4 所示为卡罗拉双擎车型混合动力车辆控制 ECU 主电源电路图，图 4-3-5 所示为主电源（+B1、+B2）检查端子图。使用点火开关把电源置于 ON

状态，分别测量主电源 +B1、+B2 对车身搭铁之间的电压是否正常，如异常，则检修 IGCT 继电器、PM-IGCT 熔丝及相关线路线束。IGCT 继电器及相关熔丝位置说明如图 4-3-6 所示。

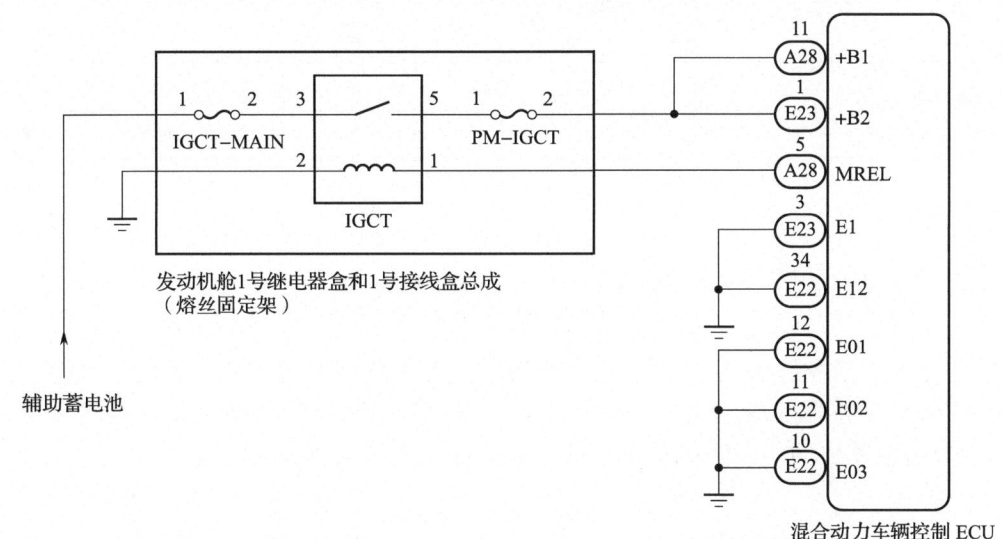

图 4-3-4　卡罗拉双擎车型混合动力车辆控制 ECU 主电源电路图

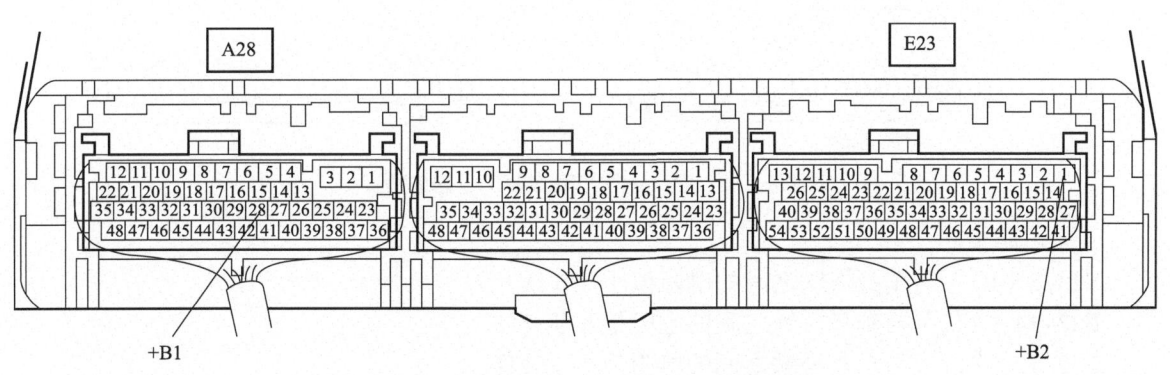

图 4-3-5　主电源（+B1、+B2）检查端子图

正常电压值：

A28-11（+B1）与车身搭铁之间的电压为 11~14V（辅助蓄电池电压）。

E23-1（+B2）与车身搭铁之间的电压为 11~14V（辅助蓄电池电压）。

③ 混合动力车辆控制 ECU 继电器 IGCT 控制线路（MREL）检查。使用点火开关把电源置于 ON 状态，参考图 4-3-7，测量 IGCT 继电器控制线路 MREL 对车身搭铁之间的电压是否正常，如异常，则进一步检修相关线路线束；如果线路正常，则判断混合动力车辆控制 ECU 故障。

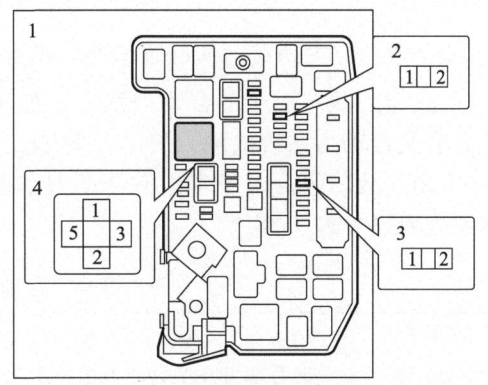

图 4-3-6　IGCT 继电器及相关熔丝位置说明

1—发动机舱 1 号继电器盒和 1 号接线盒总成
2—IGCT-MAIN 熔丝　3—PM-IGCT 熔丝　4—IGCT 继电器

正常电压值：

A28-5（MREL）与车身搭铁之间的电压为 11~14V（辅助蓄电池电压）。

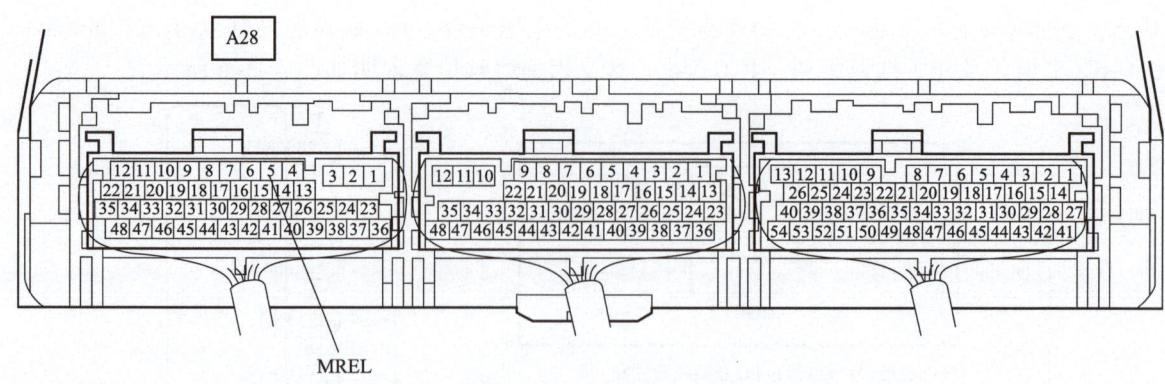

图 4-3-7　IGCT 继电器控制线路（MREL）检查

④ 混合动力车辆控制 ECU 搭铁检查。使用点火开关把电源置于 OFF 状态，断开混合动力车辆控制 ECU 插接器 E22 和 E23，参考图 4-3-8，分别测量混合动力车辆控制 ECU 各个搭铁端子与车身搭铁之间的电阻值是否正常，如异常，则检修相关线路线束。

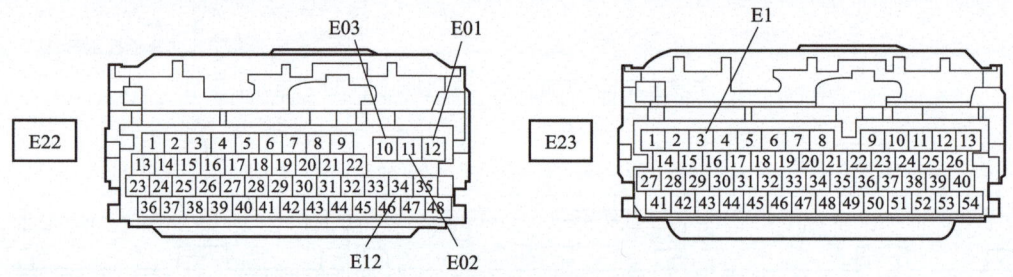

图 4-3-8　混合动力车辆控制 ECU 搭铁检查

正常电阻值：

E23-3（E1）与车身搭铁之间的电阻值小于 1Ω。

E22-34（E12）与车身搭铁之间的电阻值小于 1Ω。

E22-12（E01）与车身搭铁之间的电阻值小于 1Ω。

E22-11（E02）与车身搭铁之间的电阻值小于 1Ω。

E22-10（E03）与车身搭铁之间的电阻值小于 1Ω。

（2）混合动力系统绝缘故障诊断与排除

1）故障症状。对于混合动力汽车，如果发生混合动力系统绝缘故障，则仪表主警告灯点亮，显示混合动力系统故障，蜂鸣器鸣响，且车辆不能进入 READY 状态，无法正常起动。

2）相关故障码。对于丰田混合动力车型，如果发生混合动力系统绝缘故障，则系统会记录相关故障码（表 4-3-1）。

表 4-3-1　混合动力绝缘故障相关故障码

故障码	故障描述
P0AA649	混合动力/HV 蓄电池电压系统绝缘内部电子故障
P1C7C49	混合动力/HV 蓄电池电压系统绝缘（空调系统部位）内部电子故障
P1C7D49	混合动力/HV 蓄电池电压系统绝缘（混合动力/HV 蓄电池部位）内部电子故障
P1C7E49	混合动力/HV 蓄电池电压系统绝缘（传动桥部位）内部电子故障
P1C7F49	混合动力/HV 蓄电池电压系统绝缘（直流部位）内部电子故障

混合动力系统通过 HV 蓄电池 ECU 检测高压回路与车身搭铁之间的绝缘电阻值是否符合标准来判断是否发生绝缘故障。只要在检测过程中绝缘电阻过低，就会记录故障码 P0AA649，提示混合动力系统发生绝缘故障（无具体区域指向性）。系统通过高压回路的不同状态下 [SMR 继电器闭合前后、电机控制器（即带变换器的逆变器总成）控制发电机 MG1 或驱动电机 MG2 前后、电动压缩机工作前后]的绝缘电阻对比，可以准确判断发生绝缘故障的区域，并记录相应的具有具体区域指向性的故障码（P1C7C49、P1C7D49、P1C7E49、P1C7F49）。卡罗拉双擎混合动力系统高压回路电路图如图 4-3-9 所示。

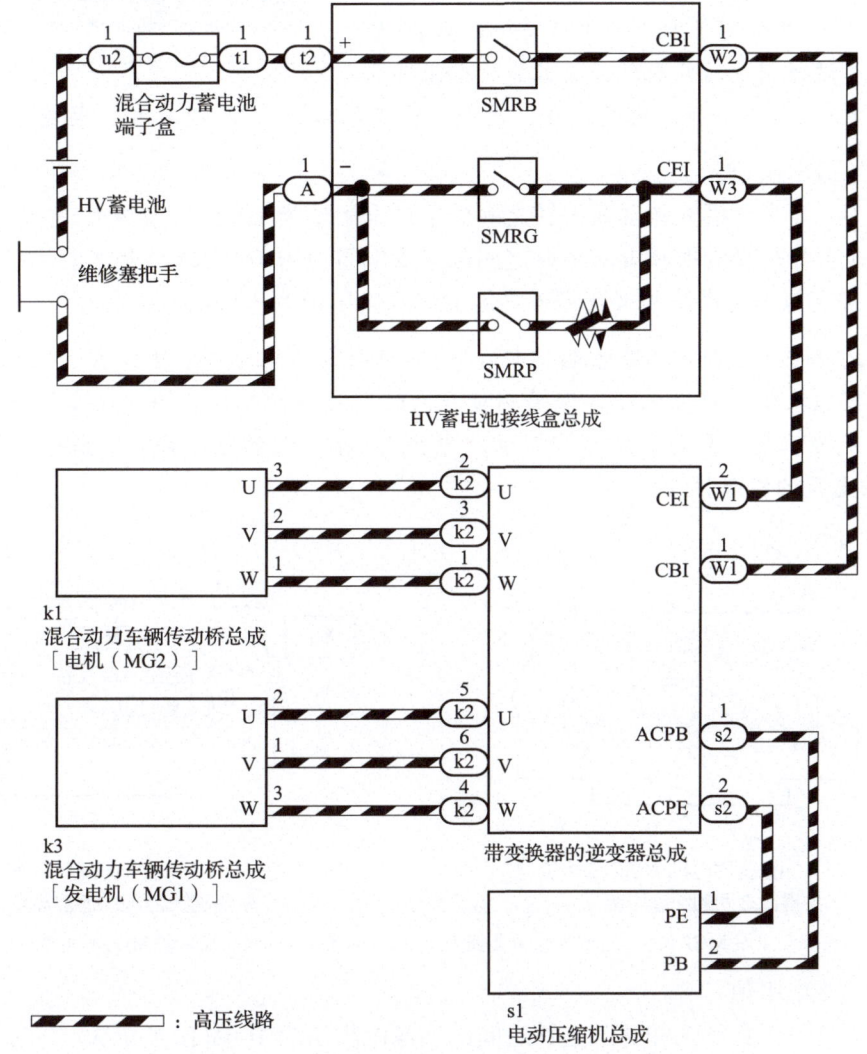

图 4-3-9　卡罗拉双擎混合动力系统高压回路电路图

3）相关部件绝缘状态检测。

▶ **警告：**

进行高压部件绝缘状态检测，必须严格遵守正确的操作步骤。

拆解或装配高压部件时，必须先执行标准高压中止与检验步骤。

在进行高压相关操作前，维修人员必须穿戴好劳保用品，戴好绝缘手套，穿好高压绝缘鞋。在戴绝缘手套前，必须要检查绝缘手套是否有破损的地方，确保手套无绝缘失效。

在安装和拆卸过程中，应防止制动液、洗涤液等液体进入或飞溅到高压部件上。

① 驱动电机 MG2 及相关电缆绝缘状态检测。

a. 检查并确认手动维修开关未安装。

b. 断开电机控制器上的电机电缆（图 4-3-10）。

c. 连接辅助蓄电池负极，电源状态置于 ON 状态，档位挂入 N 位，举升车辆。

d. 参考图 4-3-11，使用绝缘测试仪（500V 档位），测量 K2 插接器上驱动电机 MG2 各相位与车身搭铁之间的绝缘电阻，保持测量状态的同时转动车辆 2 圈，观察整个测量过程测量的电阻值是否正常，如果异常，则断开驱动电机 MG2 一侧的电缆连接，进一步检查驱动电机 MG2 或相关电缆的绝缘性能。

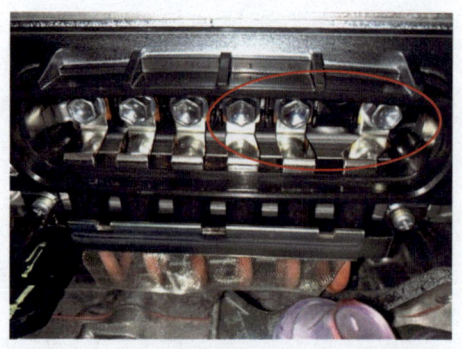

图 4-3-10　断开电机控制器上的电机电缆

正常的绝缘电阻值：

K2-2（U）与车身搭铁和屏蔽搭铁之间的绝缘电阻值为 100MΩ 或更大。

K2-3（V）与车身搭铁和屏蔽搭铁之间的绝缘电阻值为 100MΩ 或更大。

K2-1（W）与车身搭铁和屏蔽搭铁之间的绝缘电阻值为 100MΩ 或更大。

e. 参考图 4-3-12，使用绝缘测试仪（500V 档位），测量 K2 插接器上发电机 MG1 各相位与车身搭铁之间的绝缘电阻，保持测量状态的同时转动车辆 2 圈，观察整个测量过程测量的电阻值是否正常，如果异常，则断开发电机 MG1 一侧的电缆连接，进一步检查发电机 MG1 或相关电缆的绝缘性能。

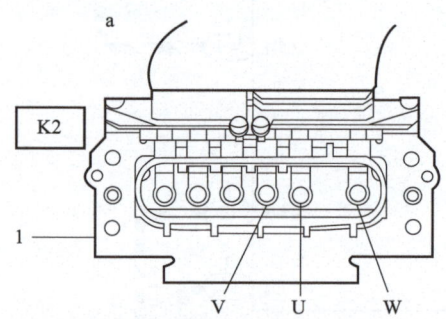 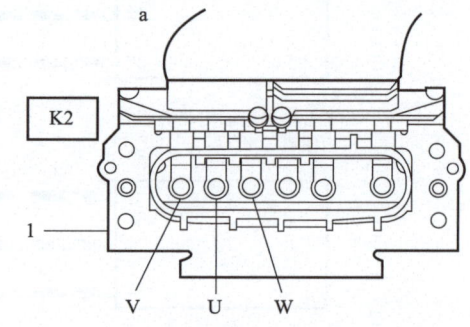

图 4-3-11　测量驱动电机 MG2 各相位与车身搭铁之间的绝缘电阻　　图 4-3-12　测量发电机 MG1 各相位与车身搭铁之间的绝缘电阻

1—屏蔽搭铁　a—驱动电机 MG2 的电缆（电机控制器侧）　　1—屏蔽搭铁　a—发电机 MG1 的电缆（电机控制器侧）

正常的绝缘电阻值：

K2-5（U）与车身搭铁和屏蔽搭铁之间的绝缘电阻值为 100MΩ 或更大。

K2-6（V）与车身搭铁和屏蔽搭铁之间的绝缘电阻值为 100MΩ 或更大。

K2-4（W）与车身搭铁和屏蔽搭铁之间的绝缘电阻值为 100MΩ 或更大。

② 电机控制器绝缘状态检测。

a. 检查并确认手动维修开关未安装。

b. 从电机控制器上断开电机电缆。

c. 从电机控制器上断开空调线束插接器 S2（图 4-3-13）。

d. 从电机控制器上断开 HV 地板底部线束插接器 W1（图 4-3-14）。

图 4-3-13 断开空调线束插接器 S2

图 4-3-14 断开 HV 地板底部线束插接器 W1

e. 参考图 4-3-15，使用绝缘测试仪（500V 档位），测量没有连接高压线束的电机控制器高压接口端子与车身搭铁之间的绝缘电阻，如果异常，则判断电机控制器绝缘故障。

正常的绝缘电阻值：
W1-1（CBI）与车身搭铁之间的绝缘电阻值为 1MΩ 或更大。

③ HV 蓄电池（动力电池）绝缘状态检测。

a. 检查并确认手动维修开关未安装。

b. 拆卸后排座椅总成、行李舱前装饰板、3 号 HV 蓄电池屏蔽板。

c. 断开 HV 蓄电池熔丝盒上高压插接器 u2（图 4-3-16）。

d. 断开 HV 蓄电池 ECU 插接器 Y1（图 4-3-17）。

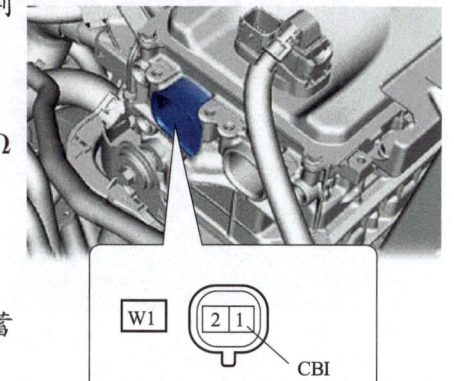
图 4-3-15 测量电机控制器的绝缘电阻

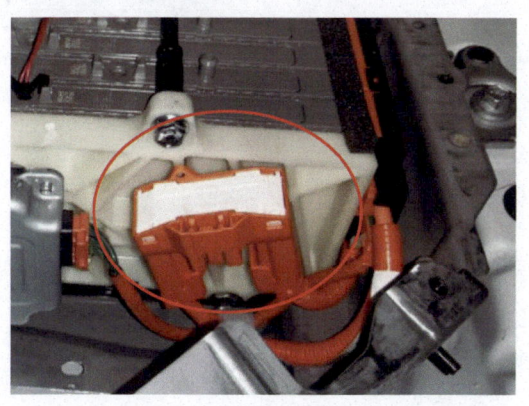
图 4-3-16 断开 HV 蓄电池熔丝盒上高压插接器 u2

图 4-3-17 断开 HV 蓄电池 ECU 插接器 Y1

e. 参考图 4-3-18，使用绝缘测试仪（500V 档位），分别测量维修开关接口处高压端子 1 与车身搭铁端子 2 之间的绝缘电阻，如果异常，则判断 HV 蓄电池绝缘故障。

正常的绝缘电阻值：
端子 1 与车身搭铁之间的绝缘电阻值 10MΩ 或更大。

④ HV 蓄电池继电器接线盒总成和 HV 地板底部线束绝缘状态检测。

a. 检查并确认手动维修开关未安装。

b. 从电机控制器上断开 HV 线束插接器 W1（图 4-3-19）。

c. 参考图 4-3-20，使用绝缘测试仪（500V 档位），分别测量 HV 地板底部线束插接器 W1 端子 1（CBI）、端子 2（CEI）与车身搭铁之间的绝缘电阻，如果绝缘电阻正常，则判断 HV 蓄电池继电器接线盒总成高压输出部分线路及 HV 地板底部线束绝缘状态正常；如果绝缘电阻异常，则判断 HV 蓄电池继电器接线盒总成（连接高压输出侧线路）或 HV 地板底部线束绝缘故障，需进一步检测 HV 蓄电池继电器接线盒总成或 HV 地板底部线束。

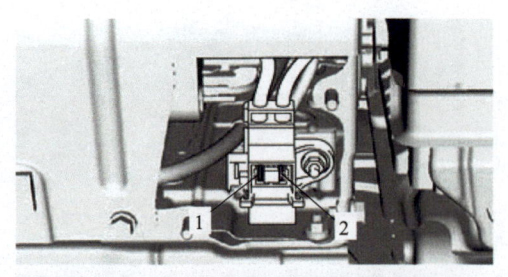

图 4-3-18　测量 HV 蓄电池绝缘电阻

1—高压端子　2—车身搭铁端子

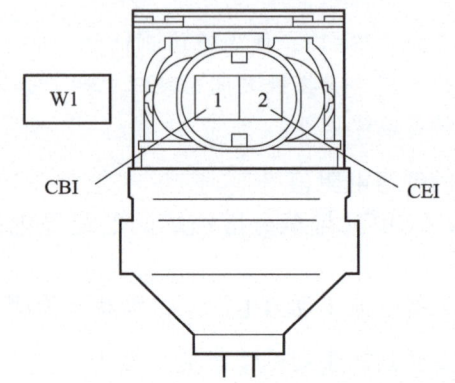

图 4-3-19　断开 HV 线束插接器 W1　　图 4-3-20　测量继电器接线盒线路绝缘电阻测量

正常的绝缘电阻值：

W1-1（CBI）与车身搭铁和屏蔽搭铁之间的绝缘电阻值为 10MΩ 或更大。

W1-2（CEI）与车身搭铁和屏蔽搭铁之间的绝缘电阻值为 10MΩ 或更大。

d. 参考图 4-3-21，拆卸 HV 蓄电池右侧盖分总成。

e. 从 HV 蓄电池接线盒总成上断开 HV 地板底部线束插接器 W2 和 W3（图 4-3-22）。

f. 参考图 4-3-23，确保 HV 地板底部线束无连接高压部件的状态下，使用绝缘测试仪（500V 档位），分别测量 HV 地板底部线束插接器上高压端子（CBI 和 CEI）与车身搭铁（线束上屏蔽搭铁）间的绝缘电阻，如果异常，则判断 HV 地板底部线束绝缘故障。

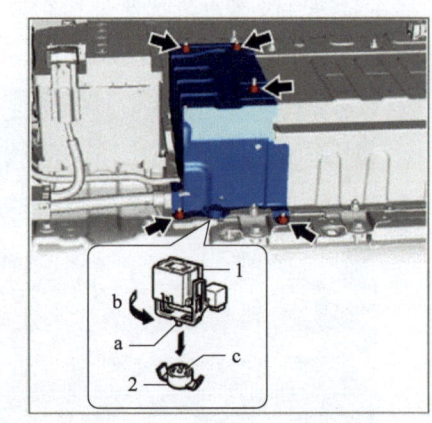

图 4-3-21　HV 蓄电池右侧盖分总成拆卸

1—手动维修开关　2—HV 蓄电池盖锁扣

a—突出部分　b—转动　c—按钮

正常的绝缘电阻值：

W2-1（CBI）与车身搭铁之间的绝缘电阻值为 10MΩ 或更大。

W3-1（CEI）与车身搭铁之间的绝缘电阻值为 10MΩ 或更大。

g. 从 HV 蓄电池接线盒总成上断开高压电缆插接器 A 和 t2（图 4-3-24）。

h. 参考图 4-3-25，使用绝缘测试仪（500V 档位），分别测量 HV 蓄电池继电器接线盒总成上端子 A、端子 t2 与车身搭铁之间的绝缘电阻，如果异常，则判断 HV 蓄电池继电器接线盒总成（连接 HV 蓄电池侧线路）绝缘故障。

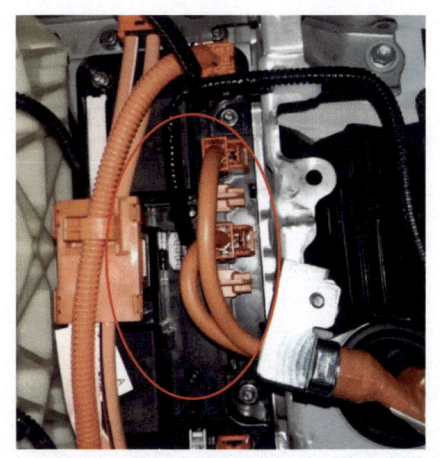

图4-3-22 断开HV地板底部线束插接器W2和W3

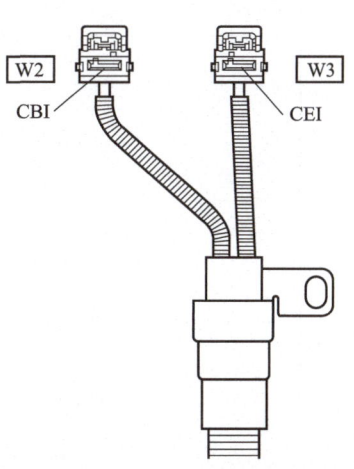

图4-3-23 HV地板底部线束绝缘电阻测量

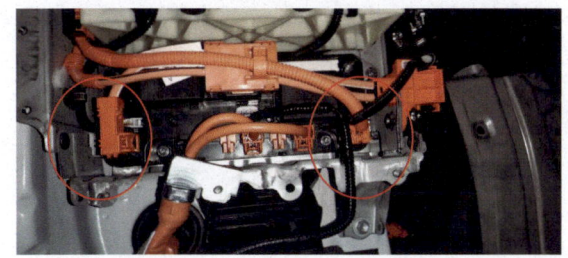

图4-3-24 断开HV动力电池高压电缆
插接器A（左）和t2（右）

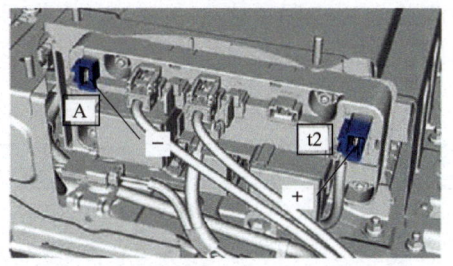

图4-3-25 HV蓄电池继电器接线盒总成
（连接HV蓄电池侧线路）绝缘电阻的测量

正常的绝缘电阻值：

t2-1（+）与车身搭铁之间的绝缘电阻值为10MΩ或更大。

A-1（-）与车身搭铁之间的绝缘电阻值为10MΩ或更大。

（3）混合动力系统高压互锁故障诊断与排除

1）故障症状。对于混合动力汽车，如果发生高压互锁故障，仪表主警告灯点亮，显示混合动力系统故障，蜂鸣器鸣响，且车辆不能进入READY状态，无法正常起动。

▶ **注意**：如果车辆是在行驶状态，则只会通过仪表报警，车辆不会马上切断高压继电器，但车辆停止运行退出READY状态后，将不能再进入READY状态。

2）高压互锁电路。以丰田卡罗拉双擎混合动力车型为例，车辆具有两套独立的高压互锁监控电路装置，分别是高压系统互锁和PCU（动力控制总成）互锁，高压系统互锁电路图如图4-3-26所示，PCU互锁电路图如图4-3-27所示。

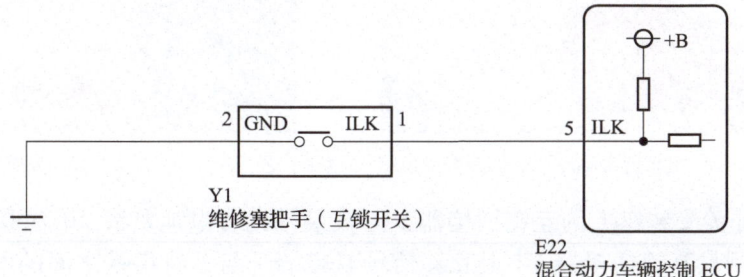

图4-3-26 高压系统互锁电路图

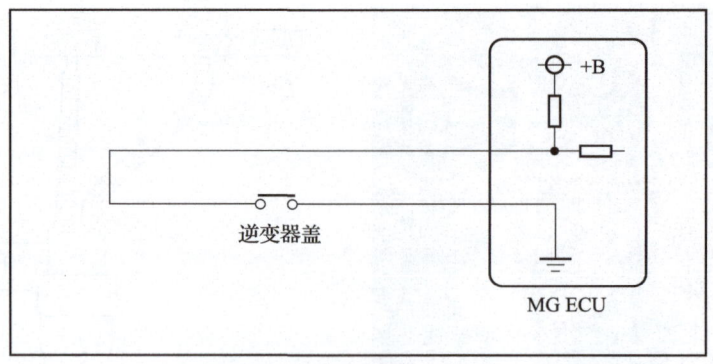

图 4-3-27　PCU 互锁电路图

3）相关故障码。如果任意一套高压互锁监控装置发生混合动力系统互锁故障，系统都会记录相关的故障码（表 4-3-2），根据具体互锁故障码的指示，先确定是哪一套互锁系统出现问题，再针对具体的互锁系统进行下一步诊断检测。

表 4-3-2　混合动力车型高压互锁故障相关的故障码

故障码	故障描述
P0A0A13	高压系统互锁电路断路
P0A0A92	高压系统互锁性能或错误操作
P1CE213	PCU 互锁装置断路
P1CE292	PCU 互锁装置性能或操作不当

4）高压系统互锁电路检测。

① 操作点火开关使电源模式切换至 OFF 状态，断开低压辅助蓄电池。

② 佩戴绝缘手套，检查手动维修开关是否松动或有没有安装到位。

③ 等待 5min 后断开维修开关，检查互锁插接器是否正常，确保端子无松动退针等现象。维修把手高压互锁插接器的位置如图 4-3-28 所示。

④ 检查维修开关上的互锁插接器端子（短接片，图 4-3-29）是否正常，无变形破损。

　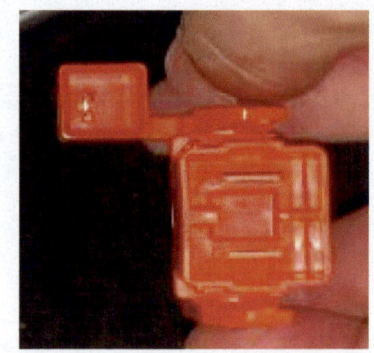

图 4-3-28　维修把手高压互锁插接器的位置　　图 4-3-29　维修开关上互锁插接器的检查

⑤ 断开维修开关安装座上的互锁插接器 Y1，安装辅助蓄电池负极，电源状态置于 ON 位。参考图 4-3-30，测量互锁插接器 Y1 上互锁信号 ILK 端子与车身搭铁之间的电压是否正常，如果异常，则检查混合动力车辆控制 ECU 至维修开关互锁连接器 Y1 相关线路线束。

正常电压值：

Y1-1（ILK）与车身搭铁之间的电压为 11~14V（辅助蓄电池电压）。

⑥ 电源状态置于 OFF 位，断开辅助蓄电池负极，参考图 4-3-31，测量互锁连接器 y1 GND 端子与车身搭铁之间的电阻是否正常，如果异常，则检查相关的线路线束。

正常电阻值：

Y1-2（GND）与车身搭铁之间的电阻值小于 1Ω。

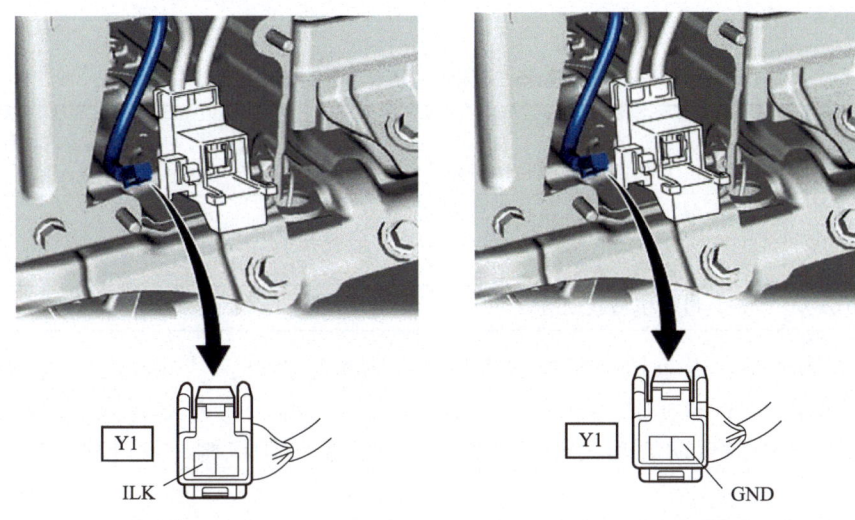

图 4-3-30　互锁插接器 y1 电压测量　　图 4-3-31　互锁插接器 y1 电阻测量

5）PCU 互锁装置检查。对于 PCU 互锁监控电路，监控的模块 MG ECU 及相关线路均内置于电机控制器总成内，因此如果出现 PCU 互锁故障，检查电机控制器到电机高压插接器处的控制器端盖互锁装置是否正常，如果无异常，则即可判断电机控制器总成故障，电机控制器总成只能作为单独部件整体更换。具体检查流程如下。

a. 操作点火开关使电源模式切换至 OFF 状态，断开低压辅助蓄电池。

b. 从电机控制器总成上拆下控制器盖，如图 4-3-32 所示。

c. 检查电机控制器盖上的 PCU 互锁连接端子（短接片，图 4-3-33）是否正常，控制器盖是否存在变形破损而导致互锁连接异常的状况。如果异常，则更换控制器盖。

图 4-3-32　电机控制器盖拆卸

图 4-3-33　电机控制器盖互锁连接装置检查

（4）混合动力系统机械卡滞故障诊断与排除

1）故障症状。混合动力系统机械卡滞故障指的是发动机或混合动力车辆传动桥（变速驱动单元）机械运转发生异常的故障，比如发动机或混合动力车辆传动桥总成齿轮被异物卡住抱死，或各部件运转的转速比出现异常等。

如果发生混合动力系统机械卡滞故障，则混合动力车辆控制 ECU 就会检测到相应的故障码，并且起动相应的安全保护控制。具体的故障症状为仪表主警告灯点亮，显示混合动力系统故障，蜂鸣器鸣响，混合动力车辆控制 ECU 将进行失效保护控制，发动机无法正常起动，如果故障涉及混合动力车辆传动桥总成，则可能车辆即使使用 EV 模式也无法行驶。

2）相关故障码。对于丰田混合动力车型，如果发生混合动力系统机械卡滞故障，系统会记录相关故障码（表 4-3-3）。

表 4-3-3　混合动力系统机械卡滞故障相关故障码

故障码	故障描述
P1C7779	发动机无法起动机械联动故障
P1C8679	变速器（输入）机械联动故障
P1C8779	发电机机械联动故障
P1C8879	行星齿轮机械联动故障

3）故障原因分析。以丰田卡罗拉双擎混合动力车型为例，其混合动力系统机械传动结构原理和组成如图 4-3-34 和图 4-3-35 所示。发动机与混合动力车辆传动桥总成（变速驱动单元）连接，其中混合动力车辆传动桥总成包括行星齿轮机构、发电机 MG1 和驱动电机 MG2。

发动机从静止状态起动时，MG1 通电工作运转，驱动 MG1 太阳轮运转，动力分配行星齿轮机构齿圈由于与减速输出齿轮连接，受车轮行驶阻力而固定，所以动力分配行星齿轮机构行星架运转，与行星架相连的发动机运转起动，此时 MG2 也会通电工作，以防止由于行驶阻力不够而导致齿圈转动。

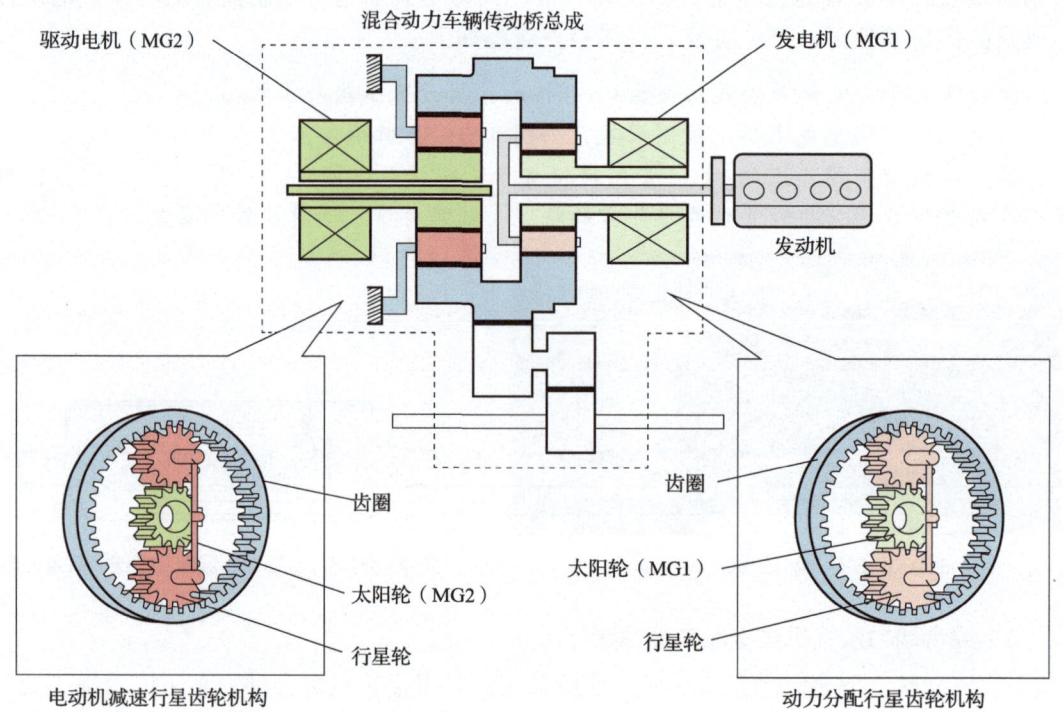

图 4-3-34　卡罗拉双擎混合动力系统机械传动结构原理

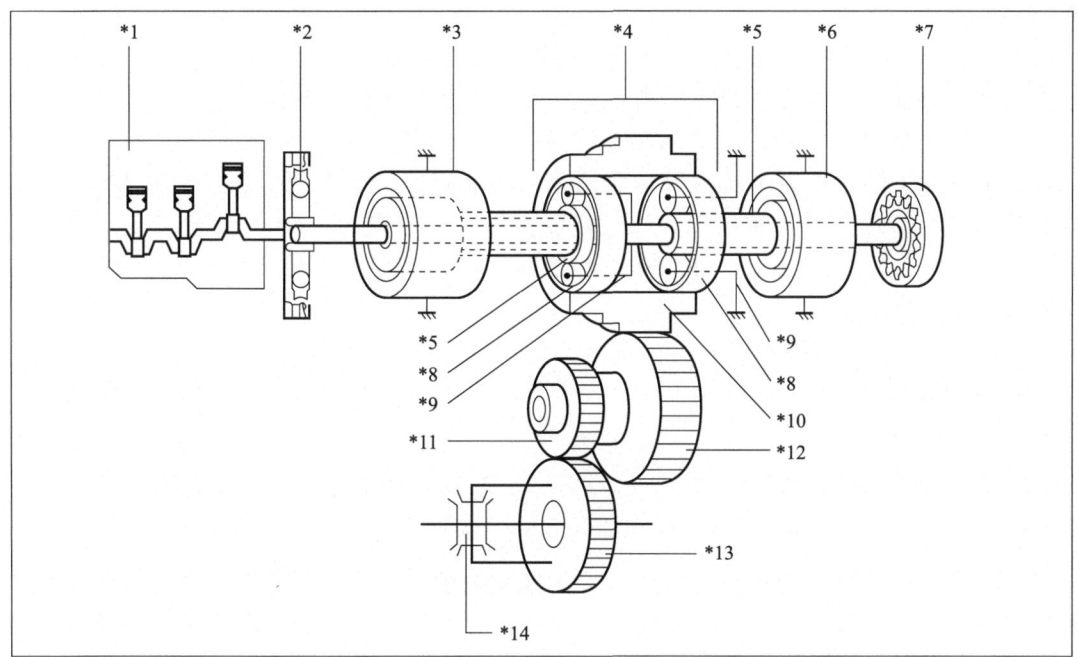

*1	发动机	*2	变速器输入减振器总成
*3	MG1	*4	复合齿轮装置
*5	太阳轮	*6	MG2
*7	油泵	*8	齿圈
*9	行星架	*10	中间轴主动齿轮（复合齿轮）
*11	减速主动齿轮	*12	中间轴从动齿轮
*13	减速从动齿轮	*14	差速器齿轮机构

图 4-3-35　卡罗拉双擎混合动力系统机械传动结构组成

纯电行驶模式（EV 模式）时，MG2 通电工作运转，驱动 MG2 太阳轮运转，由于 MG2 减速行星齿轮机构中的行星架与壳体连接固定，所以齿圈减速运转驱动减速器齿轮，直接驱动车辆行驶。此过程中由于发动机停机，齿圈运转，导致 MG1 会以相应的转速自由转动。

混合动力模式行驶时，发动机运转，MG2 通电工作运转，MG1 被发动机带动运转发电；发动机的动力与 MG2 动力输出的动力比例通过动力分配行星齿轮机构可以根据行驶需求实现任意比例的混合，此混合通过调节 MG1 和 MG2 的转速差配合发动机的转速实现；此过程中，MG1 发电可用于驱动 MG2 或给 HV 蓄电池（动力电池）充电，MG2 在车辆减速滑行时也可以作为能量回收的发电机发电给 HV 蓄电池充电。

纯电行驶过程中，在发动机起动时，MG2 通电工作运转驱动车辆行驶，同时 MG1 通电以抑制 MG1 的自由转动，使 MG1 有合适的转速运转，调节与齿圈的转速差，继而驱动发动机运转起动。

混合动力车辆控制 ECU 根据车辆需求控制协调发动机、MG1 和 MG2 的工作运转，实现车辆混合动力系统各种模式的工作。其中，发动机转速通过曲轴位置传感器监测，MG1 和 MG2 通过相应的电机角度传感器（电机旋变传感器）监测，相应部件的转速信号作为控制的核心参数被混合动力车辆控制 ECU 实时监测并有相应的故障诊断监控，因此如果发生机械卡滞故障，会导致目标转速与实践转速出现偏差，混合动力车辆控制 ECU 就会检测到相应的故障码。

通过以上原理的分析，发生混合动力系统机械卡滞故障的原因包括：

① 发动机故障，比如发动机卡滞或抱死、发动机故障无法正常运行。

② 混合动力传动桥故障，比如内部零件损坏卡滞或抱死、传动齿轮或花键打滑等。

如果车辆发生混合动力系统机械卡滞故障的故障现象，并不绝对是机械发生卡滞故障，还可能是相关的转速信号异常故障，比如曲轴位置传感器故障、MG1 或 MG2 电机角度传感器故障等，也可能是混合动力车辆控制 ECU 故障。因此，在诊断时需要区分是否是真正意义上的机械卡滞故障。

4）诊断关键步骤及参数。

① 读取故障码。

进入诊断仪的下列菜单：

- Powertrain/Hybrid Control/Trouble Codes，读取混合动力系统相关故障码。
- Powertrain/Engine and ETC/Trouble Codes，读取发动机 ECM 相关故障码。

如果读取到除了混合动力系统机械卡滞故障相关的故障码外还有其他可影响到机械卡滞判断的故障码（比如发动机、MG1 或 MG2 电机、电机角度传感器、电机控制器电流等相关故障码），先根据其他故障码所指示的故障点进行诊断检查。

如果仅读取到混合动力系统机械卡滞故障相关的故障码，进行下一步诊断检查，确定是发动机问题还是混合动力驱动桥问题。

② 检查曲轴带轮旋转情况（P 位）。

a. 按下 P 位开关，挂入 P 位，电源置于 OFF 状态，举升车辆。

b. 使用手动工具转动曲轴带轮，检查曲轴是否可以正常旋转（确定转矩正常）。如果正常，则判断发动机和混合动力传动桥中 MG1 无卡滞故障，如果异常，则可能是发动机或混合动力传动桥中 MG1 发生卡滞，需要进一步进行在 N 位时曲轴带轮旋转情况的检查，根据结果进行判断。

③ 检查曲轴带轮旋转情况（N 位）。

a. 挂入 N 位，电源置于 OFF 状态。

b. 使用手动工具转动曲轴带轮检查曲轴是否可以正常旋转（确定转矩正常）。如果此时可以转动并带动车轮转动，判断混合动力传动桥内部 MG1 太阳轮与输出齿圈间发生卡滞故障，排除发动机卡滞的可能性；如果依然不能转动或转动阻力异常，则依然可能是发动机卡滞或 MG1 发生卡滞故障，需要进一步进行检查加以区分。

④ 检查发动机起动状态转速。

a. 使用诊断仪连接车辆诊断接口。

b. 操作车辆进入 READY 状态。

c. 进入诊断仪的下列菜单：Powertrain/Motor Generator/Data List，读取车辆发动机转速（Engine Speed）和 MG1 发电机转速（Generator Revolution）数据流。

d. 当 READY 指示灯亮时，踩下加速踏板 10s，尝试起动发动机，同时观察发动机转速与 MG1 发电机转速数据，正常情况下 MG1 转速为发动机转速的 3.6 倍，如果 MG1 不转，判断 MG1 卡滞或故障；如果 MG1 转动，发动机不转，判断发动机卡滞或 MG1 驱动相关齿轮花键打滑。发动机转速与 MG1 转速对比见表 4-3-4。

表 4-3-4　发动机转速与 MG1 转速对比关系

数据	发动机转速 /（r/min）	MG1 转速 /（r/min）
参考值	约 1 000	约 3 600
	约 1 500	约 5 400
	约 2 500	约 9 000

⑤ 检查滑移。

a. 操作车辆进入 READY 状态。
b. 踩下制动踏板，挂入 D 位。
c. 缓慢松开制动踏板，观察驱动车轮（前轮）是否能正常转动，如果无法转动，则判断混合动力驱动桥内部的部件卡滞或 MG2 电机故障。

⑥ 检查发动机、MG1 和 MG2 之间转速比。

a. 使用诊断仪连接车辆诊断接口。
b. 操作车辆进入 READY 状态。
c. 进入诊断仪的下列菜单：Powertrain/Motor Generator/Data List，读取车辆发动机转速（Engine Speed）、MG1 发电机转速（Generator Revolution）和 MG2 电机转速（Motor Revolution）数据流。
d. 踩下制动，挂入 D 位，进行路试。
e. 当车速达到 10km/h 时，完全踩下加速踏板，同时观察发动机转速、MG1 转速和 MG2 转速数据的数据，在加速瞬间，正常情况下"发动机转速"与"0.28×MG1 转速 +0.27×MG2 转速"之间的差值为 500r/min 或更大并持续 1s，如果异常，则判断混合动力驱动桥内部故障。

⑦ 以上检查均正常后，还需要考虑以下问题。

a. 检查什么原因导致了变速驱动桥和发动机的阻力在转动中变大。
b. 检查发动机润滑系统和变速驱动桥润滑系统。
c. 检查发动机冷却液和变速驱动桥冷却液。

二　基本技能

▶ **警告：** 在没有断开高压线路之前，请勿用手直接触碰前机舱内的高压部件，如果不可避免请借助高压绝缘棒，或者用绝缘物质代替。

▶ **警告：**

禁止未参加该车型高压系统知识培训的维修人员拆卸高压系统。
当拆解或装配高压部件时，必须先执行标准高压中止与检验步骤。
在进行高压相关操作前，维修人员必须穿戴好劳保用品，戴好绝缘手套，穿好高压绝缘鞋。
在戴绝缘手套前，必须要检查绝缘手套是否有破损的地方，确保手套无绝缘失效。
在安装和拆卸过程中，应防止制动液、洗涤液等液体进入或飞溅到高压部件上。

▶ **提示：** 指导教师可以提前设置故障。

▶ **提示：** 参照"基本知识"所学习的内容，以丰田卡罗拉双擎混合动力汽车为例，完成以下操作。

1. 混合动力汽车整车动力控制系统的故障码和数据流

混合动力汽车整车动力控制系统发生故障后，应该首先采用故障诊断仪器进行故障码读取和数据流分析。

对于卡罗拉双擎车型整车动力控制系统故障，可使用诊断仪诊断混合动力系统（Hybird Control）读取到关于整车动力控制系统的故障码和数据流。

（1）故障码读取

连接诊断仪，操作点火开关切换至 ON 状态，读取混合动力车辆控制 ECU 故障码，观察与整车动力控制系统相关的故障码并记录。

卡罗拉双擎混合动力汽车整车动力控制系统相关的故障码，见诊断仪显示或维修手册。

（2）数据流读取

以卡罗拉双擎车型为例，可使用诊断仪诊断混合动力系统（Hybird Control），可读取到整车动力控制系统所涉及的数据流（包括 HV 蓄电池、电机驱动系统、发动机相关控制、整车动力协调控制相关控制、低压辅助电源相关控制等），部分数据流与相应系统控制模块内读取到的相同（如电机驱动系统相关数据流与电机控制器读取到的一致）。

涉及整车动力控制典型的数据流内容见诊断仪的显示。

2. 混合动力系统发动机、MG1 发电机和 MG2 驱动电机转速检查

1）将诊断仪连接到车辆诊断座，电源状态置于 ON 位。
2）打开诊断仪，进入混合动力控制系统，读取数据流。
3）踩下制动踏板，按压点火开关，进入 READY 状态，如图 4-3-36 所示。
4）读取 MG1 发电机转速和发动机转速数据，如图 4-3-37 所示。

图 4-3-36　READY 灯点亮

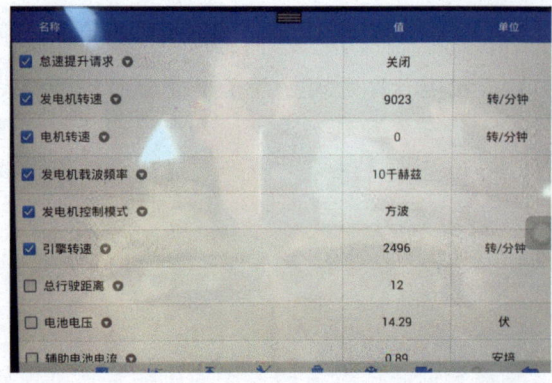

图 4-3-37　读取 MG1 发电机转速和发动机转速数据

5）在 READY 灯点亮，档位置于 P 位的同时，踩下加速踏板 10s，起动发动机，同时观察 MG1 发电机转速和发动机转速数据变化过程。记录下 MG1 发电机和发动机在怠速状态下所读取到的实际转速。

正常情况下 MG1 转速为发动机转速的 3.6 倍，如果异常，则判断发动机或 MG1 故障。

6）举升车辆至车轮离开地面。

7）读取发动机转速、MG1 发电机转速和 MG2 驱动电机转速数据。按以下步骤操作并记录下各种状态下所读取到的实际转速。

① 按下 EV 模式开关，踩下制动踏板，把变速杆移动至 D 位，松开制动踏板，使驱动轮运转，

不踩加速踏板状态，记录发动机、MG1 和 MG2 的转速。

② 档位置于 P 位，踩下加速踏板 10s，起动发动机，踩下制动踏板，把变速杆移动至 D 位，松开制动踏板，使驱动轮运转，不踩加速踏板状态，记录发动机、MG1 和 MG2 的转速。

③ 档位置于 P 位，踩下加速踏板 10s，起动发动机，踩下制动踏板，把变速杆移动至 D 位，松开制动踏板，使驱动轮运转，踩下加速踏板，加速到 MG2 驱动电机转速为 500r/min 的状态，记录发动机、MG1 和 MG2 的转速。

正常情况下，"发动机转速"与"0.28×MG1 转速 +0.27×MG2 转速"之间的差值为 500r/min 或更大并持续 1s，如果异常，则判断混合动力驱动桥内部故障。

8）检查结束，复原车辆和工具。

3. 混合动力系统主要部件绝缘电阻检测

1）执行标准高压安全断电操作。

2）参考高压部件绝缘状态检测内容，完成表 4-3-5 所列部件绝缘电阻的测量，并记录相关数据。

混合动力系统主要部件绝缘电阻检测

表 4-3-5　丰田卡罗拉双擎混合动力汽车高压部件绝缘电阻

高压部件名称	测试端	标准阻值	实测值
整车高压回路	高压正极端子与车身搭铁	≥1MΩ	
	高压负极端子与车身搭铁	≥1MΩ	
电机控制器总成	高压正极端子与车身搭铁	≥1MΩ	
	高压负极端子与车身搭铁	≥1MΩ	
MG1 发电机 + 三相线束	U 相与车身搭铁	≥100MΩ	
	V 相与车身搭铁	≥100MΩ	
	W 相与车身搭铁	≥100MΩ	
MG2 驱动电机 + 三相线束	U 相与车身搭铁	≥100MΩ	
	V 相与车身搭铁	≥100MΩ	
	W 相与车身搭铁	≥100MΩ	
HV 蓄电池 ECU	维修开关连接 1 号端子与车身搭铁	≥10MΩ	
	维修开关连接 2 号端子与车身搭铁	≥10MΩ	
HV 蓄电池继电器接线盒总成 +HV 地板底部线束	HV 地板底部线束正极端子与车身搭铁	≥10MΩ	
	HV 地板底部线束负极端子与车身搭铁	≥10MΩ	
电动空调压缩机	高压正极端子与车身搭铁	≥2MΩ	
	高压负极端子与车身搭铁	≥2MΩ	
空调压缩机高压线束	压缩机线束正极端子与车身搭铁	≥10MΩ	
	压缩机线束负极端子与车身搭铁	≥10MΩ	

项目五
纯电动与混合动力汽车故障案例分析

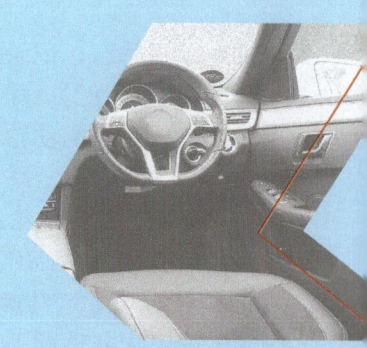

本项目收集纯电动汽车与混合动力汽车常见的案例,并进行故障诊断与排除过程分析,分为两个工作任务,分别为:
1)纯电动汽车故障案例分析。
2)混合动力汽车故障案例分析。

通过以上两个任务的学习,你将能够掌握纯电动汽车与混合动力汽车实际的故障案例及诊断、分析、故障排除方法。

任务一　纯电动汽车故障案例分析

➡ 情境导入

情境描述

你的主管要求你对近期内所维修的纯电动汽车故障案例进行整理及分析,并总结纯电动汽车故障诊断与排除方法,你能完成这个任务吗?

情境提示

要进行纯电动汽车的故障诊断与排除,首先要掌握纯电动汽车的结构原理,根据故障现象,分析故障原因,然后进行故障排除。

➡ 学习目标

知识目标

1)能描述纯电动汽车动力驱动系统常见故障的诊断与排除方法。
2)能描述纯电动汽车充电系统常见故障的诊断与排除方法。
3)能描述纯电动汽车其他辅助系统常见故障的诊断与排除方法。

技能目标

1)能根据故障案例,分析并总结纯电动汽车故障诊断与排除方法。
2)能够撰写纯电动汽车故障案例。

➡ 知识学习

一 基本知识

1. 纯电动汽车动力驱动系统故障案例

（1）案例1：北汽新能源纯电动汽车无法行驶、底盘间歇异响

故障现象：

车辆在起步时、行驶中偶尔出现底盘异响，仪表整车系统故障警告灯点亮后车辆不能行驶。

诊断与排除：

首先使用故障检测仪进行诊断，读出如下的故障码。

- P0521（控制器相电流过小故障）、P0519（电机超速保护故障）、P0518（电机控制器欠电压故障）。

根据故障码的内容，初步判断可能是电机旋变传感器或电机控制器故障。

用举升机把车辆举起，在车辆上电的状态下晃动电机旋变传感器端线束，车辆出现高压中断的现象。将旋变传感器插接器拔下，发现塑料插接器内部卡槽损坏而造成针脚退针导致虚接。

将插接器端子复位并用专用胶对卡槽进行修复，待胶凝固后插上插接器，进行试车，故障不再出现，故障已排除。

故障分析：

此故障为底盘异响的故障，首先要判断是机械故障还是电气故障。通过故障的表现，此现象为偶发故障，基本可以排除机械类故障。

根据读出的故障码 P0521（控制器相电流过小故障）、P0519（电机超速保护故障）、P0518（电机控制器欠电压故障），其中电机超速和电流过小或欠电压，正常工作的情况是不可能同时出现的，因此故障可能出现在电机控制器。电机控制器故障除了控制器本身外，也有可能电机控制器收到错误的信号，控制驱动电机做出错误的动作。

电机控制系统最重要的传感器是旋变传感器。旋变传感器有三组信号，其作用是判断电机转子的位置和监测电机的转速。而此车是因为传感器其中一组信号线的线路虚接产生瞬间信号失真，造成三组信号在同一时间内出现不一致的状态。由于旋变信号瞬间频率变化太大而触发了控制器被判断为电机超速，用转速作基准和电流对比就出现电流过小，用电流作基准和转速对比就出现超速，所以就导致超速和电流过小的现象同时出现。电机控制器因为信号失真，控制电机转速变化异常，这是间歇性异响的原因。

（2）案例2：北汽新能源纯电动汽车驱动电机过热被限速

故障现象：

车辆行驶几千米以后，出现限速 9 km/h 的现象，仪表显示电机控制器过热。

诊断与排除：

可能原因： 水泵故障、散热风扇故障、冷却液缺少或冷却系统内部堵塞。

用故障诊断仪读取数据流，显示电机控制器温度为 75℃，偏高。

检查确认散热器风扇高速旋转；膨胀罐的冷却液也不缺少；水泵工作正常，但在水泵工

作过程中观察膨胀罐发现冷却液循环不畅现象。

进一步对冷却系统进行水道堵塞排查。采用压缩空气对散热器及管路和电机控制器进行疏通检查时，发现电机控制器内部有阻塞。找到堵塞点用高压空气将电机控制器内部的异物吹出，恢复冷却系统管路并加注冷却液后，进行试车，不再出现电机系统高温，故障排除。

故障分析：

北汽新能源汽车 M306 驱动电机系统冷却方式采用水冷式，电机控制器和电机是串联式循环，当电机控制器的温度为 75~85℃时，电机降功率；当电机控制器温度高于 85℃时，电机将立即停止工作。

（3）案例 3：北汽新能源纯电动汽车间歇性断高压

故障现象：

车辆在行驶中偶尔会出现高压中断的现象，仪表显示动力电池故障指示灯亮，整车系统故障警告灯亮，车辆无法行驶。

诊断与排除：

可能原因： 动力电池故障、高压绝缘故障、电机控制器故障。

起动空调系统能正常工作，基本排除了动力电池故障。

使用故障诊断仪读出故障码为 P0518（电机控制器欠电压故障），使用诊断仪清除故障码，故障码无法清除，则说明存在现行故障。

检测高压绝缘性能未发现异常（绝缘性能异常也会出现故障码）。

检查电机控制器低压电路电源正常，插接器针脚也未发现退针现象。结合故障现象和故障码的内容可以断定为电机控制器故障，更换电机控制器故障现象消失。

故障分析：

故障码为 P0518（电机控制器欠电压故障），原因可能是电机控制器本身、旋变传感器、外围电路，因此需要对相关部件和外围电路进行排查，最终确定是电机控制器故障才进行处理，避免多次维修不能解决问题。

（4）案例 4：北汽新能源纯电动汽车仪表动力电池断开故障指示灯亮

故障现象：

点火开关置于 ON 位，仪表的整车动力系统故障灯和动力电池断开故障指示灯点亮。

诊断与排除：

可能原因： 高压电路绝缘故障、高压控制盒故障、电机控制器故障、电机绕组故障、空调（加热）系统故障。

使用故障诊断仪检测出故障码 P0031（电机控制器 IGBT 故障），经过故障码的分析初步判断为电机控制器故障，造成动力电池高压中断而无法行驶；更换电机控制器故障排除。

故障分析：

高压系统相关部件发生故障反馈到整车控制器 VCU 的时候，仪表上的整车系统故障警告灯都会点亮。高压系统出现绝缘和短路动力电池就会切断输出，同时点亮仪表"动力电池断开故障警告灯"。出现动力电池断开故障，可以依次启动高压电器系统用排除法判断哪个系统存在故障（如挂档行车、起动空调压缩机或起动电加热器）。

（5）案例 5：北汽新能源纯电动汽车仪表无故障报警、车辆无法起动

故障现象：

车辆点火开关置于 ON 位，仪表已经显示 READY 灯亮，踩制动踏板挂 D 位，踩加速踏板，

但车辆没有反应。

诊断与排除：

可能原因： 动力系统故障、整车控制系统故障、传动系统故障。

使用诊断仪检测没有故障码，用钳形电流表检测电机控制器到电机的线束显示有电流输出，则说明驱动电机控制系统工作正常。

接下来检查传动系统，将车辆档位放置 N 位举起车辆，两前轮很轻松地同时向一个方向转动，固定一个车轮，另一个车轮能自由转动，这说明差速器正常。初步分析可能是电机输出轴断裂或减速器齿轮断裂，拆下电机后发现电机输出轴断裂，更换电机总成，故障排除。

故障分析：

车辆无法行驶主要有两大类故障：一是电气类故障，导致车辆无法行驶时，基本上仪表都会显示动力电池故障和整车系统故障（除非仪表故障造成不显示）；二是机械类故障，仪表没有监控到故障，当有严重故障时，一般会导致异响。在诊断车辆故障时首先要区分是电气类故障还是机械类故障，这样在故障诊断过程中可以避免走一些弯路。

（6）案例6：北汽新能源纯电动汽车行驶中突然失去动力

故障现象：

车辆在行驶当中突然踩加速踏板没有动力，仪表的整车动力系统故障警告灯和动力电池断开指示灯点亮。

诊断与排除：

可能原因： 电机控制器故障、电机故障、动力电池故障、高压电路绝缘故障或空调压缩机故障。

用诊断仪检测出如下的故障码。

- P0038（驱动电机相电流过电流故障）、P0522（驱动电机超速故障）、P0525（驱动电机直流断流故障）。

将电机控制器低压插接器拔下后，将万用表旋至直流电压档，将万用表的表笔两端分别与电机控制器的线束输入端针脚31号与E2线连接，显示12V，说明电机控制器低压电源正常。结合故障码的分析初步判断为电机控制器故障，造成车辆高压中断不能行驶，更换电机控制器故障排除。

故障分析：

仪表显示动力电池断开故障，大部分是高压系统中的部件或电路出故障。

此故障主要围绕 P0038（驱动电机相电流过电流故障）、P0522（驱动电机超速故障）这两个故障码最终确定故障点。P0038 和 P0522 值得我们关注，因为 BMS 监测到电流过大导致动力电池断开，在发生过电流的瞬间电机已经超速了，所以系统记录下了电机超速的故障码。之前维修案例中出现过故障码 P0519（电机超速保护故障）实际是电机旋变传感器故障，在此我们对比一下"P0519（电机超速保护故障）和 P0522（驱动电机超速故障）"看着内容有些相似；经过对故障码含义的解读和实际故障点对比，"电机超速保护"说明电机控制器还有能力控制电机的转速，则电机控制器没有故障，应该是电机旋变传感器故障；而"电机超速故障"说明电机已经实际超速了，电机控制器失去了对电机的控制。在此情况下，如果动力电池不能断开可能会使整车超速，甚至导致发生事故。

（7）案例 7：北汽新能源纯电动汽车 N 位指示灯闪亮，挂档无法行驶

故障现象：

车辆点火开关置于 ON 位，踩制动踏板挂 D 位或 R 位时仪表显示 N 位指示灯闪亮，整车故障指示灯亮，挂倒档倒车灯不亮。

诊断与排除：

可能原因： 档位开关控制器故障、整车控制器、制动灯开关故障。

用故障诊断仪读取故障，无故障码。

检查低压熔丝盒内（倒车灯）的熔丝正常；检查档位开关控制器电源供电正常、换档开关线束插接件无退针和锈蚀现象。

进一步检查的时候发现踩下制动踏板制动灯不亮，检查制动灯熔丝正常，检查制动灯开关发现不能闭合。更换制动灯开关故障排除。

故障分析：

此故障处理过程很简单，关于制动灯开关故障导致车辆无法行驶和倒车灯不亮进行分析。经过故障的现象和故障排除确定控制策略的逻辑，当整车控制器（VCU）未接到制动信号而收到的档位信号判断为非法信号，不能给电机控制器发出行车指令而驱动电机无法工作；也不会接通倒车灯继电器的回路。结果是车辆不能行驶、挂倒档倒车灯也不会亮。

（8）案例 8：北汽新能源纯电动汽车高压电路绝缘故障

故障现象：

车辆点火开关至 ON 位，仪表显示整车系统故障、动力电池故障、绝缘阻值低故障警告灯亮。

诊断与排除：

可能原因： 高压电路绝缘故障、动力电池内部绝缘故障、电机绝缘故障、空调压缩机绝缘故障、PTC 绝缘故障。

将车辆下电，断开低压蓄电池负极再拔下动力电池端高压线束，用绝缘表检测动力电池输出端的绝缘情况，结果显示绝缘电阻正常，可以断定是动力电池以外部分的绝缘故障。

依次检测高压控制器及高压线束、空调压缩机及高压线束、PTC 高压线束、DC-DC 及高压线束、充电机及高压线束、驱动电机控制器及高压线束。结果检测驱动电机高压线束到电机部分显示绝缘为 0Ω，拆下电机端连接线再次测量电机高压线束的绝缘电阻为 0Ω，测量电机接线端绝缘电阻正常。确定电机高压线束绝缘故障，更换电机高压线束故障排除。

故障分析：

只要报绝缘故障，基本是动力电池内部高压部分或整车各高压控制器、高压线束或各高压电器的绝缘阻值过低。只能分段检测各部件和高压线束的绝缘情况。

2. 充电系统故障案例

（1）案例 1：北汽新能源纯电动汽车慢充无法充电

故障现象：

车辆在使用充电桩充电时，充电桩指示灯亮，车载充电机电源工作灯亮，车辆无法充电现象。

诊断与排除：

可能原因： 动力电池 BMS 故障、动力电池故障、通信故障。

根据上述故障现象，充电桩和充电机工作指示灯正常，检查对象应该首先放在通信和动力电池内部。

用故障诊断仪进入BMS（系统），读出故障码，即P1048（SOC过低保护故障）、P1040（电池单体电压欠电压故障）、P1046（电池电压不均衡保护故障）、P0275（电池电压不均衡保护故障）；读出数据流，即动力电池单体电芯最低电压为2.56V（故障）、动力电池单体电芯最高电压为3.2V，单体电芯电压差大于500mV时，BMS进行充电、放电保护而无法充电，经过更换故障的动力电池单体电芯，动力电池故障解除，车辆恢复充电。

故障分析：

通过以上故障诊断与排除过程，总结动力电池具备充电的条件：

① 充电桩与车载充电机或快充桩与BMS通信要匹配。
② 车载充电机能正常工作，无故障。
③ 整车控制器（VCU）与车载充电机、BMS通信要正常。
④ 唤醒信号要正常。
⑤ 整车控制器（VCU）和BMS的生命信号要正常。
⑥ 动力电池单体电芯之间的电压差小于500mV。
⑦ 高压电路无绝缘故障。
⑧ 动力电池内部温度在充电的温度范围内。

（2）案例2：北汽新能源纯电动汽车充电时充电桩跳闸

故障现象：
车辆在使用充电桩充电时、出现充电桩跳闸，车载充电机无法充电。

诊断与排除：

可能原因： 车载充电机内部短路。

检查了充电桩交流220V电压、充电桩CP线与车载充电机连接正常，再检查充电线束、高压线束、车载充电机、动力电池的绝缘均正常，更换车载充电机后故障排除。

故障分析：

因为此车的故障现象是充电桩跳闸，说明唤醒信号和互锁电路正常，基本可以断定是充电机内部短路故障。

（3）案例3：北汽新能源纯电动汽车充电机指示灯不亮

故障现象：
车辆在使用充电桩充电时，车载充电机指示灯不亮，车辆无法充电。

诊断与排除：

可能原因： 车载充电机内部故障、充电唤醒信号中断或互锁电路故障。

- 检查低压熔丝盒内的电池充电熔丝正常。
- 检查车载充电机低压电源正常。
- 再检查充电系统插接器无退针、锈蚀现象。
- 更换车载充电机后故障排除。

故障分析：
此故障经检查充电机低压供电正常，而充电工作指示灯都不亮，基本确定为充电机内部故障。

（4）案例4：比亚迪e5纯电动汽车无法进行交流充电（慢充）

故障现象：

车辆无法进行交流充电，仪表一直显示"充电连接中，请稍后"；不充电时车辆可以正常行驶。

诊断与排除：

使用其他交流充电盒、单相壁挂式充电盒测试，一样无法充电，仪表一直"显示充电连接中，请稍后"，说明充电设备和车辆还没有交互完成。

使用故障诊断仪查看BMS数据流，数据流中显示"充电感应信号－交流有"，说明CC（充电连接）信号正常（图5-1-1）。

图5-1-1　数据流显示有交流充电感应信号

读取VTOG数据流中CP（控制确认线）占空比信号，CP占空比信号一直是0%，说明CP信号不正常，如图5-1-2所示。

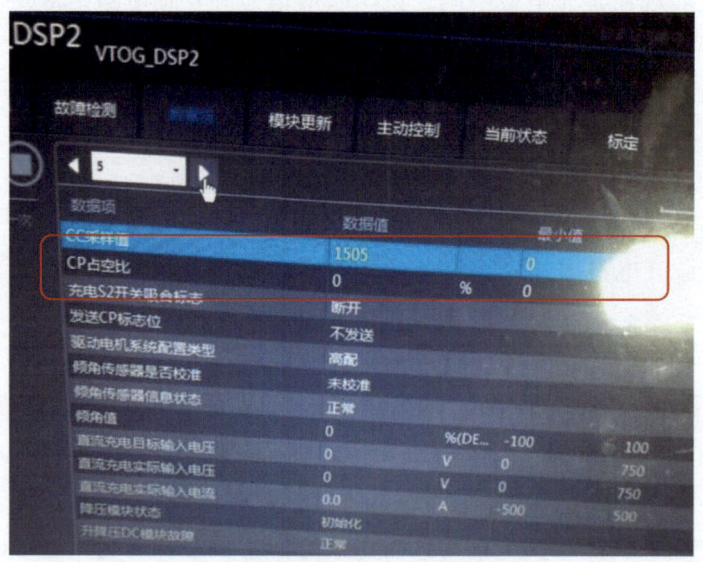

图5-1-2　数据流显示CP占空比信号为0

如图 5-1-3 所示，测量交流充电口 CP 针脚与 VTOG 的 64 针脚插接器的 CP 针脚导通性，发现不导通；仔细检查发现 BJB01 的 12 号针脚退针，检修后试车故障排除。

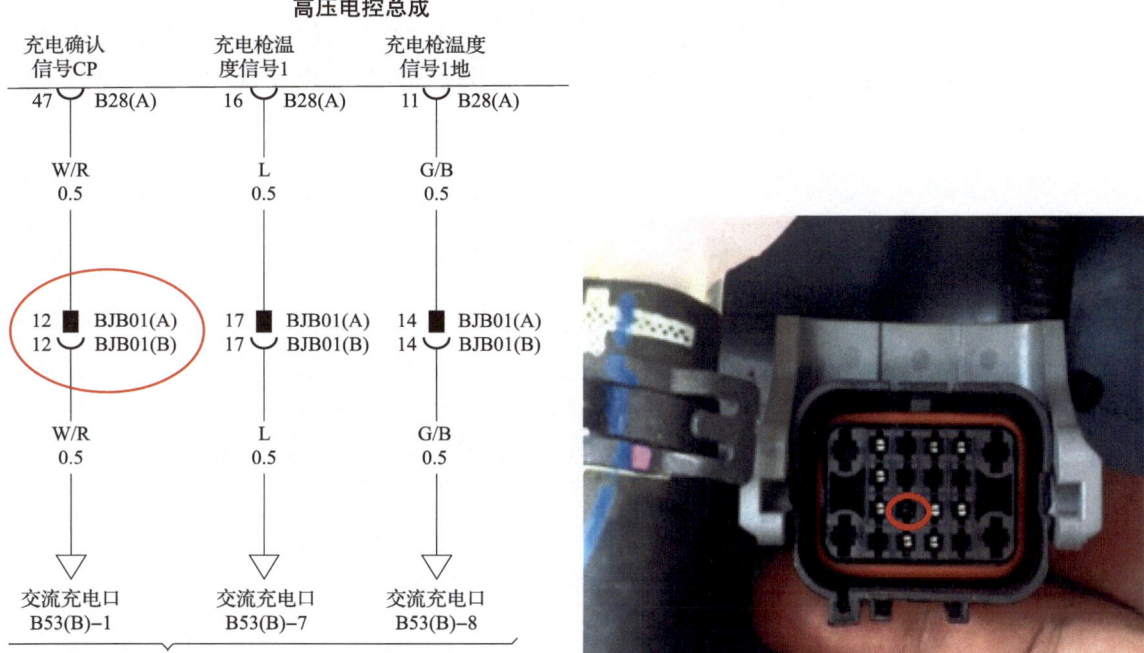

图 5-1-3　交流充电口 CP 电路和针脚

故障分析：

交流充电口 CP 针脚故障，高压电控总成中的车载充电机收不到 CP 信号，造成车辆无法充电。

（5）案例 5：吉利 EV450 纯电动汽车低压蓄电池充电指示灯闪烁

故障现象：

车辆可以正常上电（READY），仪表中的低压蓄电池充电指示灯频繁闪烁。

诊断与排除：

根据 EV450 车型的能量传递路线图（图 5-1-4）可以看出，12V 蓄电池充电来源于集成在电机控制器内部的 DC-DC 变换器。

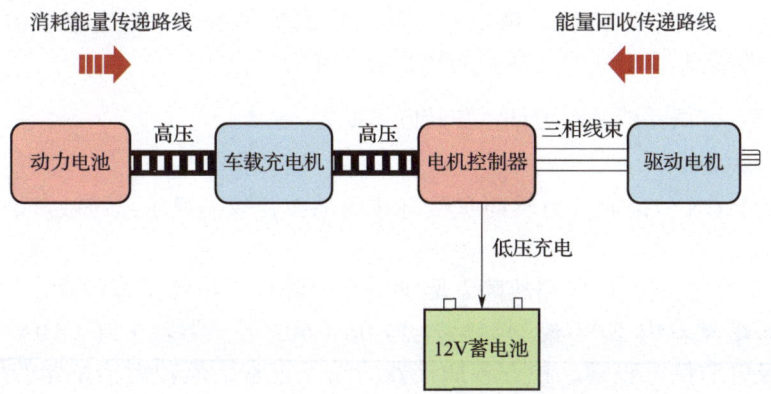

图 5-1-4　帝豪 EV450 车型的能量传递路线图

经检查电机控制器 DC-DC 变换器输出端到蓄电池线路正常，更换电机控制器后故障排除。

故障分析：

纯电动汽车的 DC-DC 变换器为低压蓄电池充电。根据车型，DC-DC 变换器有单独装备、集成在电机控制器总成、集成在高压电控总成几种形式。根据充电系统的工作原理（能量传递）图，很容易判断故障的部件。

3. 其他辅助系统故障案例

（1）案例1：北汽新能源纯电动汽车制动故障，车辆被限速

故障现象：

车辆在行驶过程中制动踏板沉重，仪表显示制动故障、整车系统故障灯亮，车辆被限速。

诊断与排除：

可能原因：真空泵或电路故障、真空系统漏气、真空度传感器故障。

经检查制动踏板确实沉重，且真空泵常转，初步判断真空系统有漏气的地方。

用真空表检测真空罐处的真空度小于 30kPa 确定真空系统漏气。

在真空助力器接口处连接真空表检测，真空泵工作 5s 显示真空度为 60kPa。通过以上检测判断为真空助力器内部漏气，更换真空助力器故障排除。

故障分析：

新能源汽车在设计方面把安全和人性化放在首位。纯电动汽车传动系统没有离合器，是由驱动电机通过减速器直接驱动车轮。在制动性能下降的情况下，整车控制器（VCU）检测到制动系统真空度过低，向电机控制器（MCU）下达限速的指令，将车辆行驶速度控制在 9km/h，保证行车安全。

（2）案例2：北汽新能源纯电动汽车制动真空泵常转

故障现象：

车辆点火开关切换至 ON 档，制动真空泵常转。

诊断与排除：

可能原因：真空泄漏；真空泵控制器故障。

用真空表检测真空度为正常，基本可断定为真空泵控制器故障，更换真空泵控制器故障排除。

故障分析：

真空泵常转，完全可以排除外围电路故障。根据控制策略，真空泵单次工作时间为 15s 会停机，当真空度低于 50kPa 时，真空泵再次起动工作。

（3）案例3：北汽新能源纯电动汽车转向无助力

故障现象：

点火开关置于 ON 位以后，打转向盘没有转向助力，仪表显示系统故障、EPS 故障。

诊断与排除：

可能原因：EPS 控制器或电路故障、驱动电机故障、转矩传感器故障。

经检查低压熔丝盒内 EPS 控制器熔丝 FU06（60A）、熔丝 F11（10A）是正常，电机控制器正、负极电源供电正常，检查各插接器的端子正常，但转矩传感器的信号电压值在方向转动时没有变化。

初步怀疑转矩传感器故障，采用替换排除法将故障车的 EPS 控制器装正常车辆进行试验，工作正常，排除了 EPS 控制器是正常工作的，基本确定为转矩传感器故障。更换带转矩传感器的转向器总成后故障排除。

故障分析：

EPS 控制器和电机及电路都是正常，因为转矩传感器故障，在转动转向盘时控制器接收不到转矩传感器的信号而无法发出指令电机运转。故 EPS 进入休眠状态，转向助力无法工作导致转向沉重，而整车控制器（VCU）接收到 EPS 控制器反馈的故障信号从而点亮整车故障灯。

（4）案例 4：北汽新能源纯电动汽车空调不制冷

故障现象：

车辆点火开关置于 ON 位，打开 A/C 开关以后空调不制冷，压缩机不工作。

诊断与排除：

可能原因： 空调压缩机故障、空调控制电路故障、空调控制器故障或系统压力过低。

- 检查空调请求信号电路自 A/C 开关到整车控制器（VCU）针脚有 12V 电压，A/C 开关、系统压力开关和蒸发器温控传感器电路正常。
- 检查空调控制器电源的正、负极供电正常。
- 检查 VCU 到空调控制器 CAN 线电路正常。
- 检查空调控制器高压直流电源为 336V，为正常。
- 将钳型电流表（交流档）夹在空调压缩机控制器输出端的 U、V、W 任意一根导线上，电流表显示无电流输出，正常情况下应该有 3.5~4A 的电流值。

经过以上检查可以断定为空调控制器故障，更换空调压缩机控制器后故障排除。

故障分析：

纯电动汽车空调采用三相交流电动空调压缩机，空调压缩机本体带有压缩机驱动控制器，其原理是空调系统向整车控制器（VCU）输入空调请求信号，整车控制器（VCU）在满足起动空调压缩机的条件下，通过 CAN 线向空调压缩机控制器发出空调压缩机起动指令；空调压缩机控制器在接到整车控制器（VCU）的指令后，将高压直流电转换成三相交流电而驱动空调压缩机。通过以上逐步检查，最终确定为空调压缩机控制器故障。

（5）案例 5：北汽新能源纯电动汽车空调压缩机故障

故障现象：

空调压缩机不工作，鼓风机工作正常。

诊断与排除：

可能原因： 空调请求信号未输入给 VCU、空调控制器电源供电不正常、空调控制器未收到 VCU 的指令、高压电源断路。

- 检查空调 A/C 开关、系统低压开关至 VCU 的空调请求信号电路正常。
- 空调控制器 12V 电源供电正常。
- 整车控制器（VCU）的空调指令信号正常。
- 检查空调高压电路 32A 熔丝，发现 32A 熔丝熔断，更换了熔丝重新上电，在打开空调的瞬间发现 32A 熔丝再次熔断，同时又出现了动力电池断开和整车系统的故障警告灯点亮的情况（图 5-1-5）。

图 5-1-5 仪表的故障指示灯显示

在第二次更换 32A 熔丝，然后把压缩机控制器的输入端高压线束拔掉，重新上电，仪表上不再显示高压断电故障，基本确定压缩机控制器内部短路，更换压缩机控制器故障排除，压缩机正常工作。

故障分析：

空调压缩机控制器故障为什么会出现"动力电池故障""动力电池断电"和"整车系统"故障指示灯点亮？通过以上检测故障点是空调压缩机控制器内部短路导致 32A 的高压熔丝烧化，短路的瞬间成为高压电路绝缘电阻为 0Ω，给动力电池 BMS 激发了动力电池系统的一级故障，BMS 及时切断动力电池高压电路，同时发出指令激活仪表的"动力电池故障指示灯"和"动力电池断电故障指示灯"；由于 BMS 发出的故障信息是经过整车控制器（VCU）处理后传输给仪表所以"整车故障指示灯"也一起点亮。

（6）案例 6：北汽新能源纯电动汽车低压蓄电池故障

故障现象：

车辆点火开关置于 ON 位，仪表显示蓄电池故障，系统故障指示灯点亮。

诊断与排除：

可能原因： 蓄电池本身储电性能故障、DC-DC 低压电源故障、DC-DC 内部故障或 DC-DC 与蓄电池连接电路故障。

- 检查蓄电池电压值为 9V，蓄电池亏电。
- 检查低压熔丝盒内 DC-DC 变换器的熔丝正常。
- 检查 DC-DC 变换器电源正负极供电电路正常。
- 检查高压控制盒对接 8 针脚插件的 A 脚与 DC-DC 变换器高压 2 针脚插件的 B 脚是否导通，高压线束和高压控制盒对接 8 针脚插件的 G 脚与 DC-DC 变换器高压 2 针脚插件的 A 脚电路正常。

进一步检查发现 DC-DC 变换器输出端的搭铁线负极插件端子退针。恢复插件针脚，故障排除。

故障分析：

关于蓄电池故障主要有两个原因：

① 蓄电池本身故障储能下降；蓄电池的检测比较简单，只要有专用检测仪或高频放电计就可以确定蓄电池的性能。

②DC-DC系统故障无法给蓄电池充电；新能源汽车是利用动力电池的高压直流电通过DC-DC变换成低压直流电给其他低压电器供电，同时给蓄电池充电。当整车电器使用的功率大于DC-DC变换器的输出功率时，蓄电池协助DC-DC变换器供电而满足电能的需求。

从以上检查过程可以看出DC-DC变换器检查的主要是其本身是否能正常工作，其次检查高压直流电源输入和低压输出的电路。

二 基本技能

1. 纯电动汽车故障诊断与排除方法分析和总结

参照前文"基本知识"的内容，根据故障案例中列举的故障现象，结合所学的知识组织讨论：

1）如果你是主修技师，你的故障诊断与排除思路是什么？
2）如果你是主修技师，你是否有更好或更快捷的故障诊断与排除方法？

2. 纯电动汽车故障案例撰写

参照前文"基本知识"的内容，根据故障案例的格式，结合你参与的诊断与排除的纯电动汽车故障，撰写纯电动汽车故障诊断与排除的案例。

任务二　混合动力汽车故障案例分析

▶ 情境导入

情境描述

你的主管要求你对近期内所维修的混合动力汽车故障案例进行整理及分析，并总结混合动力汽车故障诊断与排除方法，你能完成这个任务吗？

情境提示

要进行混合动力汽车的故障诊断与排除，首先要掌握混合动力汽车的结构原理，根据故障现象分析故障原因，然后进行故障排除。

▶ 学习目标

知识目标

1）能描述混合动力汽车高端车型故障的诊断与排除方法。
2）能描述混合动力汽车故障的诊断与排除方法。

技能目标

1）能根据故障案例，分析并总结混合动力汽车故障诊断与排除方法。
2）能够撰写混合动力汽车故障案例。

知识学习

一 基本知识

1. 奔驰 S400 混合动力汽车混合动力系统及典型故障

混合动力汽车实际维修工作中，奔驰 S400 Hybrid 混合动力汽车是最典型的车型，也是故障率最高的车型。以下介绍奔驰 S400 混合动力汽车混合动力（高压）系统的结构原理。

（1）车型简介

S400 Hybrid 是奔驰首款混合动力驱动车型，车辆型号为 221.095/.195，发动机型号名称为 272.974，带有紧凑混合动力模块的增强型 V6 3.5L 汽油发动机。图 5-2-1 所示为奔驰 S400 外观和发动机舱。

图 5-2-1　奔驰 S400 外观和发动机舱

（2）混合动力系统电量显示功能

在日常使用或维护时，可通过操作仪表板多功能显示屏或 COMAND 中央显示屏"车辆"菜单中选择"混合动力系统"子菜单，观察车载电源能量的储备状况。图 5-2-2 所示为组合仪表的显示。

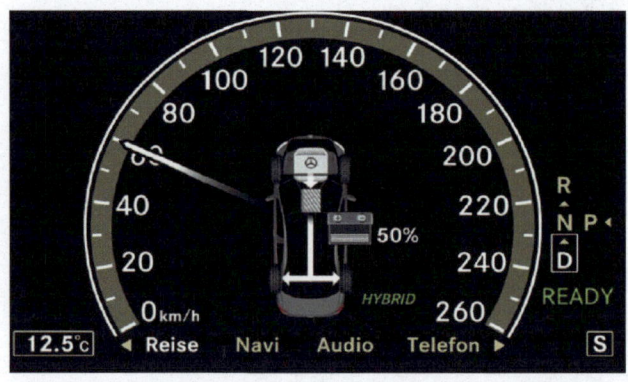

图 5-2-2　组合仪表的显示

混合动力系统一旦处于使用准备就绪状态，即会点亮 READY（就绪）指示灯。

如果 ECO 起动/停止功能可用，则 READY 指示灯以绿色光点亮。如果 ECO 起动/停止功能暂时不可用，则 READY 指示灯以黄色光点亮。

图 5-2-3 所示为 READY 指示灯。

如果混合动力系统发生故障，则仪表点亮故障指示灯（图 5-2-4）。

图 5-2-3　READY 指示灯

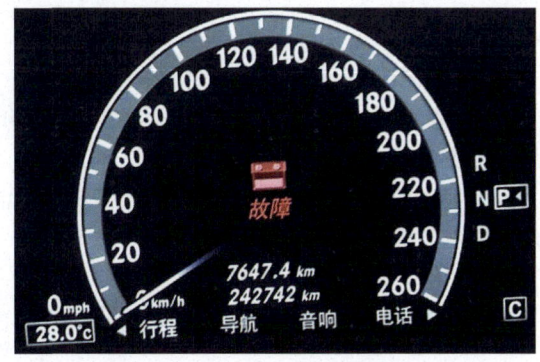

图 5-2-4　混合动力系统故障指示灯

（3）混合动力系统工作模式

图 5-2-5 所示为奔驰 S400 混合动力系统组成和能量传递示意图。混合动力系统有发电机模式、加速模式、驱动模式三种。

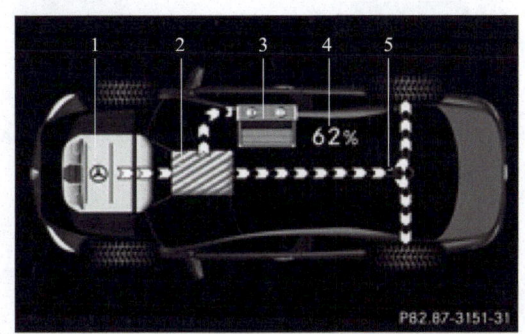

图 5-2-5　奔驰 S400 混合动力系统组成和能量传递示意图
1—内燃机　2—电机　3—HV 蓄电池　4—HV 蓄电池的电量　5—能量流

1）发电机模式（再生制动模式）：能量流箭头为绿色。电机作为发电机进行工作，如在减速模式下以及制动时，车辆的动能转化为电能，并储存在 HV 蓄电池中。图 5-2-6 所示为发电机模式示意图。

2）加速模式（助力模式）：能量流箭头为红色。起步和加速时，电机为内燃机提供助力。图 5-2-7 所示为加速模式示意图。

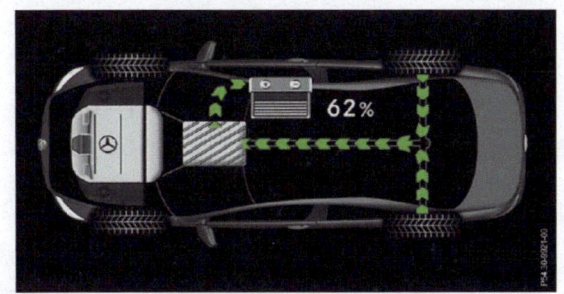

图 5-2-6　发电机模式示意图

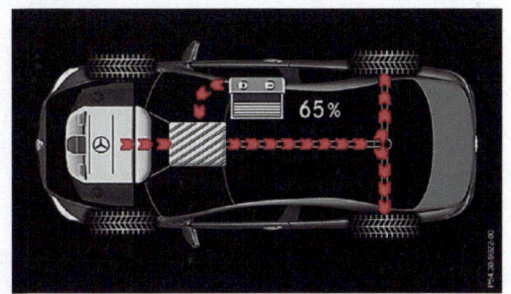

图 5-2-7　加速模式示意图

3）驱动模式（正常驾驶模式）：能量流箭头为白色。内燃机对车辆进行驱动。图 5-2-8 所示为驱动模式示意图。

（4）混合动力系统结构组成

1）基本组成。图 5-2-9 所示为奔驰 S400 混合动力系统的基本组成。

2）元件位置。图 5-2-10 所示为奔驰 S400 混合动力系统的元件位置示意图。

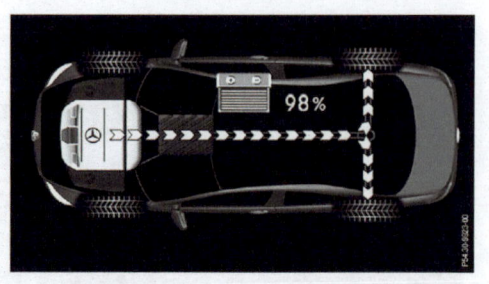

图 5-2-8 驱动模式示意图

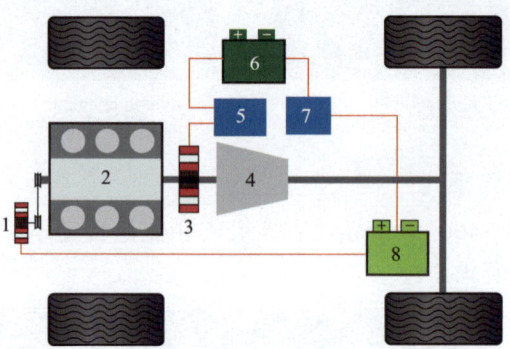

图 5-2-9 奔驰 S400 混合动力系统的基本组成

1—12V 起动机 / 发电机　2—发动机　3—电机　4—自动变速器　5—DC-AC 电子电力控制模块
6—HV 蓄电池　7—DC-DC 变换器　8—12V 蓄电池

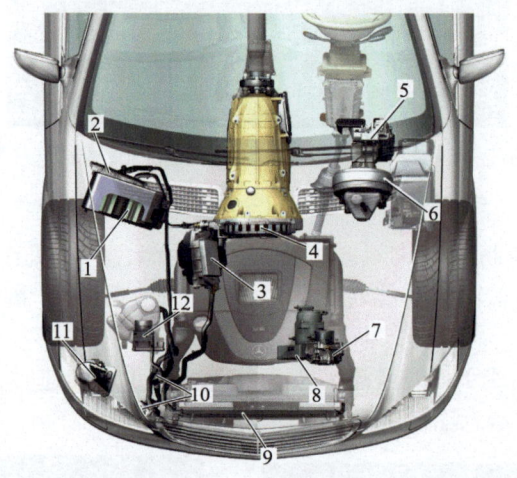

图 5-2-10 奔驰 S400 混合动力系统的元件位置示意图

1—HV 蓄电池　2—DC-DC 变换器　3—电源电子装置　4—电机　5—踏板机构　6—制动助力器
7—电动真空泵　8—电动制冷压缩机　9—低压冷却器　10—低温回路循环
11—电液动力转向机构　12—带再生制动系统控制单元的液压单元

3）HV 蓄电池。奔驰 S400 混合动力系统 HV 蓄电池（即动力电池，A100，图 5-2-11）位于发动机舱的右后部，属于锂离子蓄电池。

锂离子蓄电池储存时必须定期检查充电量：最佳的充电量是介于 50%~80%。

锂离子蓄电池的优点如下。

① 功率密度 / 能量密度高，重约 28kg，容量约为 7A·h。

② 充电快/放电电流大。
③ 使用寿命长，循环次数极高（超过 5 000 次）。
④ 不存在记忆效应。
⑤ 通过空调制冷剂回路冷却。

图 5-2-11　奔驰 S400 HV 蓄电池实物图

HV 蓄电池结构如图 5-2-12 所示。

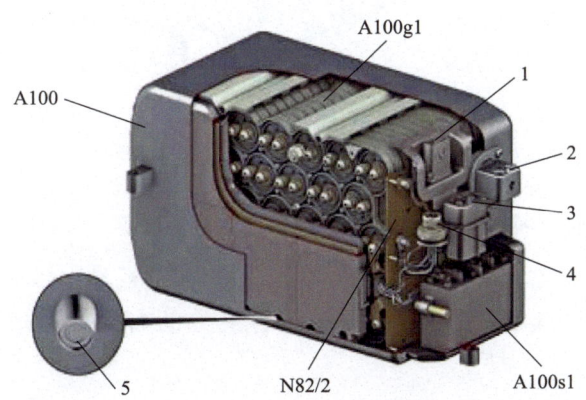

图 5-2-12　HV 蓄电池结构

A100—HV 蓄电池　A100g1—HV 蓄电池　A100s1—保护开关　N82/2—蓄电池管理系统控制单元
1—插头插接器　2—制冷剂管路插接器　3—高电压插头插接器　4—维护隔离开关的插头插接器
5—带膜片和爆裂盘的熔断接头

HV 蓄电池结构说明如下。

① 蓄电池管理系统控制单元 N82/2 集成在 HV 蓄电池模块 A100 中。

② 蓄电池管理系统控制单元不断确定并监测以下 HV 蓄电池数据：高电压互锁、电压、电流、温度、保护开关的状况。

③ 蓄电池管理系统控制单元通过传动系统 CAN I 与车辆的控制器区域网络（CAN）互相连接，并与其他控制单元交换数据。

4) DC-DC 变换器。奔驰 S400 混合动力系统 DC-DC 变换器（N129/1，图 5-2-13）位于右前轮罩的后部。

DC-DC 变换器是一个双向直流变压器，可产生较高

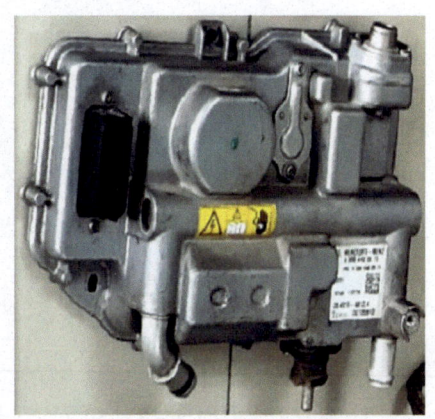

图 5-2-13　DC-DC 变换器

的直流电压和 12V 的直流电压。当 DC-DC 变换器将高压直流电压转换为 12V 直流电压时，即实现了高电压车载电气系统与 12V 车载电气系统之间的能量交换，反之亦然。

DC-DC 变换器通过传动系统 CAN I 与车辆的控制器区域网络 CAN 互相连接，并与其他控制单元交换数据。

➤ **注意**：由于 12V 的车载电气系统与高压车载电气系统之间会交换蓄电池能量，所以在点火开关接通的情况下，可通过 12V 跨接电缆对车辆进行跨接起动。换言之，如果蓄电池放电电压正常，则不需要单独的高电压充电器来起动车辆。

DC-DC 变换器的结构如图 5-2-14 所示。

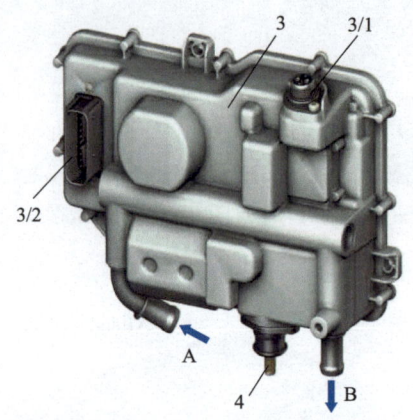

图 5-2-14　DC-DC 变换器的结构
3—DC-DC 变换器 N83/1　3/1—高电压插头插接器　3/2—DC-DC 变换器的插头插接器
4—电路 30 的螺纹连接　A—冷却液入口　B—冷却液回流

5）DC-AC 电力电子控制单元。奔驰 S400 混合动力系统 DC-AC 电力电子控制单元（N129/1，即逆变器，图 5-2-15）位于排气歧管下方的右侧，通过隔热板保护其免受热辐射。

图 5-2-15　DC-AC 电力电子控制单元

DC-AC 电力电子控制单元通过三相交流电压驱动电机 (A79)，通过传动系统 CAN I 与车

浙江省普通高校"十三五"新形态教材
新能源汽车职业教育产教融合创新教材

新能源汽车维护与故障诊断实训工单

◎ 林康 吴荣辉 主编

班级：_____

姓名：_____

机械工业出版社
CHINA MACHINE PRESS

目 录

项目一
新能源汽车维护 / 001
实训工单 1　新能源汽车新车使用要求与检查 / 001
实训工单 2　新能源汽车常规维护项目与规范操作 / 008

项目二
新能源汽车故障诊断技术 / 015
实训工单 1　新能源汽车故障警告灯识别与原因分析 / 015
实训工单 2　新能源汽车故障诊断流程分析 / 020

项目三
纯电动汽车故障诊断与排除 / 027
实训工单 1　纯电动汽车动力电池及管理系统故障诊断与排除 / 027
实训工单 2　纯电动汽车驱动电机及控制器故障诊断与排除 / 032
实训工单 3　纯电动汽车整车动力控制系统故障诊断与排除 / 039

项目四
混合动力汽车故障诊断与排除 / 044
实训工单 1　混合动力汽车动力电池及管理系统故障诊断与排除 / 044
实训工单 2　混合动力汽车驱动电机及控制器故障诊断与排除 / 050
实训工单 3　混合动力汽车整车动力控制系统故障诊断与排除 / 055

项目五
纯电动与混合动力汽车故障案例分析 / 061
实训工单 1　纯电动汽车故障案例分析 / 061
实训工单 2　混合动力汽车故障案例分析 / 065

项目一　新能源汽车维护

实训工单 1　新能源汽车新车使用要求与检查

学生姓名		班　级		学　号	
实训场地		工作时间		日　期	

➡ 技能操作

一、工作任务

本工作任务共有两项：
1) 纯电动汽车新车 PDI 检查。
2) 混合动力汽车新车 PDI 检查。

请根据任务要求，确定所需要的场地和物品，并对小组成员进行合理的分工，制定详细的工作计划。

二、准备工作

安全须知、检查及记录完成任务需要的场地、设备、工具及材料。

1. 安全要求及注意事项

请认真阅读以下内容。
1) 实训车辆按要求停在指定工位上，未经教师批准不准起动；经教师批准起动，首先应检查车轮的安全顶块是否放好，驻车制动是否启用，变速杆是否放在 P 位（A/T），车前没有人在操作。
2) 禁止触碰任何带安全警示标示的部件。
3) 实训期间禁止嬉戏打闹。

异常记录：_____

2. 场地检查

检查工作场地是否清洁及存在安全隐患，如不正常，则请汇报教师并及时处理。

异常记录：_____
_____

3. 车辆、台架、总成、部件、充电桩检查（需要/正常打√；不需要/不正常打×，并记录）

□纯电动整车　　□混合动力整车　　□台架　　□总成　　□部件　　□充电桩

其他：_____
异常记录：_____

4. 设备及工具检查（需要/正常打√；不需要/不正常打×，并记录）

个人防护装备：□常规实训工装　□绝缘手套　□绝缘安全帽　□绝缘鞋　□护目镜
其他：_____
车辆防护装备：□翼子板布　□前格栅布　□地板垫　□座椅套　□转向盘套
其他：_____
设备及拆装工具：□举升机　□动力电池举升机　□普通拆装工具
　　　　　　　　□绝缘拆装工具　□故障诊断仪　□示波器　□数字万用表
　　　　　　　　□绝缘测试仪　□钳形电流表　□红外测温仪
其他：_____
异常记录：_____

5. 其他材料检查（需要/正常打√；不需要/不正常打×，并记录）

材料：□抹布　□绝缘胶布　□发动机机油　□齿轮油　□冷却液
其他：_____
异常记录：_____

三、操作流程

根据工作任务，小组进行讨论，确定工作计划（流程/工序），并记录。

警告：在没有断开高压线路之前，请勿用手直接触碰前机舱内的高压部件，如果不可避免，则请借助高压绝缘棒，或者用绝缘物质代替。

项目1：纯电动汽车新车PDI检查

参考车型：北汽新能源纯电动汽车
实训车型：_____
对纯电动汽车进行规范的PDI检查操作，并完成下表。

北汽新能源商品车销售PDI检查记录表（C30/M30/Z30/C70）					
车型：	颜色：□黑　□白　□灰　□银　□红　□金			其他：	车辆批次：
初始公里：		单号：			
车架号：		检测人员：		检测日期：	
以下项目，无问题的在后面对应的检查结果内画√，需要修理的画×					
检查项目	检查内容		检查结果	记录栏	签字栏
A 基本检查				问题描述	维修人员签字
1.外观检查	全车漆面，前、后风窗玻璃，左、右车窗，前、后车灯表面无磕碰、划伤；车顶饰条粘贴良好，无损坏；车门、机盖、灯具安装各部分缝隙均匀，过渡无明显阶差				

（续）

检查项目	检查内容	检查结果	记录栏	签字栏
A 基本检查			问题描述	维修人员签字
2. 轮胎、轮辋	轮胎表面无割伤，胎压正常；轮辋及螺栓无划伤、生锈；翼子板内衬齐全			
3. 内饰检查	门内侧，门框，转向盘，仪表台，档位，中央扶手箱，座椅，地毯，车顶内饰安装可靠，无划伤，无脏污，车内无杂物，无缺件，无漏装			
B 前机舱内检查			问题描述	维修人员签字
1. 整体目视检查	前机舱中的部件有无渗漏及损伤			
2. 冷却液	液位应在 max-min 之间			
3. 制动液	储液罐及软管有无损伤，液位应在 max-min 之间			
4. 玻璃洗涤液液位	液位应在 max-min 之间			
5. 蓄电池	蓄电池状态、蓄电池电压、蓄电池接线螺栓紧固			
6. 线束/配管	不干涉，不松动（注意：橘黄色电线为高压线，请勿触动），各线束插头连接有效锁止；高压线束无死弯，护套无破损；DC-DC 变换器负极与车身搭铁螺栓紧固正常			
C 车辆功能检查			问题描述	维修人员签字
1. 遥控器及钥匙	遥控器及机械钥匙可以有效锁闭及开启 5 门；锁闭后后视镜收起，闪烁灯光			
2. 车门及行李舱	4 个车门及行李舱开启和关闭正常			
3. 车门窗	4 个车窗的玻璃升降正常			
4. 中控门锁	使用正常			
5. 驾驶人侧和前排乘客侧座椅	座椅调节正常，安全带拉伸及锁闭正常			
6. 仪表板各项指示灯	上电后各项检测指示灯数秒后正常熄灭			
7. 导航仪及收音机	使用正常			
8. 转向盘	上下调节正常，喇叭正常，多媒体调节按钮使用正常，转向盘安装正常			
9. 照明灯光	远光灯，近光灯，雾灯，行李舱灯，光束调节系统使用正常			

（续）

检查项目	检查内容	检查结果	记录栏	签字栏
C 车辆功能检查			问题描述	维修人员签字
10. 指示灯光	转向灯，警告灯，制动灯，倒车灯，牌照灯，示廓灯使用正常			
11. 刮水器	喷水器正常，前、后刮水器工作正常			
12. 空调	制冷和制热正常，风量调节正常，各出风口正常			
13. 后视镜（高配）	两侧及车内后视镜正常调节			
14. 天窗（高配）	天窗开关正常			
15. 车内灯	车内灯使用正常			
16. 遮阳板及化妆镜	使用正常			
17. 机舱盖，充电口盖	开启、闭合正常			
18. 倒车雷达/影像	使用正常			
19. 换档机构及驻车制动器	操作功能正常			
20. 数据采集终端	平台是否可以监控			
21. 充电功能	快、慢充功能正常			
D 配备检查			问题描述	维修人员签字
1. 铭牌及随车资料	铭牌有粘贴；随车资料（导航手册）齐全，资料信息与车辆一致			
2. 备胎及随车工具	随车工具（备胎，工具三件套，千斤顶）齐全			
E 其他检查			问题描述	维修人员签字
出租车配备	计价器及计价器遥控面板、顶灯及顶灯钥匙、空车牌、驾驶人信息栏、禁止吸烟贴、座套（两套）			

外观损伤位置标示图   外观损伤位置及问题描述：

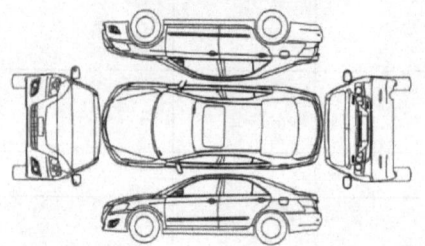

交接手续	单位	意见	签字	日期
	经销商			
	客户/运营公司			

项目2：混合动力汽车新车 PDI 检查

参考车型：不限

实训车型：_____

对混合动力汽车进行规范的 PDI 检查操作，并完成下表。

新车 PDI 检查表

车身颜色：_____ 车架号：_____ 检查日期：_____

外观与内饰	□内部与外观缺陷（如变形、擦伤、锈蚀及色差等） □油漆、电镀部件和车内装饰 □关闭车门检查缝隙情况 □车玻璃有无划痕 □随车物品、合格证、工具、备胎、使用说明书 □VIN 码、铭牌 □示廓灯及牌照灯 □前照灯（远、近光）、雾灯开关 □制动灯和倒车灯	室内检查与操作	□制动踏板高度与自由行程 □加速踏板自由行程与操作 □转向盘自由行程 □收音机调节 □转向盘自锁功能 □驻车制动调节 □遮阳板、内后视镜 □室内照明灯 □前、后座椅安全带及安全带提示灯 □座椅靠背角度及头枕调整
发动机舱	□制动液液位及缺油警告灯 □发动机机油液位（混合动力） □冷却液液位及浓度 □玻璃清洗剂液位		□加油盖的开启（混合动力） □充电座盖的开启 □杂物箱的开启及锁定 □前、后刮水器及清洗器的工作情况 □点烟器及喇叭的操作
底盘及悬架系统	□底盘状态及排气系统 □变速器或减速器油位 □制动管路有无泄漏或破损 □轮胎气压（包括备胎）（前轮：220kPa；后轮：250kPa） □燃油系统管路有无泄漏或破损（混合动力） □确认所有车轮螺母转矩 □悬架的固定 □齿轮、齿条护罩情况	点火开关及车门装置	□组合仪表灯及性能检查 □门灯；中门儿童锁 □车门、门锁工作是否正常 □门边密封条的接合情况 □钥匙的使用情况 □蓄电池的工作状况及各警告灯的显示情况 □电动车窗及开关
驾驶试验	□制动器及驻车制动的效果 □转向盘检查与自动回正 □变速换档操作 □悬架系统工作情况		
热态检查	□燃油、防冻剂、冷却液、制动液及废气的渗漏 □冷却风扇的工作情况　□有无其他异响		□蓄电池电压≥12V，车辆 READY 时≥13.5V
故障描述			
处理方法			

注：以上检查项目：合格"√"、异常"×"；

任务评价

一、自我评估

1. 判断题

1）新能源汽车新车期间不需要磨合。（　　）
2）对于混合动力汽车，由于发动机的起动与运转不再受驾驶人的控制，所以在新车期间也不需要对发动机进行特殊的磨合。（　　）
3）在动力电池使用过程中，应尽量降低充电频次，以延长电池的使用寿命。（　　）
4）大多数混合动力汽车要求使用黏度等级较高的机油。（　　）
5）纯电动汽车没有发动机，因此不存在冷却液液位检查项目。（　　）

2. 单项选择题

1）大部分纯电动汽车首保行驶里程/使用时间的规定是（　　）。
　A. 1 000km/1 个月　　　　　B. 3 000km/3 个月
　C. 5 000km/6 个月　　　　　D. 10 000km/12 个月
2）不属于新能源汽车日常检查的项目是（　　）。
　A. 辅助蓄电池检查　　　　　B. 对于混合动力车需要进行机油检查
　C. 变速器油的更换　　　　　D. 制动系统的检查
3）下面说法错误的是（　　）
　A. 检查辅助蓄电池接头有无腐蚀或接头松弛、裂纹或压板松弛。
　B. 进行保养之前，不需要确认电机和所有附属设备都已关闭。
　C. 油电混合动力汽车，进行换油程序与传统汽车的换油程序相似。
　D. 进行冷却系统检查与配置内燃机车辆的检查相似。
4）以下属于北汽新能源汽车 PDI 检查类别的是（　　）。
　A. 出库 PDI 检查　　　　　B. 接车 PDI 检查
　C. 销售 PDI 检查　　　　　D. 以上都是
5）以下不属于北汽新能源汽车销售 PDI 检查项目的是（　　）。
　A. 基本检查　　　　　　　B. 前机舱内检查
　C. 发动机怠速检查　　　　D. 车辆功能检查

二、自我评价

1）通过本任务的学习，对照本任务的学习目标，你认为你是否已经掌握学习目标？
　知识目标：（　　）
　A. 掌握　　B. 部分掌握　　C. 未掌握
　说明：_____
　技能目标：（　　）
　A. 掌握　　B. 部分掌握　　C. 未掌握
　说明：_____
2）你是否积极学习，不会的内容积极向别人请教，会的内容积极帮助他人学习？（　　）
　A. 积极学习　　B. 积极请教　　C. 积极帮助他人　　D. 三者均不积极

3）工具设备和零件有没有落地现象发生，有无保持作业现场的清洁？（   ）
　　A. 无落地且场地清洁　　　　B. 有颗粒落地
　　C. 保持作业现场清洁　　　　D. 未保持作业现场的清洁
4）实施过程中是否注意操作质量和有责任心？（   ）
　　A. 注意质量，有责任心　　　B. 不注意质量，有责任心
　　C. 注意质量，无责任心　　　D. 全无
5）在操作过程中是否注意清除隐患，在有安全隐患时是否提示其他同学？（   ）
　　A. 注意，提示　　　　　　　B. 不注意，未提示

学生签名：_____
____年____月____日

三、教师评价及反馈

参照以上填写的数据及内容，学生本次任务成绩（请在 □ 上打 ✓）：
□ 不合格　　□ 合格　　□ 良好　　□ 优秀
说明：_____
_____
_____
_____

教师签名：_____
____年____月____日

实训工单 2　新能源汽车常规维护项目与规范操作

学生姓名		班　　级		学　　号	
实训场地		工作时间		日　　期	

➡ 技能操作

一、工作任务

本工作任务共有两项：
1）纯电动汽车常规维护规范操作。
2）混合动力汽车常规维护规范操作。
请根据任务要求，确定所需要的场地和物品，并对小组成员进行合理的分工，制定详细的工作计划。

二、准备工作

安全须知、检查及记录完成任务需要的场地、设备、工具及材料。

1. 安全要求及注意事项

请认真阅读以下内容：
1）实训车辆按要求停在指定工位上，未经教师批准不准起动；经教师批准起动，首先应检查车轮的安全顶块是否放好，驻车制动是否启用，变速杆是否放在 P 位（A/T），车前没有人在操作。
2）禁止触碰任何带安全警示标示的部件。
3）实训期间禁止嬉戏打闹。
异常记录：_____

2. 场地检查

检查工作场地是否清洁及存在安全隐患，如不正常，则请汇报教师并及时处理。
异常记录：_____

3. 车辆、台架、总成、部件、充电桩检查（需要 / 正常打√；不需要 / 不正常打 ×，并记录）
□纯电动整车　□混合动力整车　□台架　□总成　□部件　□充电桩
其他：_____
异常记录：_____

4. 设备及工具检查（需要 / 正常打√；不需要 / 不正常打 ×，并记录）
个人防护装备：□常规实训工装　□绝缘手套　□绝缘安全帽　□绝缘鞋　□护目镜
其他：_____
车辆防护装备：□翼子板布　□前格栅布　□地板垫　□座椅套　□转向盘套
其他：_____

设备及拆装工具：□举升机　□动力电池举升机　□普通拆装工具
　　　　　　　　□绝缘拆装工具　□故障诊断仪　□示波器　□数字万用表
　　　　　　　　□绝缘测试仪　□钳形电流表　□红外测温仪

其他：_____

异常记录：_____
_____

5. 其他材料检查（需要/正常打√；不需要/不正常打×，并记录）

材料：□抹布　□绝缘胶布　□发动机机油　□齿轮油　□冷却液

其他：_____

异常记录：_____
_____

三、操作流程

根据工作任务，小组进行讨论，确定工作计划（流程/工序），并记录。

警告：在没有断开高压线路之前，请勿用手直接触碰前机舱内的高压部件，如果不可避免，则请借助高压绝缘棒，或者用绝缘物质代替。

项目1：纯电动汽车常规维护规范操作

参考车型：吉利帝豪 EV300/EV450

实训车型：_____

（1）纯电动汽车 B 级维护

本操作任务主要完成对纯电动汽车的日常 B 级维护（保养）操作，并结合具体的维护操作，完成下面的表格（在操作完成项目上打√）。

系统类别	检查内容	处理方法	B 级维护	
			项目	配件及材料
1. 动力电池系统	安全防护	检查并视情况处理		
	绝缘	检查并视情况处理		
	插接件状态	检查并视情况处理		
	标识	检查并视情况处理		
	螺栓紧固力矩	检查并视情况处理		
	动力电池加热功能检查	检查并视情况处理		
	外部检查	清洁处理		
	数据采集	分析并视情况处理		
2. 电机系统	安全防护	检查并视情况处理		
	绝缘检查	检查并视情况处理		
	电机和控制器冷却检查	检查并视情况处理		
	外部检查	清洁处理		

（续）

系统类别	检查内容	处理方法	B级维护	
			项目	配件及材料
3.电器电控系统	机舱及各部位低压线束的防护及固定	检查并视情况处理		
	机舱及各部位插接件状态	检查并视情况处理		
	机舱及底盘高压线束的防护及固定	检查并视情况处理		
	机舱及底盘各高、低压电器固定及插接件连接状态	检查，视情况处理并清洁		
	蓄电池	检查电量状态，并视情况处理		
	灯光、信号	检查并视情况处理		
	充电口及高压线	检查并视情况处理		
	高压绝缘检测系统	检查并视情况处理		
	故障诊断系统报警检测	检测、检查并视情况处理		
4.制动系统	驻车制动器	检查效能并视情况处理		
	制动装置	泄漏检查		
	制动液	液位检查		视情况添加制动液
	制动真空泵、控制器	检查（漏气）并视情况处理		
	前、后制动摩擦片	检查并视情况更换		
5.转向系统	转向盘及转向管柱连接紧固状态	检查并视情况处理		
	转向机本体连接紧固状态	检查并视情况处理		
	检查转向拉杆间隙及防尘套	检查并视情况处理		
	检查转向助力功能	检查并视情况处理		
6.车身系统	风窗刮水器及洗涤	检查并视情况更换处理		添加风窗洗涤剂
	天窗	检查并视情况处理		
	座椅及滑道	检查并视情况处理		
	门锁及铰链	检查并视情况处理		加注润滑脂
	机舱铰链及锁扣	检查并视情况处理		
	后背门铰链及锁	检查并视情况处理		
7.传动及悬架系统	变速器（减速器）	检查减速器连接、紧固及渗透		视情况添加
	半轴/传动轴	检查球笼间隙及护罩并视情况处理		
	轮毂	检查、紧固，并视情况处理		
	轮胎	检查胎压，并视情况处理		
	副车架几个悬置的连接状态	检查紧固		
	前、后减振器	检查渗漏情况并紧固，并视情况更换		
	机舱铰链及锁扣	检查并视情况处理		

（续）

系统类别	检查内容	处理方法	B级维护	
			项目	配件及材料
8.冷却系统	冷却液液位及冰点	液位及冰点测试，视情况添加		冬季时检测冰点，视情况添加
	冷却管路	检查渗漏情况并处理		
	电动水泵	检查渗漏情况并处理		
	散热器	检查并清理		

（2）纯电动汽车高压系统维护

以下是吉利帝豪EV运营车辆强制维护检点表，可作为高压系统及相关部件维护操作。请完成维护操作，并在下表操作完成项目上打√。其他车型参照相关车型的维护手册。

帝豪EV运营车辆强制维护检点表

服务站简称		车主姓名		车牌号	
VIN号		保养日期			
保养前操作	1.将车停放在电动车专用维修工位；2.关闭车辆再拔下MSD维修开关；3.待5min后再进行其他项目操作				
操作注意事项	1.注意拔MSD前需首先清理杂物箱内储物格中的杂物；2.拔MSD维修开关时必须佩戴绝缘手套；3.拔出时需垂直、缓慢；4.拔出后的MSD开关放置在合适的位置或用干净的塑料袋装好密封，并盖上杂物箱，以防杂物落入				

根据检点结果，在相应位置画"√"，并详细记录

序号	检点项目	正常	异常	详细记录
1	冷却液检查/添加/更换	☐	■	
2	制动液检查/添加/更换	☐	■	
3	冷却管路无老化/变形/渗漏	☐	■	
4	玻璃洗涤水检查/添加	☐	■	
5	电机控制器清洁度/腐蚀/紧固	☐	■	
6	充电机清洁度/腐蚀/紧固	☐	■	
7	分线盒清洁度/腐蚀/紧固	☐	■	
8	压缩机清洁度/腐蚀/紧固	☐	■	
9	加热器清洁度/腐蚀/紧固	☐	■	
10	高、低压线束及插接件清洁度/腐蚀/紧固	☐	■	
11	加热器搭铁壳体的导通	☐	■	
12	检查充电机、电机控制器、分线盒搭铁电阻	☐	■	
13	电池箱的异味检查	☐	■	
14	电池箱箱体划痕/腐蚀/变形/破损	☐	■	

（续）

序号	检点项目	正常	异常	详细记录
15	电池箱体（含尾部挂梁）与车辆底盘的固定螺柱紧固/锈蚀	☐	■	
16	动力电池一侧的高、低压线束及插接件清洁度/腐蚀/紧固	☐	■	
17	检查动力电池搭铁电阻	☐	■	
18	检查电机搭铁电阻	☐	■	
19	检查或更换减速器油（5万km时）	☐	■	
20	等速驱动轴总成检查	☐	■	
21	轮胎检查	☐	■	
22	同传统车型保养项目底盘螺栓紧固检查	☐	■	
23	充电口的清洁度/破损	☐	■	
24	MSD拉手及底座内部清洁度/腐蚀/破损	☐	■	
25	真空泵	☐	■	
26	档位显示检测	☐	■	
27	CSC数据是否收齐	☐	■	
28	最高单体温度	☐	■	
29	电池一致性	☐	■	
30	系统绝缘电阻	☐	■	
31	系统报警	☐	■	
32	BMU软件版本	☐	■	
33	整车诊断	☐	■	

注：电动车有高压危险，请严格按照操作规范佩带劳保，在绝缘场所使用绝缘工具和设备进行保养。

（3）纯电动汽车主要油液检查与更换

根据实训室配置，进行以下（以吉利帝豪EV为例）纯电动汽车的主要油液检查与更换操作。

1）减速器油油位的检查

记录：

2）减速器油的更换

记录：

3）电机冷却液液位的检查

记录：

4）电机冷却液的更换

记录：

项目2：混合动力汽车常规维护规范操作

参考车型：卡罗拉双擎

实训车型：

根据实训室配置，进行以下（以卡罗拉双擎为例）混合动力汽车常规维护操作。

（1）卡罗拉双擎的液位检查

　　　记录：_____

（2）卡罗拉双擎冷却液更换

　　　记录：_____

（3）卡罗拉双擎高压系统检查

　　　记录：_____

任务评价

一、自我评估

1．判断题

1）新能源汽车维护操作中，必须注意高压电的安全防护。　　　　　　　（　　）
2）由于具有高压电驱动系统，新能源汽车的维护比传统汽车复杂。　　　（　　）
3）纯电动汽车电机冷却系统的冷却液与传统汽车一致。　　　　　　　　（　　）
4）如果在减速器油温过高时进行检查和更换，可能会造成烫伤。　　　　（　　）
5）混合动力汽车车辆仍然有发动机，在日常的维护要求上与传统汽车的区
　　别并不大。　　　　　　　　　　　　　　　　　　　　　　　　　　（　　）

2．单项选择题

1）纯电动汽车通常采用的维护计划分级是（　　　）。
　　A．不分级　　　　　　　　　　　　B．A级和B级两级
　　C．A级、B级、C两级　　　　　　　D．A级、B级、C级、D级四级
2）大部分纯电动汽车维护计划（周期）间隔里程是（　　　）。
　　A．1 000km　　　　B．3 000km　　　C．5 000km　　　D．10 000km
3）纯电动汽车减速器油的更换里程通常是（　　　）。
　　A．20 000km　　　　B．50 000km　　C．越短越好　　　D．无须更换
4）吉利帝豪纯电动汽车电机冷却液型号是（　　　）。
　　A．纯净水　　　　　　　　　　　　B．电解液
　　C．符合SH0521要求的驱动电机用乙二醇型
　　D．没有特殊要求
5）丰田混合动力汽车发动机机油的更换里程通常是（　　　）。
　　A．500km或6个月　　　　　　　　B．7 500km或12个月
　　C．越短越好　　　　　　　　　　　D．无须更换

二、自我评价

1）通过本任务的学习，对照本任务的学习目标，你认为你是否已经掌握学习目标？
　　知识目标：（　　　）
　　A．掌握　　　　　B．部分掌握　　　　C．未掌握
　　说明：_____

技能目标：（   ）

  A. 掌握   B. 部分掌握   C. 未掌握

  说明：_____

2）你是否积极学习，不会的内容积极向别人请教，会的内容积极帮助他人学习？
（   ）

  A. 积极学习   B. 积极请教

  C. 积极帮助他人   D. 三者均不积极

3）工具设备和零件有没有落地现象发生，有无保持作业现场的清洁？（   ）

  A. 无掉地且场地清洁   B. 有颗粒掉地

  C. 保持作业现场清洁   D. 未保持作业现场的清洁

4）实施过程中是否注意操作质量和有责任心？（   ）

  A. 注意质量，有责任心   B. 不注意质量，有责任心

  C. 注意质量，无责任心   D. 全无

5）在操作过程中是否注意清除隐患，在有安全隐患时是否提示其他同学？（   ）

  A. 注意，提示   B. 不注意，未提示

学生签名：_____

____年____月____日

三、教师评价及反馈

参照以上填写的数据及内容，学生本次任务成绩（请在 ☐ 上打 ✓）：

☐ 不合格   ☐ 合格   ☐ 良好   ☐ 优秀

说明：_____

_____

_____

教师签名：_____

____年____月____日

项目二 新能源汽车故障诊断技术

实训工单 1 新能源汽车故障警告灯识别与原因分析

学生姓名		班　　级		学　　号	
实训场地		工作时间		日　　期	

▶ 技能操作

一、工作任务

本工作任务共有两项：
1）纯电动汽车警告灯识别与原因分析。
2）混合动力汽车警告灯识别与原因分析。

请根据任务要求，确定所需要的场地和物品，并对小组成员进行合理的分工，制定详细的工作计划。

二、准备工作

安全须知、检查及记录完成任务需要的场地、设备、工具及材料。

1. 安全要求及注意事项

请认真阅读以下内容。
1）实训车辆按要求停在指定工位上，未经老师批准不准起动；经老师批准起动，首先应检查车轮的安全顶块是否放好，驻车制动是否启用，变速杆是否放在 P 位（A/T），车前没有人在操作。
2）禁止触碰任何带安全警示标示的部件。
3）实训期间禁止嬉戏打闹。
异常记录：_____

2. 场地检查

检查工作场地是否清洁及存在安全隐患，如不正常，则请汇报老师并及时处理。
异常记录：_____

3. 车辆、台架、总成、部件、充电桩检查（需要 / 正常打√；不需要 / 不正常打 ×，并记录）
□纯电动整车　□混合动力整车　□台架　□总成　□部件　□充电桩
其他：_____

异常记录：_____

4. 设备及工具检查（需要 / 正常打√；不需要 / 不正常打 ×，并记录）

个人防护装备：□常规实训工装　□绝缘手套　□绝缘安全帽　□绝缘鞋　□护目镜
其他：_____

车辆防护装备：□翼子板布　□前格栅布　□地板垫　□座椅套　□转向盘套
其他：_____

设备及拆装工具：□举升机　□动力电池举升机　□普通拆装工具
　　　　　　　　□绝缘拆装工具　□故障诊断仪　□示波器　□数字万用表
　　　　　　　　□绝缘测试仪　□钳形电流表　□红外测温仪
其他：_____
异常记录：_____

5. 其他材料检查（需要 / 正常打√；不需要 / 不正常打 ×，并记录）

材料：□抹布　□绝缘胶布　□发动机机油　□齿轮油　□冷却液
其他：_____
异常记录：_____

三、操作流程

根据工作任务，小组进行讨论，确定工作计划（流程 / 工序），并记录。

警告：在没有断开高压线路之前，请勿用手直接触碰前机舱内的高压部件，如果不可避免，则请借助高压绝缘棒，或者用绝缘物质代替。

提示：指导教师提前设置故障。

项目 1：纯电动汽车警告灯识别与原因分析

参考车型：吉利帝豪 EV300/EV450
实训车型：_____

1）实车操作并观察纯电动车型仪表正常情况可显示的所有信息。
2）必要时可使用诊断仪对组合仪表进行自检动作测试，使所有显示的指示项目、相关指示灯和警告灯点亮并拍照做好记录。
3）纯电动车型仪表可显示的所有信息、相关指示灯和警告灯等，与传统汽油车型对比，属于新能源车型专有的信息指示项目有：

序号	指示项目名称	序号	指示项目名称
1		9	
2		10	
3		11	
4		12	
5		13	
6		14	
7		15	
8		16	

4）警告灯异常原因分析。对比实车观察到的纯电动车型仪表显示信息、相关指示灯和警告灯属于异常显示的，分析可能原因。

序号	异常显示项目名称	可能原因
1		
2		
3		
4		
5		

项目2：混合动力汽车警告灯识别与原因分析

参考车型：丰田卡罗拉双擎

实训车型：＿＿＿＿＿＿＿＿＿＿＿＿＿＿＿＿＿＿＿＿＿＿＿

1）实车操作并观察混合动力车型（丰田卡罗拉双擎）仪表正常情况可显示的所有信息。

2）必要时可使用诊断仪对组合仪表进行自检动作测试，使所有显示的指示项目、相关指示灯和警告灯点亮并拍照做好记录。

3）混合动力车型（丰田卡罗拉双擎）仪表可显示的所有信息、相关指示灯和警告灯等，与传统汽油车型对比，属于新能源车型专有的信息指示项目有：

序号	指示项目名称	序号	指示项目名称
1		9	
2		10	
3		11	
4		12	
5		13	
6		14	
7		15	
8		16	

4）警告灯异常原因分析。对比实车观察到的混合动力车型仪表显示信息、相关指示灯和警告灯属于异常显示的，分析可能原因。

序号	异常显示项目名称	可能原因
1		
2		
3		
4		
5		

任务评价

一、自我评估

1. 判断题

1）动力电池切断警告灯点亮，一定是动力电池发生故障。（   ）
2）当车辆外接充电枪连接指示灯点亮时，车辆无法行驶。（   ）
3）新能源汽车的故障警告灯，可能会同时点亮几个。（   ）
4）多个新能源汽车故障警告灯点亮时，优先权最高的是动力系统警告灯。（   ）
5）新能源汽车组合仪表所有灯都不亮，最可能的原因是动力电池没电。（   ）

2. 单项选择题

1）以下属于严重警告的故障警告灯是（   ）。
　　A. 动力电池充电提醒灯　　　B. 动力电池切断警告灯
　　C. 动力电池故障警告灯　　　D. 功率限制指示灯
2）新能源汽车警告灯中，表示系统正常的颜色是（   ）。
　　A. 红色　　B. 绿色　　C. 黄色　　D. 以上都有可能
3）12V 蓄电池故障警告灯常亮，原因可能是（   ）。
　　A. DC-DC 变换器故障　　　B. 12V 蓄电池故障
　　C. DC-DC 变换器和 12V 蓄电池相关的线路故障
　　D. 以上都有可能
4）吉利帝豪 EV450 纯电动汽车的车辆行驶模式默认是（   ）。
　　A. ECO　　B. ECO+　　C. SPORT　　D. POWER
5）卡罗拉双擎混合动力汽车显示的混合动力系统动力输出功率是（   ）。
　　A. HV 蓄电池输出功率　　　B. 发动机输出功率
　　C. HV 蓄电池输出功率和发动机输出功率总和
　　D. HV 蓄电池输出功率和发动机输出功率任一

二、自我评价

1）通过本任务的学习，对照本任务的学习目标，你认为你是否已经掌握学习目标？
　　知识目标：（   ）
　　A. 掌握　　B. 部分掌握　　C. 未掌握
　　说明：_____
　　技能目标：（   ）
　　A. 掌握　　B. 部分掌握　　C. 未掌握
　　说明：_____
2）你是否积极学习，不会的内容积极向别人请教，会的内容积极帮助他人学习？（   ）
　　A. 积极学习　　B. 积极请教　　C. 积极帮助他人　　D. 三者均不积极
3）工具设备和零件有没有落地现象发生，有无保持作业现场的清洁？（   ）
　　A. 无掉地且场地清洁　　　B. 有颗粒掉地
　　C. 保持作业环境清洁　　　D. 未保持作业现场的清洁

4）实施过程中是否注意操作质量和有责任心？（　　）
    A. 注意质量，有责任心　　　B. 不注意质量，有责任心
    C. 注意质量，无责任心　　　D. 全无

5）在操作过程中是否注意清除隐患，在有安全隐患时是否提示其他同学？（　　）
    A. 注意，提示　　　B. 不注意，未提示

学生签名：_____
____年____月____日

三、教师评价及反馈

参照以上填写的数据及内容，学生本次任务成绩（请在 □ 上打 ✓）：
□ 不合格　　□ 合格　　□ 良好　　□ 优秀
说明：_____
　　　_____
　　　_____
　　　_____

教师签名：_____
____年____月____日

实训工单 2　新能源汽车故障诊断流程分析

学生姓名		班　　级		学　　号	
实训场地		工作时间		日　　期	

➡ 技能操作

一、工作任务

本工作任务共有 3 项：
1）新能源汽车故障诊断思路分析与制定。
2）利用诊断仪器进行故障诊断（纯电动汽车）。
3）利用诊断仪器进行故障诊断（混合动力汽车）。

请根据任务要求，确定所需要的场地和物品，并对小组成员进行合理的分工，制定详细的工作计划。

二、准备工作

安全须知、检查及记录完成任务需要的场地、设备、工具及材料。

1. 安全要求及注意事项

请认真阅读以下内容。
1）实训车辆按要求停在指定工位上，未经老师批准不准起动；经老师批准起动，首先应检查车轮的安全顶块是否放好，驻车制动是否启用，变速杆是否放在 P 位（A/T），车前没有人在操作。
2）禁止触碰任何带安全警示标示的部件。
3）实训期间禁止嬉戏打闹。
异常记录：_____

2. 场地检查

检查工作场地是否清洁及存在安全隐患，如不正常，则请汇报老师并及时处理。
异常记录：_____

3. 车辆、台架、总成、部件、充电桩检查（需要/正常打√；不需要/不正常打×，并记录）
□纯电动整车　□混合动力整车　□台架　□总成　□部件　□充电桩
其他：_____
异常记录：_____

4. 设备及工具检查（需要/正常打√；不需要/不正常打×，并记录）
个人防护装备：□常规实训工装　□绝缘手套　□绝缘安全帽　□绝缘鞋　□护目镜
其他：_____

车辆防护装备：□翼子板布　□前格栅布　□地板垫　□座椅套　□转向盘套
其他：_____
设备及拆装工具：□举升机　□动力电池举升机　□普通拆装工具
　　　　　　　　□绝缘拆装工具　□故障诊断仪　□示波器　□数字万用表
　　　　　　　　□绝缘测试仪　□钳形电流表　□红外测温仪
其他：_____
异常记录：_____

5.其他材料检查（需要/正常打√；不需要/不正常打×，并记录）
材料：□抹布　□绝缘胶布　□发动机机油　□齿轮油　□冷却液
其他：_____
异常记录：_____

三、操作流程

根据工作任务，小组进行讨论，确定工作计划（流程/工序），并记录。

警告：在没有断开高压线路之前，请勿用手直接触碰前机舱内的高压部件，如果不可避免，则请借助高压绝缘棒，或者用绝缘物质代替。

提示：指导教师提前设置故障。

项目1：新能源汽车故障诊断思路分析与制定
参考车型：不限
实训车型：_____
参照前文"基本知识"的内容，必要时阅读维修手册及相关技术资料，进行分组讨论。主要讨论的项目应包括：
1）当仪表出现动力系统故障警告灯 ![] 后，诊断的基本思路，如先应该问询或观察什么，再作初步的检查等。
2）对车辆故障警告灯对应系统的检测可使用的方法有哪些，包括工具、设备等。
3）编写一个可供参考的故障诊断流程，这将基于使用诊断仪检查后发现存在故障码（例如，制动踏板位置传感器断路）的情况。
记录：_____

项目2：利用诊断仪器进行故障诊断（纯电动汽车）
参考车型：吉利帝豪EV300/EV450
实训车型：_____
以吉利帝豪EV450车型为例，使用诊断仪进行故障码的读取、数据流读取和执行主动测试。

提示：采用其他车型，可参考以下步骤，根据仪器提示进行操作。
提示：指导教师提前设置故障，控制模块记忆故障码。

1）按下诊断仪电源开关打开诊断仪。
2）将诊断仪诊断线接口或蓝牙接口插入诊断座，按压一键起动开关两次将电源状态置于ON位。

3）单击诊断仪桌面诊断图标打开诊断软件。

注意：如果使用蓝牙接口连接车辆诊断座，注意观察屏幕提示，确保诊断仪与蓝牙接口连接成功。

4）单击选择"车辆诊断功能"。

5）单击选择"吉利"品牌。

6）单击选择"帝豪"车系。

7）单击选择"帝豪 EV450"车型，进入车型诊断菜单主界面。

8）单击选择"读取所有系统故障码"，可以快速读取全车所有可支持诊断模块所记录的故障码，等待诊断仪扫描所有的控制模块，显示全车所有系统的故障码情况。
故障码记录：_____

9）单击"返回"回到车型诊断主界面，单击选择"控制模块诊断"，进入可诊断控制模块选择界面。

10）选择相应的控制模块进行故障诊断，以诊断整车控制器（VCU）为例，单击选择"整车控制器（VCU）"。

11）进入整车控制器（VCU）诊断界面。

12）单击选择"读故障码"，可以读取 VCU 所记录的故障码。
故障码记录：_____
_____

13）单击"返回"回到整车控制器（VCU）诊断界面，单击选择"读数据流"，读取 VCU 相关数据流，通过"上一页"或"下一页"按键可以翻页显示全部数据流。
记录部分数据流：

序号	名称	当前值	单位
1			
2			
3			
4			
5			
6			
7			
8			
9			
10			
11			
12			
13			
14			
15			

14）单击"返回"回到整车控制器（VCU）诊断界面，单击选择"动作测试"，可以对相关执行器进行动作测试。

　　动作测试记录（根据实际车型选做）：_____
_____

15）单击"返回"可以回到整车控制器（VCU）诊断界面，单击"退出"按钮，可以直接退出车辆诊断程序。

16）关闭诊断仪，按压一键起动开关将电源状态置于 OFF 位。

17）拔下诊断接口或蓝牙接口，诊断结束。

18）整理仪器设备及场地。

项目 3：利用诊断仪器进行故障诊断（混合动力汽车）

参考车型：丰田卡罗拉双擎

实训车型：_____

以丰田卡罗拉双擎车型为例，使用丰田原厂诊断系统 GTS 进行故障码的读取、数据流读取和执行主动测试。

提示：采用其他车型，可参考以下步骤，根据仪器提示进行操作。

提示：指导教师提前设置故障，控制模块记忆故障码。

1）将诊断仪接口插入诊断座。

2）打开点火开关至 ON 位。

3）按下 GTS 电源开关，将电源接通。

提示：GST 通信检查如下：

　　a. 三个灯同时都是常亮状态，表示 VIM 已和 PC、车辆有初始通信正常。

　　b. 如果电源指示灯常亮，计算机通信指示灯、车辆通信指示灯闪烁，说明 VIM 正在和 PC、车辆通信。

4）起动诊断仪，选择与车辆连接，选择合适的车型，点击下一步。

5）进入诊断主界面。

6）进行健康检查。健康检查即一键式检查，其检查结果包含当前车辆的故障码、故障码的时间标签、传感器监视器状态及 ECU 通信的诊断检查，在健康检查中，ECU 按照"系统区域"进行分类，如"传动系统""底盘"及"车身电气"。用户通过"健康检查"可以诊断特定系统区域的 ECU，从而缩短检查所需的时间。

7）健康检查完毕，可以看到检查的系统及对应的故障码。

　　故障码记录：_____

8）单击可以查看故障码的时间标签，及故障码对应的解释信息。

　　故障码信息记录：_____

9）返回首页可以看到健康检查的结果，白色表示 ECU 通信 OK。

10）单击系统名称可以查看对应系统的内容。

11）首先显示系统有无故障码。

　　故障码记录：_____

12）选择数据列表可以查看对应系统的数据流。

记录部分数据流：

序号	参数	值	单位
1			
2			
3			
4			
5			
6			
7			
8			
9			
10			
11			
12			
13			
14			
15			

13）还可以查看和对比数据波形。

14）主动测试功能强制驱动继电器、执行器和电磁线圈等。如果在主动测试中运行正常，则可以判断从 ECU 至继电器、执行器和电磁线圈等的电路正常。

动作测试记录（根据实际车型选做）：_____

_____

15）CAN 总线检查。执行此功能，可以显示连接到 CAN 总线的所有 ECU 列表。

16）读取完毕，关闭检测仪，关闭点火开关。

17）取下诊断插头，诊断结束。

18）整理仪器设备及场地。

➡ 任务评价

一、自我评估

1. 判断题

1）"故障诊断流程"是进行汽车故障诊断与排除工作需要遵循的一个基本原则。（　　）

2）故障诊断流程的第一步是大致了解客户车辆情况。（　　）

3）作为车辆的使用者，客户反应的车辆故障一定是真实存在的。（　　）

4）为提高故障诊断的速度和准确性，车辆的控制系统都会设计有一套自诊断系统。（　　）

5）新能源汽车在故障状态下均会进入失效保护模式。（　　）

2. 单项选择题

1）进行客户报修车辆的初步检查（预检）包括（　　）。
A. 对车辆进行外观全面检查
B. 检测是否有异常的响声或异味
C. 利用诊断仪器采集故障码（DTC）信息，以便进行有效的修理
D. 以上都是

2）以下方法或工具有利于定位和修理间歇性故障码或历史故障码的是（　　）。
A. 结合专业知识和可用的维修信息
B. 判断客户描述的症状和状况
C. 使用带数据捕获记录（数据流记录）功能的故障诊断仪、数字式万用表和示波器等
D. 以上都是

3）以丰田混合动力汽车为例，以下哪些情况会造成车辆发动机能够被起动，但是车辆不能被驱动。（　　）
A. MG1 的分解器（旋变传感器）失效
B. MG2 的分解器（旋变传感器）失效
C. 动力电池本身故障
D. 温度传感器等故障

4）以丰田混合动力汽车为例，以下哪些情况会造成车辆发动机能够不能起动。（　　）
A. MG1 的分解器（旋变传感器）失效　　B. 动力电池管理系统故障
C. 动力电池本身故障　　D. 以上都是

5）如果诊断仪器不能与车辆所有的控制系统通信，最有可能的原因是（　　）。
A. CAN 通信故障　　B. 传感器故障
C. 执行器故障　　D. 控制模块故障

二、自我评价

1）通过本任务的学习，对照本任务的学习目标，你认为你是否已经掌握学习目标？
知识目标：（　　）
A. 掌握　　B. 部分掌握　　C. 未掌握
说明：_____
技能目标：（　　）
A. 掌握　　B. 部分掌握　　C. 未掌握
说明：_____

2）你是否积极学习，不会的内容积极向别人请教，会的内容积极帮助他人学习？（　　）
A. 积极学习　　B. 积极请教
C. 积极帮助他人　　D. 三者均不积极

3）工具设备和零件有没有落地现象发生，有无保持作业现场的清洁？（　　）
A. 无掉地且场地清洁　　B. 有颗粒掉地
C. 保持作业环境清洁　　D. 未保持作业现场的清洁

4）实施过程中是否注意操作质量和有责任心？（　　）
A. 注意质量，有责任心　　B. 不注意质量，有责任心

　　　　C. 注意质量，无责任心　　　　D. 全无
　5）在操作过程中是否注意清除隐患，在有安全隐患时是否提示其他同学？（　　）
　　　　A. 注意，提示　　　　　　　　B. 不注意，未提示

学生签名：_____
____年____月____日

三、教师评价及反馈

参照以上填写的数据及内容，学生本次任务成绩（请在 □ 上打 ✓）：
□ 不合格　　□ 合格　　□ 良好　　□ 优秀
说明：_____
_____
_____
_____

教师签名：_____
____年____月____日

项目三　纯电动汽车故障诊断与排除

实训工单 1　纯电动汽车动力电池及管理系统故障诊断与排除

学生姓名		班　　级		学　　号	
实训场地		工作时间		日　　期	

➡ 技能操作

一、工作任务

本工作任务共有 3 项：
1）动力电池管理系统低压电源和搭铁检测。
2）动力电池母线电流检测。
3）动力电池绝缘性能检测。

请根据任务要求，确定所需要的场地和物品，并对小组成员进行合理的分工，制定详细的工作计划。

二、准备工作

安全须知、检查及记录完成任务需要的场地、设备、工具及材料。

1. 安全要求及注意事项

请认真阅读以下内容。
1）实训车辆按要求停在指定工位上，未经老师批准不准起动；经老师批准起动，首先应检查车轮的安全顶块是否放好，驻车制动是否启用，变速杆是否放在 P 位（A/T），车前没有人在操作。
2）禁止触碰任何带安全警示标示的部件。
3）实训期间禁止嬉戏打闹。
异常记录：_____

2. 场地检查

检查工作场地是否清洁及存在安全隐患，如不正常，则请汇报老师并及时处理。
异常记录：_____

3. 车辆、台架、总成、部件、充电桩检查（需要/正常打√；不需要/不正常打×，并记录）
□纯电动整车　□混合动力整车　□台架　□总成　□部件　□充电桩
其他：_____

异常记录：＿＿＿＿＿＿＿＿＿＿＿＿＿＿＿＿＿＿＿＿＿＿＿＿＿＿＿＿＿＿＿＿

4. 设备及工具检查（需要/正常打√；不需要/不正常打 ×，并记录）

个人防护装备：□常规实训工装　□绝缘手套　□绝缘安全帽　□绝缘鞋　□护目镜
其他：＿＿＿＿＿＿＿＿＿＿＿＿＿＿＿＿＿＿＿＿＿＿＿＿＿＿＿＿＿＿＿＿

车辆防护装备：□翼子板布　□前格栅布　□地板垫　□座椅套　□转向盘套
其他：＿＿＿＿＿＿＿＿＿＿＿＿＿＿＿＿＿＿＿＿＿＿＿＿＿＿＿＿＿＿＿＿

设备及拆装工具：□举升机　□动力电池举升机　□普通拆装工具
　　　　　　　　□绝缘拆装工具　□故障诊断仪　□示波器　□数字万用表
　　　　　　　　□绝缘测试仪　□钳形电流表　□红外测温仪
其他：＿＿＿＿＿＿＿＿＿＿＿＿＿＿＿＿＿＿＿＿＿＿＿＿＿＿＿＿＿＿＿＿
异常记录：＿＿＿＿＿＿＿＿＿＿＿＿＿＿＿＿＿＿＿＿＿＿＿＿＿＿＿＿＿＿＿＿

5. 其他材料检查（需要/正常打√；不需要/不正常打 ×，并记录）

材料：□抹布　□绝缘胶布　□发动机机油　□齿轮油　□冷却液
其他：＿＿＿＿＿＿＿＿＿＿＿＿＿＿＿＿＿＿＿＿＿＿＿＿＿＿＿＿＿＿＿＿
异常记录：＿＿＿＿＿＿＿＿＿＿＿＿＿＿＿＿＿＿＿＿＿＿＿＿＿＿＿＿＿＿＿＿

三、操作流程

根据工作任务，小组进行讨论，确定工作计划（流程/工序），并记录。

警告： 在没有断开高压线路之前，请勿用手直接触碰前机舱内的高压部件，如果不可避免，则请借助高压绝缘棒，或者用绝缘物质代替。

提示： 指导教师可以提前设置故障。

项目1：动力电池管理系统低压电源和搭铁检测

参考车型：吉利帝豪 EV300/EV450

实训车型：＿＿＿＿＿＿＿＿＿＿＿＿＿＿

（1）BMS 电源线路测量

　　1）操作点火开关使电源模式切换至 OFF 状态。
　　2）断开 BMS 线束插接器 CA49。
　　3）操作点火开关使电源模式切换至 ON 状态。
　　4）用万用表测量 BMS 线束插接器 CA49 的 1 号端子和车身可靠搭铁之间的电压。
　　电压实测值为：＿＿＿＿＿＿V。
　　5）用万用表测量 BMS 线束插接器 CA49 的 7 号端子和车身可靠搭铁之间的电压。
　　电压实测值为：＿＿＿＿＿＿V。
　　6）确认测量值是否符合标准。
　　1 号端子的测量值是否正常＿＿＿＿＿＿，如果不正常，则请利用所学知识查找故障原因，并排除故障。
　　7 号端子的测量值是否正常＿＿＿＿＿＿，如果不正常，则请利用所学知识查找故障原因，并排除故障。

（2）BMS 搭铁线路测量

　　1）操作点火开关使电源模式切换至 OFF 状态。

2）断开 BMS 线束插接器 CA49。
3）用万用表测量 BMS 线束插接器 CA49 的 2 号端子和车身可靠搭铁之间的电阻。
电阻实测值为：_____ Ω。
4）确认测量值是否符合标准。
2 号端子是否正常_____，如果不正常，则请利用所学知识查找故障原因，并排除故障。

项目 2：动力电池母线电流检测

参考车型：吉利帝豪 EV300/EV450

实训车型：_____

1）操作点火开关使电源模式切换至 OFF 状态。
2）在动力电池母线正极或负极线缆上套入钳形电流表。
3）使用诊断仪进行诊断，操作点火开关使电源模式切换至 ON 状态，读取 VCU 数据流，观察电池电流数据。
4）同时对比观察各状态下钳形电流表的电流读数与 VCU 数据流中的"电池电流"读数。
① 操作点火开关使车辆进入 READY 状态：
观察此时电流钳的电流读数为_____A；数据流中的"电池电流"读数为_____A。
② 操作点火开关使车辆进入 READY 状态，打开空调制冷到最低温度：
观察此时电流钳的电流读数为_____A；数据流中的"电池电流"读数为_____A。
③ 操作点火开关使车辆进入 READY 状态，打开空调加热到最高温度：
观察此时电流钳的电流读数为_____A；数据流中的"电池电流"读数为_____A。
④ 操作点火开关使车辆进入 READY 状态，挂入 D 位：
观察此时电流钳的电流读数为_____A；数据流中的"电池电流"读数为_____A。
⑤ 操作点火开关使车辆进入 READY 状态，挂入 R 位：
观察此时电流钳的电流读数为_____A；数据流中的"电池电流"读数为_____A。
⑥ 使用慢充充电枪对车辆进行充电，当仪表显示正在充电状态时：
观察此时电流钳的电流读数为_____A；数据流中的"电池电流"读数为_____A。
以上数据是否正常_____，如果不正常，则请利用所学知识查找故障原因，并排除故障。

项目 3：动力电池绝缘性能检测

参考车型：吉利帝豪 EV300/EV450

实训车型：_____

（1）高压回路断电与检验
1）操作点火开关使电源模式切换至 OFF 状态。
2）断开蓄电池负极电缆。
3）拆卸维修开关。
4）断开动力电池高压线线束插接器 EP41。
5）等待 5min。
6）用万用表检测 EP41 端子 1 与端子 2 之间的电压。
标准电压：≤ 5V。
电压实测值为：_____V。

警告：电压实测值必须符合标准值，才能进行下一步的操作。

（2）检测动力电池外部负载高压回路的绝缘阻值

　　1）拆卸动力电池高压线线束插接器 EP41。

　　2）将高压绝缘检测仪的档位调至 1 000V。

　　3）用高压绝缘检测仪测量动力电池高压线线束插接器 EP41 的 1 号端子与车身搭铁之间的电阻。

　　实测绝缘电阻值为：_____MΩ。

　　4）用高压绝缘检测仪测量动力电池高压线线束插接器 EP41 的 2 号端子与车身搭铁之间的电阻。

　　实测绝缘电阻值为：_____MΩ。

　　以上数据是否正常_____，如果不正常，则请利用所学知识查找故障原因，并排除故障。

　　5）测量完毕，复原车辆，将仪器及工具归位。

（3）检测动力电池母线接口的绝缘阻值

　　1）用万用表检测动力电池母线接口正、负极端子之间的电压，确保无高电压输出。

　　标准电压：≤ 5V。

　　2）将高压绝缘检测仪的档位调至 1 000V。

　　3）用高压绝缘检测仪测量动力电池母线接口正极端子与车身搭铁之间的电阻。

　　实测绝缘电阻值为：_____MΩ。

　　4）用高压绝缘检测仪测量动力电池母线接口负极端子与车身搭铁之间的电阻。

　　实测绝缘电阻值为：_____MΩ。

　　以上数据是否正常_____，如果不正常，则请利用所学知识查找故障原因，并排除故障。

任务评价

一、自我评估

1. 判断题

1）进行动力电池及管理系统故障诊断时，应该首先利用故障诊断仪读取动力电池及管理系统、整车控制器（VCU）的故障码。（　　）

2）动力电池的单体电压过高会导致断电保护，过低会导致无法充电。（　　）

3）对于动力电池系统故障，在具体诊断维修过程中一般先排除内部故障再确定外部故障。（　　）

4）BMS 发生故障时，会导致高压电路的继电器不能工作，车辆不能上高压电。（　　）

5）BMS 系统通过监控高压回路与车身搭铁之间的绝缘电阻，判断动力电池是否存在漏电故障。（　　）

2. 单项选择题

1）纯电动汽车的 BMS 发生故障时，会导致高电压系统内的高压继电器不能工作，使车辆失去动力而不能行驶，同时位于仪表的（　　）故障警告灯将点亮。

　　A. 动力系统　　B. ABS　　C. 驱动电机　　D. 安全气囊

2）（　　）能够对动力电池组总电压、总电流、每个测点温度和电池单体的电压参数进行实时监控，同时具有相应的如高压互锁监控、绝缘监控、碰撞监控等功能。
　　A. PEU　　　　B. BMS　　　　C. 电机　　　　D. PTC
3）动力电池绝缘电阻的检查用测量工具是（　　）。
　　A. 诊断仪　　　B. 绝缘测试仪　C. 示波器　　　D. 万用表
4）如果车辆发生高压继电器之后的高压回路漏电故障，使用诊断仪读取故障码，最有可能的是（　　）。
　　A. P21F02A　　B. P21F02B　　C. A 和 B 都是　D. A 和 B 都不是
5）如果 BMS 系统监控到漏电故障，可能原因是（　　）。
　　A. 动力电池外部、内部的高压回路绝缘电阻过低
　　B. BMS 相关绝缘监控采样线路或漏电传感器故障
　　C. BMS 自身故障　　　　　　　D. 以上都可能

二、自我评价

1）通过本任务的学习，对照本任务的学习目标，你认为你是否已经掌握学习目标？
　　知识目标：（　　）
　　A. 掌握　　　　B. 部分掌握　　C. 未掌握
　　说明：_____
　　技能目标：（　　）
　　A. 掌握　　　　B. 部分掌握　　C. 未掌握
　　说明：_____
2）你是否积极学习，不会的内容积极向别人请教，会的内容积极帮助他人学习？（　　）
　　A. 积极学习　　B. 积极请教　　C. 积极帮助他人　　D. 三者均不积极
3）工具设备和零件有没有落地现象发生，有无保持作业现场的清洁？（　　）
　　A. 无掉地且场地清洁　　　　　B. 有颗粒掉地
　　C. 保持作业环境清洁　　　　　D. 未保持作业现场的清洁
4）实施过程中是否注意操作质量和有责任心？（　　）
　　A. 注意质量，有责任心　　　　B. 不注意质量，有责任心
　　C. 注意质量，无责任心　　　　D. 全无
5）在操作过程中是否注意清除隐患，在有安全隐患时是否提示其他同学？（　　）
　　A. 注意，提示　　　　　　　　B. 不注意，未提示

学生签名：_____
____年____月____日

三、教师评价及反馈

参照以上填写的数据及内容，学生本次任务成绩（请在 □ 上打 ✓）：
□ 不合格　　□ 合格　　□ 良好　　□ 优秀
说明：_____

教师签名：_____
____年____月____日

实训工单 2　纯电动汽车驱动电机及控制器故障诊断与排除

学生姓名		班　　级		学　　号	
实训场地		工作时间		日　　期	

➡ 技能操作

一、工作任务

本工作任务共有 3 项：
1）电机角度传感器线圈电阻检测。
2）电机角度传感器的波形检测。
3）电机驱动电流检测。

请根据任务要求，确定所需要的场地和物品，并对小组成员进行合理的分工，制定详细的工作计划。

二、准备工作

安全须知、检查及记录完成任务需要的场地、设备、工具及材料。

1. 安全要求及注意事项

请认真阅读以下内容。
1）实训车辆按要求停在指定工位上，未经老师批准不准起动；经老师批准起动，首先应检查车轮的安全顶块是否放好，驻车制动是否启用，变速杆是否放在 P 位（A/T），车前没有人在操作。
2）禁止触碰任何带安全警示标示的部件。
3）实训期间禁止嬉戏打闹。
异常记录：＿＿＿＿＿＿＿＿＿＿＿＿＿＿＿＿

2. 场地检查

检查工作场地是否清洁及存在安全隐患，如不正常，则请汇报老师并及时处理。
异常记录：＿＿＿＿＿＿＿＿＿＿＿＿＿＿＿＿

3. 车辆、台架、总成、部件、充电桩检查（需要 / 正常打√；不需要 / 不正常打 ×，并记录）
□纯电动整车　　□混合动力整车　　□台架　　□总成　　□部件　　□充电桩
其他：＿＿＿＿＿＿＿＿＿＿＿＿＿＿＿＿＿＿
异常记录：＿＿＿＿＿＿＿＿＿＿＿＿＿＿＿＿

4. 设备及工具检查（需要 / 正常打√；不需要 / 不正常打 ×，并记录）
个人防护装备：□常规实训工装　　□绝缘手套　　□绝缘安全帽　　□绝缘鞋　　□护目镜
其他：＿＿＿＿＿＿＿＿＿＿＿＿＿＿＿＿＿＿
车辆防护装备：□翼子板布　　□前格栅布　　□地板垫　　□座椅套　　□转向盘套

其他：_____
设备及拆装工具：□举升机　□动力电池举升机　□普通拆装工具
　　　　　　　　□绝缘拆装工具　□故障诊断仪　□示波器　□数字万用表
　　　　　　　　□绝缘测试仪　□钳形电流表　□红外测温仪
其他：_____
异常记录：_____

5. 其他材料检查（需要/正常打√；不需要/不正常打 ×，并记录）

材料：□抹布　□绝缘胶布　□发动机机油　□齿轮油　□冷却液
其他：_____
异常记录：_____

三、操作流程

根据工作任务，小组进行讨论，确定工作计划（流程/工序），并记录。

警告：在没有断开高压线路之前，请勿用手直接触碰前机舱内的高压部件，如果不可避免，则请借助高压绝缘棒，或者用绝缘物质代替。

提示：指导教师可以提前设置故障。

项目1：电机角度传感器线圈电阻检测

参考车型：吉利帝豪 EV300/EV450

实训车型：_____

1）将万用表旋至电阻档，校准万用表。
2）操作起动开关使电源模式切换至 OFF 状态。
3）断开蓄电池负极电缆。
4）拆卸维修开关（如装备）。
5）断开电机控制器线束插接器 EP11。
6）通过 EP11 测量相关电机角度传感器线圈电阻值。
　①用万用表测量电机控制器线束插接器 EP11 端子 15 和 EP11 端子 22 之间励磁线圈的电阻。
　　实测励磁线圈的电阻值为：_____Ω。
　②用万用表测量电机控制器线束插接器 EP11 端子 24 和 EP11 端子 17 之间正弦线圈的电阻。
　　实测正弦线圈的电阻值为：_____Ω。
　③用万用表测量电机控制器线束插接器 EP11 端子 23 和 EP11 端子 16 之间余弦线圈的电阻。
　　实测余弦线圈的电阻值为：_____Ω。
　④记录所测量的数据，并与正常值比较。
　　电机旋变的正弦、余弦、励磁电阻的正常值如下。
　　余弦：$14.5 \pm 1.5\Omega$。
　　正弦：$13.5 \pm 1.5\Omega$。
　　励磁：$9.5 \pm 1.5\Omega$。

励磁线圈的电阻值是否正常：_____，如果不正常，则请利用所学知识查找故障原因，并排除故障。

正弦线圈的电阻值是否正常：_____，如果不正常，则请利用所学知识查找故障原因，并排除故障。

余弦线圈的电阻值是否正常：_____，如果不正常，则请利用所学知识查找故障原因，并排除故障。

项目2：电机角度传感器的波形检测

参考车型：吉利帝豪 EV300/EV450

实训车型：_____

1）操作起动开关使电源模式切换至 OFF 状态。
2）断开蓄电池负极电缆。
3）举升车辆至车轮离开地面高度，使驱动车轮离地。
4）将示波器探针和角度传感器励磁线圈端子连接。
5）重新装复蓄电池负极，操作起动开关使电源模式切换至 ON 状态。
6）观察电机静止时示波器上的励磁线圈波形，并画出波形的示意图。

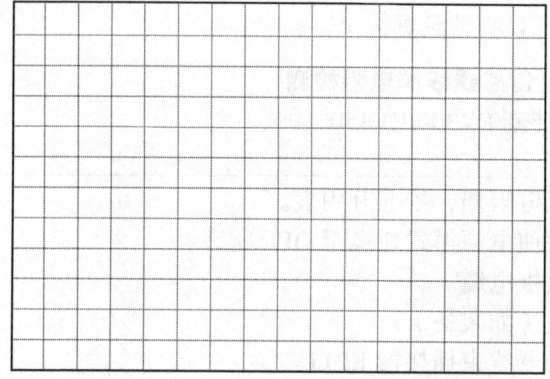

7）操作起动开关使电源模式切换至 OFF 状态，将示波器探针和角度传感器正弦线圈端子连接。
8）操作起动开关使电源模式切换至 ON 状态。观察电机静止时示波器上的正弦线圈波形，并画出波形的示意图。

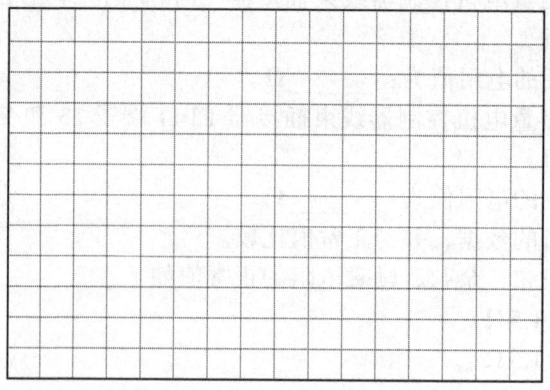

9）操作起动开关使车辆进入 READY 状态。挂入 D 位，使电机工作转动，观察电机转动时示波器上的正弦线圈波形，并画出波形的示意图。

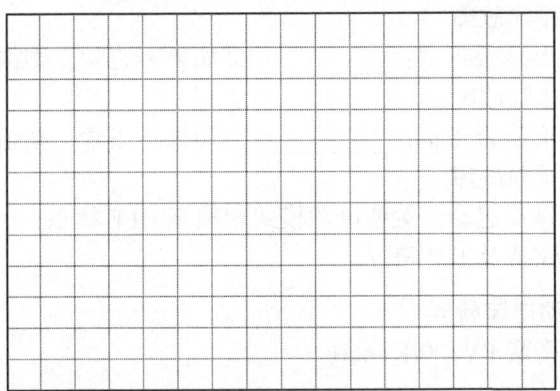

10）操作起动开关使电源模式切换至 OFF 状态，将示波器探针和角度传感器余弦线圈端子连接。

11）操作起动开关使电源模式切换至 ON 状态。观察电机静止时示波器上的余弦线圈波形，并画出波形的示意图。

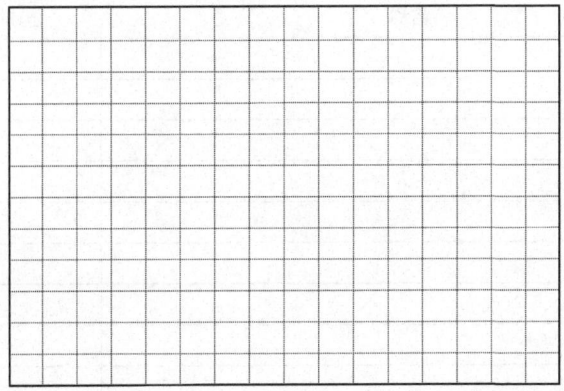

12）操作起动开关使车辆进入 READY 状态。挂入 D 位，使电机工作转动，观察电机转动时示波器上的余弦线圈波形，并画出波形的示意图。

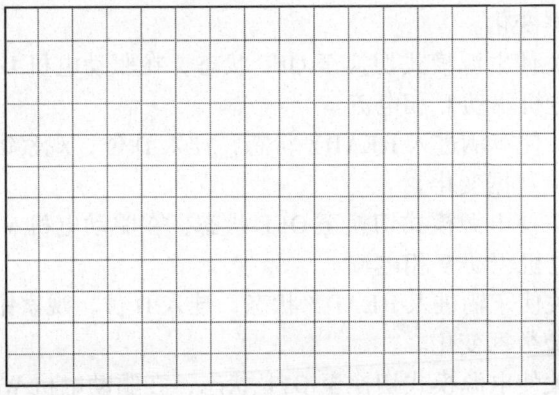

13）将读取的波形与正常波形比较（参照教材中的图 3-2-16 和图 3-2-17）
   励磁线圈波形是否正常：_____，如果不正常，则请利用所学知识查找故障原因，并排除故障。
   正弦线圈波形是否正常：_____，如果不正常，则请利用所学知识查找故障原因，并排除故障。
   余弦线圈波形是否正常：_____，如果不正常，则请利用所学知识查找故障原因，并排除故障。
14）检测完毕，操作起动开关使电源模式切换至 OFF 状态，关闭并取下示波器，车辆复位，将仪器及工具归位。

项目 3：电机驱动电流检测

参考车型：吉利帝豪 EV300/EV450

实训车型：_____

1）举升车辆至车轮离开地面高度，使驱动车轮离地。
2）使用诊断仪读取电机控制器（PEU）的数据流，读取电机驱动 U 相、V 相、W 相电流数据。

记录数据流。

序号	名称	当前值	单位
1			
2			
3			
4			
5			
6			
7			
8			
9			
10			

3）操作起动开关使车辆进入 READY 状态，挂入 D 位，观察电机驱动 U 相、V 相、W 相电流数据变化。
4）操作起动开关使电源模式切换至 OFF 状态，在驱动电机 U 相线缆上套入钳形电流表，测量电机驱动 U 相电流。
5）操作起动开关使车辆进入 READY 状态，挂入 D 位，观察钳形电流表测量的电机驱动 U 相电流数据变化。
6）操作起动开关使电源模式切换至 OFF 状态，在驱动电机 V 相线缆上套入钳形电流表，测量电机驱动 V 相电流。
7）操作起动开关使车辆进入 READY 状态，挂入 D 位，观察钳形电流表测量的电机驱动 V 相电流数据变化。
8）操作起动开关使电源模式切换至 OFF 状态，在驱动电机 W 相线缆上套入钳形电流表，测量电机驱动 W 相电流。

9）操作起动开关使车辆进入 READY 状态，挂入 D 位，观察钳形电流表测量的电机驱动 W 相电流数据变化。

记录钳形电流表上 U\V\W 三相电流的数据。

序号	相位	电机静止时电流值 /A	加速/减速时电流编号描述
1	U		
2	V		
3	W		
	结论		

10）检测完毕，操作起动开关使电源模式切换至 OFF 状态，车辆复位，将仪器及工具归位。

任务评价

一、自我评估

1. 判断题

1）电机控制器通过接收动力电池管理系统（BMS）和整车控制器（VCU）的信息，控制电机的运转，并实现电机转速、方向和转矩的改变。（　　）
2）电机控制器存在故障时，会导致电机不能正常运转，使车辆失去动力。（　　）
3）电机控制器的电源和搭铁分别为动力电池的正极和负极。（　　）
4）电机及控制器运行温度过高，一定是冷却系统的原因。（　　）
5）电机角度传感器的信号丢失，电机还能够正常运转。（　　）

2. 单项选择题

1）造成电机控制器故障的主要故障原因包括（　　）。
　　A. 低压电源和搭铁不良　　　B. 控制器通信线路故障
　　C. 控制器本身的故障　　　　D. 以上都是
2）以下不会造成电机运行温度过高的是（　　）。
　　A. 电机负载过大　　　　　　B. 电机扫膛
　　C. 驱动电压过低　　　　　　D. 电机冷却不良
3）电机角度传感器的检测一般不需要用到的设备是（　　）。
　　A. 万用表　　B. 诊断仪　　C. 钳形电流表　　D. 示波器
4）对于吉利帝豪纯电动车型，电机角度传感器励磁线圈电阻值的范围为（　　）。
　　A.（100±1）Ω　　　　　　B.（9.5±1.5）Ω
　　C.（15±1.5）Ω　　　　　　D.（50±1）Ω
5）一辆纯电动汽车，电机完全不能起动，以下不可能的故障原因是（　　）。
　　A. 电机控制器故障　　　　　B. 动力电池故障
　　C. 电机转子偏移角未标定　　D. 角度传感器断路

二、自我评价

1）通过本任务的学习，对照本任务的学习目标，你认为你是否已经掌握学习目标？

知识目标：（　　）
　　A. 掌握　　　　B. 部分掌握　　　C. 未掌握
　　说明：_____
技能目标：（　　）
　　A. 掌握　　　　B. 部分掌握　　　C. 未掌握
　　说明：_____

2）你是否积极学习，不会的内容积极向别人请教，会的内容积极帮助他人学习？
（　　）
　　A. 积极学习　　B. 积极请教　　C. 积极帮助他人　　D. 三者均不积极
3）工具设备和零件有没有落地现象发生，有无保持作业现场的清洁？（　　）
　　A. 无掉地且场地清洁　　　　B. 有颗粒掉地
　　C. 保持作业环境清洁　　　　D. 未保持作业现场的清洁
4）实施过程中是否注意操作质量和有责任心？（　　）
　　A. 注意质量，有责任心　　　B. 不注意质量，有责任心
　　C. 注意质量，无责任心　　　D. 全无
5）在操作过程中是否注意清除隐患，在有安全隐患时是否提示其他同学？（　　）
　　A. 注意，提示　　　　　　　B. 不注意，未提示

学生签名：_____
____年____月____日

三、教师评价及反馈

参照以上填写的数据及内容，学生本次任务成绩（请在 □ 上打 ✓）：
□ 不合格　　□ 合格　　□ 良好　　□ 优秀
说明：_____
_____
_____
_____

教师签名：_____
____年____月____日

实训工单 3　纯电动汽车整车动力控制系统故障诊断与排除

学生姓名		班　　级		学　　号	
实训场地		工作时间		日　　期	

▶ 技能操作

一、工作任务

本工作任务共有 2 项：
1）高压部件绝缘电阻检测。
2）整车控制器（VCU）互锁回路检测。

请根据任务要求，确定所需要的场地和物品，并对小组成员进行合理的分工，制定详细的工作计划。

二、准备工作

安全须知、检查及记录完成任务需要的场地、设备、工具及材料。

1. 安全要求及注意事项

请认真阅读以下内容。
1）实训车辆按要求停在指定工位上，未经老师批准不准起动；经老师批准起动，首先应检查车轮的安全顶块是否放好，驻车制动是否启用，变速杆是否放在 P 位（A/T），车前没有人在操作。
2）禁止触碰任何带安全警示标示的部件。
3）实训期间禁止嬉戏打闹。
异常记录：＿＿＿＿＿＿＿＿＿＿＿＿＿＿＿＿＿＿＿＿＿＿＿＿＿＿＿＿＿＿＿

2. 场地检查

检查工作场地是否清洁及存在安全隐患，如不正常，则请汇报老师并及时处理。
异常记录：＿＿＿＿＿＿＿＿＿＿＿＿＿＿＿＿＿＿＿＿＿＿＿＿＿＿＿＿＿＿＿

3. 车辆、台架、总成、部件、充电桩检查（需要 / 正常打√；不需要 / 不正常打 ×，并记录）
□纯电动整车　　□混合动力整车　　□台架　　□总成　　□部件　　□充电桩
其他：＿＿＿＿＿＿＿＿＿＿＿＿＿＿＿＿＿＿＿＿＿＿＿＿＿＿＿＿＿＿＿
异常记录：＿＿＿＿＿＿＿＿＿＿＿＿＿＿＿＿＿＿＿＿＿＿＿＿＿＿＿＿＿＿＿

4. 设备及工具检查（需要 / 正常打√；不需要 / 不正常打 ×，并记录）
个人防护装备：□常规实训工装　□绝缘手套　□绝缘安全帽　□绝缘鞋　□护目镜
其他：＿＿＿＿＿＿＿＿＿＿＿＿＿＿＿＿＿＿＿＿＿＿＿＿＿＿＿＿＿＿＿
车辆防护装备：□翼子板布　□前格栅布　□地板垫　□座椅套　□转向盘套
其他：＿＿＿＿＿＿＿＿＿＿＿＿＿＿＿＿＿＿＿＿＿＿＿＿＿＿＿＿＿＿＿

设备及拆装工具：□举升机　□动力电池举升机　□普通拆装工具
　　　　　　　　□绝缘拆装工具　□故障诊断仪　□示波器　□数字式万用表
　　　　　　　　□绝缘测试仪　□钳形电流表　□红外测温仪
其他：_____
异常记录：_____

5．其他材料检查（需要/正常打√；不需要/不正常打×，并记录）

材料：□抹布　□绝缘胶布　□发动机机油　□齿轮油　□冷却液
其他：_____
异常记录：_____

三、操作流程

根据工作任务，小组进行讨论，确定工作计划（流程/工序），并记录。

警告：在没有断开高压线路之前，请勿用手直接触碰前机舱内的高压部件，如果不可避免，则请借助高压绝缘棒，或者用绝缘物质代替。

警告：禁止未参加该车型高压系统知识培训的维修人员拆卸高压系统。

当拆解或装配高压部件时，必须先执行标准高压中止与检验步骤。

在进行高压相关操作前，维修人员必须穿戴好劳保用品，戴好绝缘手套，穿好高压绝缘鞋。在戴绝缘手套前，必须检查绝缘手套是否有破损的地方，确保手套无绝缘失效。

在安装和拆卸过程中，应防止制动液、洗涤液等液体进入或飞溅到高压部件上。

提示：指导教师提前设置故障。

项目1：高压部件绝缘电阻检测

1）测量驱动电机与三相线束绝缘电阻值。

①拆卸电机控制器上盖8个螺栓，取下电机控制器上盖。

②拆卸电机控制器上电机三相线束插接器6个固定螺栓，脱开三相线束。

③在三相线束仅连接电机的情况下用绝缘测试仪（1000V档）测量三相线束（U/V/W任意一相）与车身搭铁之间的绝缘电阻。

实测绝缘电阻值为：_____MΩ，是否正常_____，如果不正常，则请利用所学知识查找故障原因，并排除故障。

2）测量驱动电机控制器绝缘电阻。

①拆卸电机控制器高压线束插接器4个固定螺栓，脱开电机控制器高压直流线束。

②用绝缘测试仪（1000V档）测量电机控制器各高压连接点与车身搭铁之间的绝缘电阻。

测量电机控制器上高压直流正极与外壳间的绝缘电阻。实测绝缘电阻值：_____MΩ。

测量电机控制器上高压直流负极与外壳间的绝缘电阻。实测绝缘电阻值：_____MΩ。

测量电机控制器上U相线路连接点与外壳间的绝缘电阻。实测绝缘电阻值：_____MΩ。

测量电机控制器上V相线路连接点与外壳间的绝缘电阻。实测绝缘电阻值：_____MΩ。

测量电机控制器上W相线路连接点与外壳间的绝缘电阻。实测绝缘电阻值：_____MΩ。

实测值是否正常_____，如果不正常，则请利用所学知识查找故障原因，并排除故障。

3）测量 PTC 加热器绝缘电阻。
　①断开 PTC 加热器高压线束插接器。
　②用绝缘测试仪（1000V 档）测量 PTC 加热器与车身搭铁之间的绝缘电阻。
　实测 PTC 加热器正极与车身搭铁之间的绝缘电阻值：_____MΩ。
　实测 PTC 加热器负极与车身搭铁之间的绝缘电阻值：_____MΩ。
　实测值是否正常_____，如果不正常，则请利用所学知识查找故障原因，并排除故障。

4）测量电动压缩机绝缘电阻。
　①断开电动压缩机高压线束插接器。
　②用绝缘测试仪（1000V 档）测量电动压缩机与车身搭铁之间的绝缘电阻。
　实测电动压缩机正极与车身搭铁之间的绝缘电阻值：_____MΩ。
　实测电动压缩机负极与车身搭铁之间的绝缘电阻值：_____MΩ。
　实测值是否正常_____，如果不正常，则请利用所学知识查找故障原因，并排除故障。

5）测量车载充电机绝缘电阻。
　①断开车载充电机上动力电池母线和慢充交流高压线束插接器。
　②确保充电机上高压回路与其他高压部件均分离，用绝缘测试仪（1000V 档）测量充电机与车身搭铁之间的绝缘电阻。
　实测车载充电机正极与车身搭铁之间的绝缘电阻值为_____MΩ。
　实测车载充电机负极与车身搭铁之间的绝缘电阻值为_____MΩ。
　实测值是否正常_____，如果不正常，则请利用所学知识查找故障原因，并排除故障。

项目 2：整车控制器（VCU）互锁回路检测

1）操作点火开关使电源模式切换至 OFF 状态，断开低压蓄电池。
2）等待 5min 后断开维修开关。（无维修开关车型，断开动力电池输出母线插接器）
3）测量 VCU 高压互锁回路完整性。
　①断开 VCU 上两个低压插接器。
　②使用万用表在 VCU 低压插接器两高压互锁信号端子间（HVIL OUT：CA55 插接器 73 号端子；HVIL IN：CA55 插接器 51 号端子）测量 VCU 高压互锁回路电阻值。
　实测电阻值为_____Ω，实测值是否正常_____，如果不正常，则请利用所学知识查找故障原因，并排除故障。
4）测量 VCU 高压互锁信号。
　①插上 VCU 低压插接器，安装低压蓄电池负极。
　②操作点火开关使电源模式切换至 ON 状态。
　③使用万用表直流电源档测量 VCU 高压互锁信号电压。
　VCU 高压互锁信号电压实测电压值为_____V。
　④使用示波器测量 VCU 高压互锁信号波形。
　实测波形是否正常_____，如果不正常，则请利用所学知识查找故障原因，并排除故障。
　⑤操作点火开关使电源模式切换至 OFF 状态，断开 PTC 加热器低压插接器。
　⑥操作点火开关使电源模式切换至 ON 状态，在 PTC 加热器低压插接器 CA48 处

测量 VCU 互锁回路开路状态下，VCU 上端子"HVIL OUT"和"HVIL IN"的直流电压值。

测量 CA48 插接器 5 号端子为 VCU"HVIL OUT"信号电压，实测电压值为_____V。

测量 CA48 插接器 7 号端子为 VCU"HVIL IN"信号电压，实测电压值为_____V。

实测值是否正常_____，如果不正常，则请利用所学知识查找故障原因，并排除故障。

▶ 任务评价

一、自我评估

1. 判断题

1）对于纯电动汽车，整车动力控制系统的核心控制模块为整车控制器（VCU）。（   ）
2）纯电动汽车采用电压传感器来监测高电压电路是否存在漏电情况。（   ）
3）对于纯电动汽车，高压部件及线束互锁功能通过车辆高压互锁回路监控实现。（   ）
4）纯电动汽车高压互锁是低压电路，不会造成高压不上电故障。（   ）
5）如果发生高压互锁故障，一般不会记录相关故障码，因此无法通过读取故障码进行诊断。（   ）

2. 单项选择题

1）对于帝豪纯电动汽车，以下不属于高压上电进入 READY 状态的必要条件是（   ）。
   A. 踩下制动踏板　　　　　　　　B. 有效的点火钥匙
   C. 档位在 P/N 档　　　　　　　　D. 动力电池充满电

2）对于帝豪纯电动汽车，以具有互锁监控功能模块为标准，一共有（   ）套高压互锁系统。
   A. 1　　　　B. 2　　　　C. 3　　　　D. 4

3）对于帝豪纯电动汽车，电机控制器高压正、负极对车身绝缘电阻正常阻值为：（   ）。
   A. ≥ 20MΩ　　　B. ≥ 10MΩ　　　C. ≥ 5MΩ　　　D. ≥ 2MΩ

4）用绝缘测试仪测量高压部件与车身搭铁之间的绝缘电阻，对于帝豪纯电动汽车，绝缘测试仪应该使用的档位是（   ）。
   A. 250V　　　B. 500V　　　C. 1 000V　　　D. 2 000V

5）以下属于高压不上电的可能原因是（   ）。
   A. 低压电源故障　　　　　　　　B. 起动控制电路故障
   C. 上电涉及的控制模块不工作　　D. 以上都是

二、自我评价

1）通过本任务的学习，对照本任务的学习目标，你认为你是否已经掌握学习目标？
   知识目标：（   ）
   A. 掌握　　　　B. 部分掌握　　　C. 未掌握
   说明：_____

技能目标：（　　）
　　A. 掌握　　　　　　　　　B. 部分掌握　　C. 未掌握
　　说明：_____
2）你是否积极学习，不会的内容积极向别人请教，会的内容积极帮助他人学习？（　　）
　　A. 积极学习　　　　　　　　B. 积极请教
　　C. 积极帮助他人　　　　　　D. 三者均不积极
3）工具设备和零件有没有落地现象发生，有无保持作业现场的清洁？（　　）
　　A. 无掉地且场地清洁　　　　B. 有颗粒掉地
　　C. 保持作业环境清洁　　　　D. 未保持作业现场的清洁
4）实施过程中是否注意操作质量和有责任心？（　　）
　　A. 注意质量，有责任心　　　B. 不注意质量，有责任心
　　C. 注意质量，无责任心　　　D. 全无
5）在操作过程中是否注意清除隐患，在有安全隐患时是否提示其他同学？（　　）
　　A. 注意，提示　　　　　　　B. 不注意，未提示

学生签名：_____
____年____月____日

三、教师评价及反馈

参照以上填写的数据及内容，学生本次任务成绩（请在 □ 上打 ✓）：
□ 不合格　　□ 合格　　□ 良好　　□ 优秀
说明：_____
_____
_____
_____

教师签名：_____
____年____月____日

项目四　混合动力汽车故障诊断与排除

实训工单 1　混合动力汽车动力电池及管理系统故障诊断与排除

学生姓名		班　　级		学　　号	
实训场地		工作时间		日　　期	

技能操作

一、工作任务

本工作任务共有 3 项：
1）混合动力汽车动力电池故障码和数据流读取。
2）混合动力汽车 HV 继电器接线盒总成检测。
3）混合动力汽车 HV 蓄电池温度传感器检测。

请根据任务要求，确定所需要的场地和物品，并对小组成员进行合理的分工，制定详细的工作计划。

二、准备工作

安全须知、检查及记录完成任务需要的场地、设备、工具及材料。

1. 安全要求及注意事项

请认真阅读以下内容。

1）实训车辆按要求停在指定工位上，未经老师批准不准起动；经老师批准起动，首先应检查车轮的安全顶块是否放好，驻车制动是否启用，变速杆是否放在 P 位（A/T），车前没有人在操作。
2）禁止触碰任何带安全警示标示的部件。
3）实训期间禁止嬉戏打闹。

异常记录：_____

2. 场地检查

检查工作场地是否清洁及存在安全隐患，如不正常，则请汇报老师并及时处理。

异常记录：_____

3. 车辆、台架、总成、部件、充电桩检查（需要/正常打√；不需要/不正常打 ×，并记录）

□纯电动整车　　□混合动力整车　　□台架　　□总成　　□部件　　□充电桩

其他：_____

异常记录：_____

4. 设备及工具检查（需要/正常打√；不需要/不正常打×，并记录）

个人防护装备：□常规实训工装　□绝缘手套　□绝缘安全帽　□绝缘鞋　□护目镜
其他：_____

车辆防护装备：□翼子板布　□前格栅布　□地板垫　□座椅套　□转向盘套
其他：_____

设备及拆装工具：□举升机　□动力电池举升机　□普通拆装工具
　　　　　　　　□绝缘拆装工具　□故障诊断仪　□示波器　□数字式万用表
　　　　　　　　□绝缘测试仪　□钳形电流表　□红外测温仪

其他：_____
异常记录：_____

5. 其他材料检查（需要/正常打√；不需要/不正常打×，并记录）

材料：□抹布　□绝缘胶布　□发动机机油　□齿轮油　□冷却液
其他：_____
异常记录：_____

三、操作流程

根据工作任务，小组进行讨论，确定工作计划（流程/工序），并记录。

警告：在没有断开高压线路之前，请勿用手直接触碰前机舱内的高压部件，如果不可避免，则请借助高压绝缘棒，或者用绝缘物质代替。

警告：禁止未参加该车型高压系统知识培训的维修人员拆卸高压系统。

当拆解或装配高压部件时，必须先执行标准高压中止与检验步骤。

在进行高压相关操作前，维修人员必须穿戴好劳保用品，戴好绝缘手套，穿好高压绝缘鞋。在戴绝缘手套前，必须检查绝缘手套是否有破损的地方，确保手套无绝缘失效。

在安装和拆卸过程中，应防止制动液、洗涤液等液体进入或飞溅到高压部件上。

提示：指导教师提前设置故障。

项目1：混合动力汽车动力电池故障码和数据流读取

参考车型：丰田卡罗拉双擎

实训车型：_____

（1）故障码读取

连接诊断仪，操作点火开关切换至ON状态，读取混合动力车辆控制单元ECU故障码，观察与动力电池相关的故障码并记录。

动力电池系统相关故障典型故障码

故障码	故障描述

（2）数据流读取

1）连接诊断仪，操作点火开关切换至 ON 状态，读取混合动力车辆控制单元（ECU）数据流，观察与动力电池相关的数据流并记录。

2）操作点火开关使车辆进入 READY 状态，观察动力电池相关的数据流的变化，并记录。

动力电池相关的数据流实测记录

参数项目	ON 状态数据值	READY 状态数据值

项目 2：混合动力汽车 HV 继电器接线盒总成检测

参考车型：丰田卡罗拉双擎

实训车型：_____

1）执行高压安全断电操作。按照标准流程进行高压中止与检验操作（断开辅助蓄电池负极桩头、断开手动维修开关、验电等）。

2）拆卸后排座椅总成。

3）拆卸 HV 蓄电池右侧盖分总成。

4）拆卸 HV 蓄电池继电器接线盒总成。

5）HV 蓄电池继电器接线盒总成检查。

①检查 SMRB 正极继电器。

SMRB 正极继电器规定值

检测仪连接	条件	规定值
W2-1（CBI）与 t2-1（+）	未在端子 L50-1（SMRB）和 L50-3（GND）之间施加辅助蓄电池电压	≥ 10kΩ
	在端子 L50-1（SMRB）和 L50-3（GND）之间施加辅助蓄电池电压	<1Ω
L50-1（SMRB）与 L50-3（GND）	-40 ~ 80℃	20.6 ~ 40.8Ω

检查结果：_____

②检查 SMRG 负极继电器。

SMRG 负极继电器规定值

检测仪连接	条件	规定值
W3-1（CEI）与 A-1（-）	未在端子 L50-4（SMRG）和 L50-3（GND）之间施加辅助蓄电池电压	≥ 10kΩ
	在端子 L50-4（SMRG）和 L50-3（GND）之间施加辅助蓄电池电压	<1Ω
L50-4（SMRG）与 L50-3（GND）	-40 ~ 80℃	20.6 ~ 40.8Ω

检查结果：_____

③检查 SMRP 预充继电器。

SMRP 预充继电器规定值

检测仪连接	条件	规定值
W3-1（CEI）与 A-1（-）	未在端子 L50-2（SMRP）和 L50-3（GND）之间施加辅助蓄电池电压	≥ 10kΩ
	在端子 L50-2（SMRP）和 L50-3（GND）之间施加辅助蓄电池电压	24.3 ~ 29.7Ω
L50-2（SMRP）与 L50-3（GND）	-40 ~ 80℃	140 ~ 290Ω

检查结果：_____

6）检测完毕。按照拆卸相反的顺序重新安装 HV 蓄电池继电器接线盒总成，复原车辆和工具。

项目 3：混合动力汽车 HV 蓄电池温度传感器检测

参考车型：丰田卡罗拉双擎

实训车型：_____

1）执行高压安全断电操作。按照标准流程进行高压中止与检验操作（断开辅助蓄电池负极桩、断开手动维修开关、验电等）。

2）拆卸后排座椅总成。

3）断开 HV 蓄电池 ECU 插接器。
4）测量 HV 蓄电池温度传感器电阻。
  实测电阻值为：
  HV 蓄电池温度传感器 0 的电阻：_____Ω；结论（是否正常）：
  HV 蓄电池温度传感器 1 的电阻：_____Ω；结论（是否正常）：
  HV 蓄电池温度传感器 2 的电阻：_____Ω；结论（是否正常）：

任务评价

一、自我评估

1. 判断题

1）混合动力汽车由于设计有电力和内燃机的双重动力结构，因此在故障诊断过程中既要检查内燃机的动力系统，又要检查电力驱动系统。（　　）
2）混合动力汽车因为还有发动机，因此高压系统故障不会造成车辆无法行驶。（　　）
3）卡罗拉双擎混合动力汽车，读取动力电池相关的故障码是进入 HV 蓄电池 ECU。（　　）
4）对于卡罗拉双擎车型，可以使用诊断仪的主动测试功能直接驱动电池冷却鼓风机工作。（　　）
5）蓄电池温度越低，温度传感器的热敏电阻阻值越低。（　　）

2. 单项选择题

1）卡罗拉双擎车型动力电池系统发生故障会有哪些症状？（　　）
　A. 仪表上的主警告灯点亮　　　　　　　B. 蜂鸣器鸣响
　C. 仪表显示屏上显示相关的警告信息　　D. 以上都对
2）卡罗拉双擎车型动力电池系统的模块供电熔丝熔断会出现的故障症状可能有（　　）。
　A. 动力电池智能单元（也称为蓄电池电压传感器）不通信
　B. 仪表主警告灯点亮
　C. 车辆不能正常起动　　　　　　　　　D. 以上都对
3）丰田卡罗拉双擎车型 HV 蓄电池温度传感器有（　　）个。
　A. 2　　　　B. 3　　　　C. 4　　　　D. 5
4）以下不属于 HV 蓄电池继电器接线盒总成集成的继电器是（　　）。
　A. 正极继电器　B. 负极继电器　C. 油泵继电器　D. 预充继电器
5）以下哪些属于动力电池及管理系统故障？（　　）
　A. HV 蓄电池 ECU 故障　　　　　　　B. HV 继电器接线盒总成故障
　C. 动力电池组冷却系统故障　　　　　　D. 以上都是

二、自我评价

1）通过本任务的学习，对照本任务的学习目标，你认为你是否已经掌握学习目标？
　知识目标：（　　）
　A. 掌握　　　　B. 部分掌握　　　　C. 未掌握

说明：_____
技能目标：（   ）
　　A.掌握　　　　B.部分掌握　　　C.未掌握
说明：_____

2）你是否积极学习,不会的内容积极向别人请教,会的内容积极帮助他人学习?（   ）
　　A.积极学习　　B.积极请教　　C.积极帮助他人　　　D.三者均不积极

3）工具设备和零件有没有落地现象发生，有无保持作业现场的清洁？（   ）
　　A.无掉地且场地清洁　　　　B.有颗粒掉地
　　C.保持作业环境清洁　　　　D.未保持作业现场的清洁

4）实施过程中是否注意操作质量和有责任心？（   ）
　　A.注意质量，有责任心　　　B.不注意质量，有责任心
　　C.注意质量，无责任心　　　D.全无

5）在操作过程中是否注意清除隐患，在有安全隐患时是否提示其他同学？（   ）
　　A.注意，提示　　　　　　　B.不注意，未提示

学生签名：_____
____年____月____日

三、教师评价及反馈

参照以上填写的数据及内容，学生本次任务成绩（请在 □ 上打 ✓）：
□ 不合格　　　□ 合格　　　□ 良好　　　□ 优秀
说明：_____
_____
_____
_____

教师签名：_____
____年____月____日

实训工单 2　混合动力汽车驱动电机及控制器故障诊断与排除

学生姓名		班　　级		学　　号	
实训场地		工作时间		日　　期	

➡ 技能操作

一、工作任务

本工作任务共有 3 项：
1）混合动力汽车驱动电机及控制器故障码和数据流读取。
2）混合动力汽车电机温度传感器电阻测量。
3）混合动力汽车电机角度传感器线圈电阻测量。

请根据任务要求，确定所需要的场地和物品，并对小组成员进行合理的分工，制定详细的工作计划。

二、准备工作

安全须知、检查及记录完成任务需要的场地、设备、工具及材料。

1. 安全要求及注意事项

请认真阅读以下内容。

1）实训车辆按要求停在指定工位上，未经老师批准不准起动；经老师批准起动，首先应检查车轮的安全顶块是否放好，驻车制动是否启用，变速杆是否放在 P 位（A/T），车前没有人在操作。
2）禁止触碰任何带安全警示标示的部件。
3）实训期间禁止嬉戏打闹。

异常记录：_____

2. 场地检查

检查工作场地是否清洁及存在安全隐患，如不正常，则请汇报老师并及时处理。
异常记录：_____

3. 车辆、台架、总成、部件、充电桩检查（需要 / 正常打√；不需要 / 不正常打 ×，并记录）

□纯电动整车　　□混合动力整车　　□台架　　□总成　　□部件　　□充电桩
其他：_____
异常记录：_____

4. 设备及工具检查（需要 / 正常打√；不需要 / 不正常打 ×，并记录）

个人防护装备：□常规实训工装　　□绝缘手套　　□绝缘安全帽　　□绝缘鞋　　□护目镜
其他：_____

车辆防护装备：□翼子板布　□前格栅布　□地板垫　□座椅套　□转向盘套
其他：_____
设备及拆装工具：□举升机　□动力电池举升机　□普通拆装工具
　　　　　　　　□绝缘拆装工具　□故障诊断仪　□示波器　□数字式万用表
　　　　　　　　□绝缘测试仪　□钳形电流表　□红外测温仪
其他：_____
异常记录：_____
_____

5. 其他材料检查（需要/正常打√；不需要/不正常打×，并记录）
　　材料：□抹布　□绝缘胶布　□发动机机油　□齿轮油　□冷却液
　　其他：_____
　　异常记录：_____
_____

三、操作流程

根据工作任务，小组进行讨论，确定工作计划（流程/工序），并记录。

警告：在没有断开高压线路之前，请勿用手直接触碰前机舱内的高压部件，如果不可避免，则请借助高压绝缘棒，或者用绝缘物质代替。

警告：在执行高压车辆诊断及维护前，务必佩戴完好的个人防护设备，并严格遵守正确的操作步骤。

提示：指导教师提前设置故障。

项目1：混合动力汽车驱动电机及控制器故障码和数据流读取

参考车型：丰田卡罗拉双擎

实训车型：_____

（1）故障码读取

连接诊断仪，操作点火开关切换至 ON 状态，读取电机控制器故障码，观察与驱动电机及控制器相关的故障码并记录。

驱动电机及控制器相关故障典型故障码

故障码	故障描述

（2）数据流读取

1）连接诊断仪，操作点火开关切换至 ON 状态，读取驱动电机及控制器数据流，观察与驱动电机及控制器相关的数据流并记录。

2）操作点火开关使车辆进入"READY"状态，观察驱动电机及控制器相关的数据流的变化，并记录。

驱动电机及控制器相关的数据流实测记录

参数项目	ON 状态数据值	READY 状态数据值

项目 2：混合动力汽车电机温度传感器电阻测量

参考车型：丰田卡罗拉双擎
实训车型：_____

1）将万用表旋至电阻档，校准万用表。
2）点火开关置于 OFF 状态，断开辅助蓄电池负极。
3）断开发电机 MG1 温度传感器插接器 B2 和驱动电机 MG2 温度传感器插接器 B4。
4）测量相关电机温度传感器电阻值，并把相应万用表所测量的端子和实测电阻值填入下表。

测量项目	测量端子	实测电阻/Ω	电阻值是否正常
MG1 温度传感器			
MG2 温度传感器			

5）测量完毕，复原车辆，将仪器及工具归位。

项目 3：混合动力汽车电机角度传感器线圈电阻测量

参考车型：丰田卡罗拉双擎

实训车型：_____

1）将万用表旋至电阻档，校准万用表。
2）点火开关置于 OFF 状态，断开辅助蓄电池负极。
3）断开电机控制器插接器 B27。
4）通过电机控制器插接器 B27 测量电机角度传感器 MG1 励磁线圈、MG1 感应线圈 S、MG1 感应线圈 C，以及 MG2 励磁线圈、MG2 感应线圈 S、MG2 感应线圈 C 的电阻值，并把相应万用表所测量的端子和实测电阻值填入下表。

测量项目	测量端子	实测电阻/Ω	阻值是否正常
MG1 励磁线圈			
MG1 感应线圈 S			
MG1 感应线圈 C			
MG2 励磁线圈			
MG2 感应线圈 S			
MG2 感应线圈 C			

5）测量完毕，复原车辆，将仪器设备及工具归位。

任务评价

一、自我评估

1. 判断题

1）混合动力汽车驱动电机及控制器故障会导致车辆降低运行功率或暂停动力输出。（   ）
2）对于丰田混合动力汽车，电机和电机控制器通过发动机冷却系统进行冷却。（   ）
3）电机冷却系统的冷却风扇由发动机控制模块（ECM）控制和监测。（   ）
4）如果电机冷却系统无异常，仅电机温度显示不正常，则需要检查电机温度传感器和相关线路。（   ）
5）混合动力汽车驱动电机及控制器发生故障不会导致发动机故障警告灯点亮。（   ）

2. 单项选择题

1）混合动力汽车驱动电机及控制器故障将导致车辆不能正常行驶，常见的故障有（   ）。
  A. 电机控制器总成本身故障
  B. 电机角度传感器故障
  C. 电机控制器温度传感器故障或电机温度过高
  D. 以上都是

2）丰田混合动力汽车电机冷却系统水泵控制和监测模块是（　　）。
　　A. 电机控制器　　　　　　B. 发动机 ECM
　　C. 混合动力车辆控制 ECU　　D. BMS
3）对于丰田混合动力车型，能够驱动车辆行驶的电机是（　　）
　　A. MG1　　　B. MG2　　　C. MG1 和 MG2　　　D. 以上都不是
4）对于丰田卡罗拉双擎混合动力车型，电机角度传感器励磁线圈的电阻值常温下正常范围是（　　）。
　　A. 14.0～26.0Ω　　　　　B. 15.0～27.0Ω
　　C. 9.5～15.5Ω　　　　　　D. 0.3436～1442kΩ
5）对于卡罗拉双擎混合动力车型，电机控制器总成内的通信终端电阻阻值是（　　）。
　　A. 80～170Ω　　　　　　B. 50～100Ω
　　C. 9.5～15.5Ω　　　　　　D. 0.3436～1442kΩ

二、自我评价

1）通过本任务的学习，对照本任务的学习目标，你认为你是否已经掌握学习目标？
　　知识目标：（　　）
　　A. 掌握　　　　B. 部分掌握　　　C. 未掌握
　　说明：_____
　　技能目标：（　　）
　　A. 掌握　　　　B. 部分掌握　　　C. 未掌握
　　说明：_____
2）你是否积极学习，不会的内容积极向别人请教，会的内容积极帮助他人学习？（　　）
　　A. 积极学习　　B. 积极请教　　C. 积极帮助他人　　D. 三者均不积极
3）工具设备和零件有没有落地现象发生，有无保持作业现场的清洁？（　　）
　　A. 无掉地且场地清洁　　　B. 有颗粒掉地
　　C. 保持作业环境清洁　　　D. 未保持作业现场的清洁
4）实施过程中是否注意操作质量和有责任心？（　　）
　　A. 注意质量，有责任心　　B. 不注意质量，有责任心
　　C. 注意质量，无责任心　　D. 全无
5）在操作过程中是否注意清除隐患，在有安全隐患时是否提示其他同学？（　　）
　　A. 注意，提示　　　　　　B. 不注意，未提示

学生签名：_____
____年____月____日

三、教师评价及反馈

参照以上填写的数据及内容，学生本次任务成绩（请在 □ 上打 ✓）：
□ 不合格　　□ 合格　　□ 良好　　□ 优秀
说明：_____

教师签名：_____
____年____月____日

实训工单 3　混合动力汽车整车动力控制系统故障诊断与排除

学生姓名		班　　级		学　　号	
实训场地		工作时间		日　　期	

➡ 技能操作

一、工作任务

本工作任务共有 2 项：
1）混合动力汽车整车动力控制系统的故障码和数据流读取。
2）混合动力系统发动机、MG1 发电机和 MG2 驱动电机转速检查。
3）混合动力系统主要部件绝缘电阻检测。
请根据任务要求，确定所需要的场地和物品，并对小组成员进行合理的分工，制定详细的工作计划。

二、准备工作

安全须知、检查及记录完成任务需要的场地、设备、工具及材料。

1. 安全要求及注意事项

请认真阅读以下内容。
1）实训车辆按要求停在指定工位上，未经老师批准不准起动；经老师批准起动，首先应检查车轮的安全顶块是否放好，驻车制动是否启用，变速杆是否放在 P 位（A/T），车前没有人在操作。
2）禁止触碰任何带安全警示标示的部件。
3）实训期间禁止嬉戏打闹。
异常记录：＿＿＿＿＿＿＿＿＿＿＿＿＿＿＿＿＿＿＿＿＿＿＿＿＿＿＿＿＿＿＿＿＿

2. 场地检查

检查工作场地是否清洁及存在安全隐患，如不正常，则请汇报老师并及时处理。
异常记录：＿＿＿＿＿＿＿＿＿＿＿＿＿＿＿＿＿＿＿＿＿＿＿＿＿＿＿＿＿＿＿＿＿

3. 车辆、台架、总成、部件、充电桩检查（需要/正常打√；不需要/不正常打×，并记录）
□纯电动整车　□混合动力整车　□台架　□总成　□部件　□充电桩
其他：＿＿＿＿＿＿＿＿＿＿＿＿＿＿＿＿＿＿＿＿＿＿＿＿＿＿＿＿＿＿＿＿＿＿
异常记录：＿＿＿＿＿＿＿＿＿＿＿＿＿＿＿＿＿＿＿＿＿＿＿＿＿＿＿＿＿＿＿＿＿

4. 设备及工具检查（需要/正常打√；不需要/不正常打×，并记录）
个人防护装备：□常规实训工装　□绝缘手套　□绝缘安全帽　□绝缘鞋　□护目镜
其他：＿＿＿＿＿＿＿＿＿＿＿＿＿＿＿＿＿＿＿＿＿＿＿＿＿＿＿＿＿＿＿＿＿＿

车辆防护装备：□翼子板布　□前格栅布　□地板垫　□座椅套　□转向盘套
其他：_____
设备及拆装工具：□举升机　□动力电池举升机　□普通拆装工具
　　　　　　　　□绝缘拆装工具　□故障诊断仪　□示波器　□数字式万用表
　　　　　　　　□绝缘测试仪　□钳形电流表　□红外测温仪
其他：_____
异常记录：_____

5.其他材料检查（需要/正常打√；不需要/不正常打×，并记录）
材料：□抹布　□绝缘胶布　□发动机机油　□齿轮油　□冷却液
其他：_____
异常记录：_____

三、操作流程

根据工作任务，小组进行讨论，确定工作计划（流程/工序），并记录。

警告：在没有断开高压线路之前，请勿用手直接触碰前机舱内的高压部件，如果不可避免，则请借助高压绝缘棒，或者用绝缘物质代替。

警告：在执行高压车辆诊断及维护前，务必佩戴完好的个人防护设备，并严格遵守正确的操作步骤。

提示：指导教师提前设置故障。

项目1：混合动力汽车整车动力控制系统的故障码和数据流读取
参考车型：丰田卡罗拉双擎
实训车型：_____
（1）故障码读取
　　连接诊断仪，操作点火开关切换至ON状态，读取混合动力车辆控制ECU故障码，观察与整车动力控制系统相关的故障码并记录。

整车动力控制系统相关故障的典型故障码

故障码	故障描述

（2）数据流读取
　　1）连接诊断仪，操作点火开关切换至ON状态，读取混合动力车辆控制ECU数据流，观察与整车动力控制相关的数据流并记录。
　　2）操作点火开关使车辆进入READY状态，观察整车动力控制系统相关的数据流变化，并记录。

整车动力控制系统相关的数据流实测记录

参数项目	ON 状态数据值	READY 状态数据值

项目 2：混合动力系统发动机、MG1 发电机和 MG2 驱动电机转速检查

参考车型：丰田卡罗拉双擎

实训车型：

1）将诊断仪连接到车辆诊断座，电源状态置于 ON 位。
2）打开诊断仪，进入混合动力控制系统，读取数据流。
3）踩下制动踏板，按压点火开关，进入 READY 状态。
4）读取发电机 MG1 转速和发动机转速数据。
5）在 READY 灯点亮，档位置于 P 位的同时，踩下加速踏板 10s，起动发动机，同时观察 MG1 发电机转速和发动机转速数据变化过程。

记录下 MG1 发电机和发动机在怠速状态下所读取到的实际转速：

MG1 发电机转速：_____。
发动机转速：_____。

6）举升车辆至车轮离开地面。

7）读取发动机转速、MG1 发电机转速和 MG2 驱动电机转速数据。按以下步骤操作并记录下各种状态下所读取到的实际转速。

a. 按下 EV 模式开关，踩下制动踏板，把变速杆移动至 D 位，松开制动踏板，使驱动轮运转，不踩加速踏板状态：
发动机转速：_____。
MG1 发电机转速：_____。
MG2 驱动电机转速：_____。

b. 档位置于 P 位，踩下加速踏板 10s，起动发动机，踩下制动踏板，把变速杆移动至 D 位，松开制动踏板，使驱动轮运转，不踩加速踏板状态：
发动机转速：_____。
MG1 发电机转速：_____。
MG2 驱动电机转速：_____。

c. 档位置于 P 位，踩下加速踏板 10s，起动发动机，踩下制动踏板，把变速杆移动至 D 位，松开制动踏板，使驱动轮运转，踩下加速踏板，加速到 MG2 驱动电机转速为 500r/min 状态：
发动机转速：_____。
MG1 发电机转速：_____。
MG2 驱动电机转速：_____。

8）检查结束，复原车辆和工具。

项目 3：混合动力系统主要部件绝缘电阻检测

参考车型：丰田卡罗拉双擎
实训车型：

1）执行标准高压安全断电操作。
2）参考高压部件绝缘状态检测内容，按照标准步骤完成下表所列部件绝缘电阻的测量，并记录相关数据。

高压部件名称	测试端	标准阻值	实测值
整车高压回路	高压正极端子与车身搭铁	≥ 1MΩ	
	高压负极端子与车身搭铁	≥ 1MΩ	
电机控制器总成	高压正极端子与车身搭铁	≥ 1MΩ	
	高压负极端子与车身搭铁	≥ 1MΩ	
MG1 发电机 + 三相线束	U 相与车身搭铁	≥ 100MΩ	
	V 相与车身搭铁	≥ 100MΩ	
	W 相与车身搭铁	≥ 100MΩ	
MG2 驱动电机 + 三相线束	U 相与车身搭铁	≥ 100MΩ	
	V 相与车身搭铁	≥ 100MΩ	
	W 相与车身搭铁	≥ 100MΩ	

（续）

高压部件名称	测试端	标准阻值	实测值
HV 蓄电池 ECU	维修开关连接 1 号端子与车身搭铁	≥ 10MΩ	
	维修开关连接 2 号端子与车身搭铁	≥ 10MΩ	
HV 蓄电池继电器接线盒总成 +HV 地板底部线束	HV 地板底部线束正极端子与车身搭铁	≥ 10MΩ	
	HV 地板底部线束负极端子与车身搭铁	≥ 10MΩ	
电动空调压缩机	高压正极端子与车身搭铁	≥ 2MΩ	
	高压负极端子与车身搭铁	≥ 2MΩ	
空调压缩机高压线束	压缩机线束正极端子与车身搭铁	≥ 10MΩ	
	压缩机线束负极端子与车身搭铁	≥ 10MΩ	

任务评价

一、自我评估

1. 判断题

1）混合动力汽车整车动力控制系统发生故障会造成车辆不能起动或功率降低。（   ）

2）混合动力车辆控制 ECU 的电源 BATT 端子，需要车辆点火开关在 ON 位置才有电。（   ）

3）HV 蓄电池 ECU 检测高压回路与车身搭铁之间的电压值来判断是否发生绝缘故障。（   ）

4）测量检查维修开关安装座上互锁插接器 y1 上的互锁信号 ILK 电压，标准值为 5V。（   ）

5）如果车辆具备发生混合动力系统机械卡滞故障的故障现象，并不绝对是机械发生卡滞故障，还可能是相关转速信号异常故障。（   ）

2. 单项选择题

1）混合动力汽车整车动力控制系统故障将导致车辆不能正常行驶，常见的故障（   ）。
　　A. 混合动力车辆控制 ECU 不工作故障　　B. 混合动力系统高压绝缘故障
　　C. 混合动力系统高压互锁故障　　D. 以上都对

2）对于卡罗拉双擎车型，电机控制器的绝缘电阻值标准是（   ）。
　　A. ≥ 100MΩ　　　　B. ≥ 10MΩ　　　C. ≥ 2MΩ　　　D. ≥ 1MΩ

3）对于卡罗拉双擎车型，以下具有高压互锁监控电路装置是（   ）。
　　A. HV 蓄电池 ECU　　　　　　　B. 电机控制器盖
　　C. 压缩机线束插接器　　　　　　D. HV 地板底部线束插接器

4）对于卡罗拉双擎车型，发生混合动力系统机械卡滞故障的原因包括（   ）。
　　A. 发动机故障　　　　　　　　B. 混合动力传动桥故障
　　C. A 和 B 都是　　　　　　　　D. A 和 B 都不是

5）对于卡罗拉双擎车型，正常情况下 MG1 转速为发动机转速的（   ）。
　　A. 一致　　　　　B. 3 倍　　　C. 6 倍　　　D. 3.6 倍

二、自我评价

1）通过本任务的学习，对照本任务的学习目标，你认为你是否已经掌握学习目标？
　　知识目标：（　　　）
　　A. 掌握　　　　　B. 部分掌握　　　C. 未掌握
　　说明：_____
　　技能目标：（　　　）
　　A. 掌握　　　　　B. 部分掌握　　　C. 未掌握
　　说明：_____

2）你是否积极学习，不会的内容积极向别人请教，会的内容积极帮助他人学习？（　　　）
　　A. 积极学习　　　　　　　B. 积极请教
　　C. 积极帮助他人　　　　　D. 三者均不积极

3）工具设备和零件有没有落地现象发生，有无保持作业现场的清洁？（　　　）
　　A. 无掉地且场地清洁　　　B. 有颗粒掉地
　　C. 保持作业环境清洁　　　D. 未保持作业现场的清洁

4）实施过程中是否注意操作质量和有责任心？（　　　）
　　A. 注意质量，有责任心　　B. 不注意质量，有责任心
　　C. 注意质量，无责任心　　D. 全无

5）在操作过程中是否注意清除隐患，在有安全隐患时是否提示其他同学？（　　　）
　　A. 注意，提示　　　　　　B. 不注意，未提示

学生签名：_____
____年____月____日

三、教师评价及反馈

参照以上填写的数据及内容，学生本次任务成绩（请在 □ 上打 ✓）：
□ 不合格　　□ 合格　　□ 良好　　□ 优秀
说明：_____
_____
_____
_____

教师签名：_____
____年____月____日

项目五　纯电动与混合动力汽车故障案例分析

实训工单 1　纯电动汽车故障案例分析

学生姓名		班　级		学　号	
实训场地		工作时间		日　期	

▶ 技能操作

一、工作任务

本工作任务共有 2 项：
1）纯电动汽车故障诊断与排除方法分析和总结。
2）纯电动汽车故障案例撰写。

请根据任务要求，确定所需要的场地和物品，并对小组成员进行合理的分工，制定详细的工作计划。

二、准备工作

安全须知、检查及记录完成任务需要的场地、设备、工具及材料。

1. 安全要求及注意事项

请认真阅读以下内容。
1）实训车辆按要求停在指定工位上，未经老师批准不准起动；经老师批准起动，首先应检查车轮的安全顶块是否放好，驻车制动是否启用，变速杆是否放在 P 位（A/T），车前没有人在操作。
2）禁止触碰任何带安全警示标示的部件。
3）实训期间禁止嬉戏打闹。
异常记录：＿＿＿＿＿＿＿＿＿＿＿＿＿＿＿＿＿＿＿＿＿＿＿＿＿＿＿＿＿＿＿＿＿＿

2. 场地检查

检查工作场地是否清洁及存在安全隐患，如不正常，则请汇报老师并及时处理。
异常记录：＿＿＿＿＿＿＿＿＿＿＿＿＿＿＿＿＿＿＿＿＿＿＿＿＿＿＿＿＿＿＿＿＿＿

3. 车辆、台架、总成、部件、充电桩检查（需要/正常打√；不需要/不正常打×，并记录）
□纯电动整车　□混合动力整车　□台架　□总成　□部件　□充电桩
其他：＿＿＿＿＿＿＿＿＿＿＿＿＿＿＿＿＿＿＿＿＿＿＿＿＿＿＿＿＿＿＿＿＿＿＿
异常记录：＿＿＿＿＿＿＿＿＿＿＿＿＿＿＿＿＿＿＿＿＿＿＿＿＿＿＿＿＿＿＿＿＿＿

4. 设备及工具检查（需要 / 正常打√；不需要 / 不正常打 ×，并记录）

个人防护装备：□常规实训工装　□绝缘手套　□绝缘安全帽　□绝缘鞋　□护目镜
其他：_____

车辆防护装备：□翼子板布　□前格栅布　□地板垫　□座椅套　□转向盘套
其他：_____

设备及拆装工具：□举升机　　　□动力电池举升机　□普通拆装工具
　　　　　　　　□绝缘拆装工具　□故障诊断仪　　　□示波器　□数字式万用表
　　　　　　　　□绝缘测试仪　　□钳形电流表　　　□红外测温仪

其他：_____

异常记录：_____

5. 其他材料检查（需要 / 正常打√；不需要 / 不正常打 ×，并记录）

材料：□抹布　　□绝缘胶布　　□发动机机油　　□齿轮油　　□冷却液
其他：_____

异常记录：_____
_____

三、操作流程

根据工作任务，小组进行讨论，确定工作计划（流程 / 工序），并记录。

项目 1：纯电动汽车故障诊断与排除方法分析和总结

参照前文"基本知识"的内容，根据故障案例中列举的故障现象，结合所学的知识，讨论：

如果你是主修技师，你的故障诊断与排除思路是什么？

你是否有更好或更快捷的故障诊断与排除方法？

（1）纯电动汽车动力驱动系统故障案例分析

讨论记录：_____

（2）纯电动汽车充电系统故障案例分析

讨论记录：_____

（3）纯电动汽车其他辅助系统故障案例分析

讨论记录：_____

项目 2：纯电动汽车故障案例撰写

参照前文"基本知识"的内容，根据故障案例的格式，结合你参与的诊断与排除的纯电动汽车故障，撰写纯电动汽车故障诊断与排除的案例。

➡ 任务评价

一、自我评估

1. 判断题

1）底盘异响的故障，一定是机械方面的故障。　　　　　　　　　　　　（　　）

2）纯电动汽车的电机控制器过热，车辆可能限速，也可能不能行驶。（　　）
3）纯电动汽车仪表的动力电池断开指示灯点亮，一定是动力电池故障。（　　）
4）制动灯开关故障，只是制动灯不亮，不会造成纯电动汽车无法行驶。（　　）
5）纯电动汽车充电桩跳闸，说明唤醒信号和互锁电路正常。（　　）

2. 单项选择题

1）纯电动汽车驱动电机系统冷却系统出现故障，会造成的故障现象是（　　）。
　　A. 车辆降功率　　　　　　　B. 温度太高时车辆无法行驶
　　C. 仪表故障警告灯点亮　　　D. 以上都是

2）车辆点火开关切换至ON位，仪表显示整车系统故障、动力电池故障、绝缘低故障指示灯亮。这一现象的故障可能原因是（　　）。
　　A. 高压电路绝缘故障　　　　B. 动力电池内部绝缘故障
　　C. 电机绝缘故障　　　　　　D. 以上都是

3）北汽纯电动汽车制动真空系统真空泵控制策略中，真空泵单次工作时间为（　　）。
　　A. 5s　　　　B. 10s　　　　C. 15s　　　　D. 20s

4）纯电动汽车空调压缩机的驱动电源为（　　）。
　　A. 低压直流　　　　　　　　B. 高压直流
　　C. 低压交流　　　　　　　　D. 高压交流

5）纯电动汽车低压蓄电池不能充电的故障原因可能是（　　）。
　　A. 低压蓄电池本身故障　　　B. DC-DC 变换器故障
　　C. DC-DC 变换器与低压蓄电池之间的线路
　　D. 以上都是

二、自我评价

1）通过本任务的学习，对照本任务的学习目标，你认为你是否已经掌握学习目标？
　　知识目标：（　　）
　　A. 掌握　　　B. 部分掌握　　　C. 未掌握
　　说明：＿＿＿＿＿＿＿＿＿＿＿＿＿＿＿＿＿＿＿＿＿＿＿
　　技能目标：（　　）
　　A. 掌握　　　B. 部分掌握　　　C. 未掌握
　　说明：＿＿＿＿＿＿＿＿＿＿＿＿＿＿＿＿＿＿＿＿＿＿＿

2）你是否积极学习，不会的内容积极向别人请教，会的内容积极帮助他人学习？（　　）
　　A. 积极学习　　　　　　　　B. 积极请教
　　C. 积极帮助他人　　　　　　D. 三者均不积极

3）工具设备和零件有没有落地现象发生，有无保持作业现场的清洁？（　　）
　　A. 无掉地且场地清洁　　　　B. 有颗粒掉地
　　C. 保持作业环境清洁　　　　D. 未保持作业现场的清洁

4）实施过程中是否注意操作质量和有责任心？（　　）
　　A. 注意质量，有责任心　　　B. 不注意质量，有责任心
　　C. 注意质量，无责任心　　　D. 全无

5）在操作过程中是否注意清除隐患，在有安全隐患时是否提示其他同学？（　　　）
　　A. 注意，提示　　　　　　　　B. 不注意，未提示

学生签名：_____
____年____月____日

三、教师评价及反馈

参照以上填写的数据及内容，学生本次任务成绩（请在 □ 上打 ✓）：
□ 不合格　　□ 合格　　□ 良好　　□ 优秀
说明：_____
_____
_____
_____

教师签名：_____
____年____月____日

实训工单 2　混合动力汽车故障案例分析

学生姓名		班　　级		学　　号	
实训场地		工作时间		日　　期	

➡ 技能操作

一、工作任务

本工作任务共有 2 项：
1）混合动力汽车故障诊断与排除方法分析和总结。
2）混合动力汽车故障案例撰写。

请根据任务要求，确定所需要的场地和物品，并对小组成员进行合理的分工，制定详细的工作计划。

二、准备工作

安全须知、检查及记录完成任务需要的场地、设备、工具及材料。

1. 安全要求及注意事项

请认真阅读以下内容。
1）实训车辆按要求停在指定工位上，未经老师批准不准起动；经老师批准起动，首先应检查车轮的安全顶块是否放好，驻车制动是否启用，变速杆是否放在 P 位（A/T），车前没有人在操作。
2）禁止触碰任何带安全警示标示的部件。
3）实训期间禁止嬉戏打闹。
异常记录：＿＿＿＿＿＿＿＿＿＿＿＿＿＿＿＿＿＿＿＿＿＿＿＿＿＿＿＿＿＿＿＿

2. 场地检查

检查工作场地是否清洁及存在安全隐患，如不正常，则请汇报老师并及时处理。
异常记录：＿＿＿＿＿＿＿＿＿＿＿＿＿＿＿＿＿＿＿＿＿＿＿＿＿＿＿＿＿＿＿＿

3. 车辆、台架、总成、部件、充电桩检查（需要/正常打√；不需要/不正常打×，并记录）

□纯电动整车　　□混合动力整车　　□台架　　□总成　　□部件　　□充电桩
其他：＿＿＿＿＿＿＿＿＿＿＿＿＿＿＿＿＿＿＿＿＿＿＿＿＿＿＿＿＿＿＿＿
异常记录：＿＿＿＿＿＿＿＿＿＿＿＿＿＿＿＿＿＿＿＿＿＿＿＿＿＿＿＿＿＿＿＿

4. 设备及工具检查（需要/正常打√；不需要/不正常打×，并记录）

个人防护装备：□常规实训工装　□绝缘手套　□绝缘安全帽　□绝缘鞋　□护目镜
其他：＿＿＿＿＿＿＿＿＿＿＿＿＿＿＿＿＿＿＿＿＿＿＿＿＿＿＿＿＿＿＿＿
车辆防护装备：□翼子板布　□前格栅布　□地板垫　□座椅套　□转向盘套
其他：＿＿＿＿＿＿＿＿＿＿＿＿＿＿＿＿＿＿＿＿＿＿＿＿＿＿＿＿＿＿＿＿

设备及拆装工具：□举升机　　□动力电池举升机　□普通拆装工具
　　　　　　　□绝缘拆装工具　□故障诊断仪　□示波器　□数字式万用表
　　　　　　　□绝缘测试仪　　□钳形电流表　□红外测温仪
其他：_____
异常记录：_____

5. 其他材料检查（需要/正常打√；不需要/不正常打×，并记录）

材料：□抹布　□绝缘胶布　□发动机机油　□齿轮油　□冷却液
其他：_____
异常记录：_____

三、操作流程

根据工作任务，小组进行讨论，确定工作计划（流程/工序），并记录。

项目1：混合动力汽车故障诊断与排除方法分析和总结

参照前文"基本知识"的内容，根据故障案例中列举的故障现象，结合所学的知识，讨论：
如果你是主修技师，你的故障诊断与排除思路是什么？
你是否有更好或更快捷的故障诊断与排除方法？

（1）奔驰S400混合动力汽车高压系统故障案例分析
　　　讨论记录：_____
（2）其他混合动力汽车故障案例分析
　　　讨论记录：_____

项目2：混合动力汽车故障案例撰写

参照前文"基本知识"的内容，根据故障案例的格式，结合你参与的诊断与排除的混合动力汽车故障，撰写混合动力汽车故障诊断与排除的案例。

➡ 任务评价

一、自我评估

1. 判断题

1）混合动力系统一旦处于使用准备就绪状态，点亮"READY"黄色指示灯。（　　）
2）奔驰混合动力系统有发电机模式、加速模式、驱动模式三种。（　　）
3）奔驰S400混合动力系统HV蓄电池属于镍氢蓄电池。（　　）
4）DC-DC变换器是一个单向交直流变压器，可产生较高的交流电压和
　　12V的直流电压。（　　）
5）混合动力汽车型要求使用专用的空调制冷系统冷冻油，否则可能发生故障。（　　）

2. 单项选择题

1）互锁信号（12V/88Hz）在蓄电池管理系统控制单元中产生，并通过串联连接传
　　送至以下部件。（　　）
　　A. DC-DC变换器　　　　　　B. DC-AC电力电子控制单元
　　C. 电机和空调压缩机　　　　D. 以上都是

2）奔驰混合动力系统中，最有可能造成自动起停系统故障的部件是（　　）。
A. DC-DC 变换器　　　　　　B. DC-AC 电力电子控制单元
C. 自动变速器　　　　　　　D. 高压小一点吃

3）奔驰混合动力系统中，用于驱动电机的部件是（　　）。
A. DC-DC 变换器　　　　　　B. DC-AC 电子电力控制单元
C. 变速器控制单元　　　　　D. HV 蓄电池控制单元

4）奔驰 HV 蓄电池由电压为 3.2～4.1V 的蓄电池单元串联组成，一共有（　　）蓄电池单元。
A. 30　　　　B. 35 组　　　　C. 53 组　　　　D. 120 组

5）比亚迪秦混合动力汽车的 12V 蓄电池，电极接线桩头有（　　）。
A. 2 个　　　B. 3 个　　　C. 4 个　　　D. 以上都错误

二、自我评价

1）通过本任务的学习，对照本任务的学习目标，你认为你是否已经掌握学习目标？
知识目标：（　　）
A. 掌握　　　B. 部分掌握　　　C. 未掌握
说明：_____

技能目标：（　　）
A. 掌握　　　B. 部分掌握　　　C. 未掌握
说明：_____

2）你是否积极学习，不会的内容积极向别人请教，会的内容积极帮助他人学习？（　　）
A. 积极学习　　B. 积极请教　　C. 积极帮助他人　　D. 三者均不积极

3）工具设备和零件有没有落地现象发生，有无保持作业现场的清洁？（　　）
A. 无掉地且场地清洁　　　　B. 有颗粒掉地
C. 保持作业环境清洁　　　　D. 未保持作业现场的清洁

4）实施过程中是否注意操作质量和有责任心？（　　）
A. 注意质量，有责任心　　　B. 不注意质量，有责任心
C. 注意质量，无责任心　　　D. 全无

5）在操作过程中是否注意清除隐患，在有安全隐患时是否提示其他同学？（　　）
A. 注意，提示　　　　　　　B. 不注意，未提示

学生签名：_____
____年____月____日

三、教师评价及反馈

参照以上填写的数据及内容，学生本次任务成绩（请在 □ 上打 ✓）：
□ 不合格　　□ 合格　　□ 良好　　□ 优秀
说明：_____

教师签名：_____
____年____月____日

辆的控制器区域网络 CAN 相连,并与其他控制单元交换数据。DC-AC 是高电压线束的部件,其中包括高电压熔丝盒 F70 和相关的高压导线。如果线束中的其中一个部件发生故障,则必须更换所有部件。

DC-AC 电力电子控制单元结构如图 5-2-16 所示。

6)起动机 / 发电机(电动机)。奔驰 S400 混合动力系统集成式起动机 / 发电机(A79),图 5-2-17 采用永久磁铁的同步电机,外置转子,安装在发动机和自动变速器的变矩器之间。

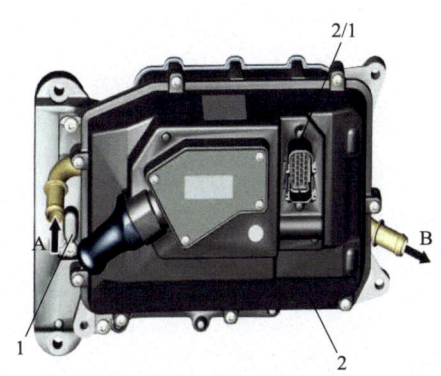

图 5-2-16 DC-AC 电力电子控制单元结构

1—互锁电路的护盖 2—电力电子模块 2/1—电力电子控制单元的插头连接 A—冷却液入口 B—冷却液回流

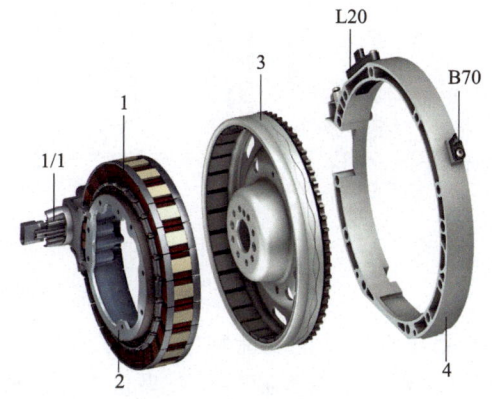

图 5-2-17 集成式起动机 / 发电机(A79)的结构

1—定子 1/1—电插接器 2—中间凸缘 3—带增量环的转子 4—中间外壳 B70—曲轴霍尔传感器 L20—转子位置传感器

集成式起动机 / 发电机(A79)具备以下特性。

① 提供助力、再生制动、发动机起动。

② 输出功率:15kW。

③ 重量 20kg。

④ 可产生最高 240V 的交流电压。

⑤ 在 0~100r/min 的转速范围内不产生感应电流。

7)电动制冷压缩机。奔驰 S400 混合动力系统电动制冷压缩机(A9/5,图 5-2-18)包括三个主要部件:

① 逆变器:将高电压车载电气系统的 120V 直流电压转换为交流电压,并将其供至三相电机。

② 三相电机:用于驱动涡旋式电动制冷压缩机。

③ 涡旋式电动制冷压缩机:包括两个嵌套式蜗壳,其中一个是固定的,另一个可以在前者内部进行圆周运动。在此过程中,蜗壳反复地相互接触,在卷绕中形成数个逐渐变小的腔室。这样,制冷剂得到压缩并进入这些腔室中,直至达到中心处排出。

发动机控制单元随后通过 CAN I 促动电动制冷压缩机。在发动机停机时确保车内温度舒适性,在发动机停机时确保 HV 蓄电池的冷却。

奔驰 S400 混合动力系统冷却管路如图 5-2-19 所示。

图 5-2-18 电动制冷压缩机

1—控制单元 2—电机 3—压缩机

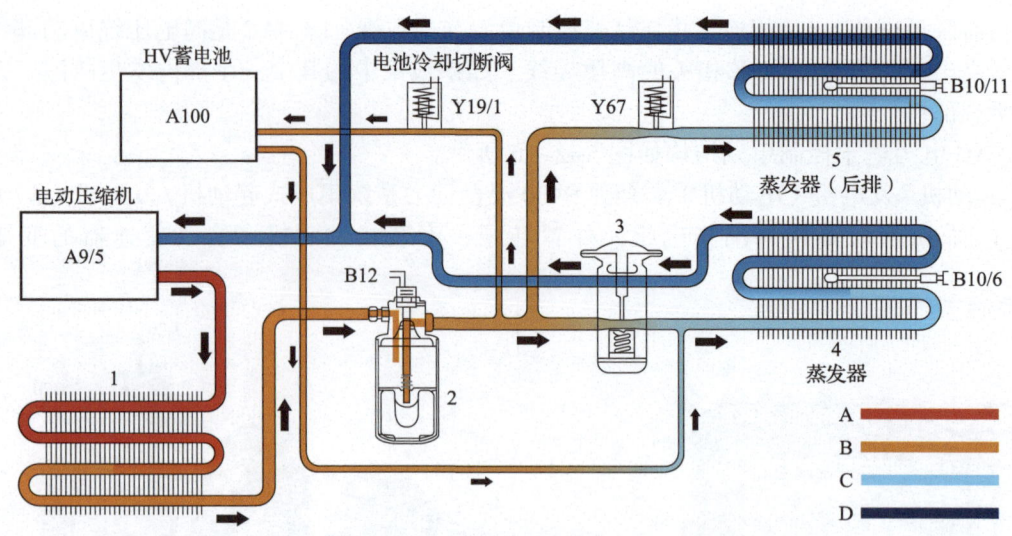

图 5-2-19　奔驰 S400 混合动力系统冷却管路
A—高压气态　B—高压液态　C—低压液态　D—低压气态

HV 蓄电池冷却的功能顺序如下。

蓄电池管理系统控制单元对来自 HV 蓄电池冷却液输入温度传感器（A100b1）、输出温度传感器（A100b3）和电池温度传感器（A100b2）的数据进行比较，评估 HV 蓄电池温度状态，并在必要时通过发动机控制单元发出冷却输出的请求。

发动机控制单元所发出的冷却输出请求通过 CAN E 传送至中央网关控制单元，该单元将请求通过 CAN B 继续传送至自动空调控制单元，后者则通过控制器区域网络 CAN 促动电动制冷压缩机。HV 蓄电池冷却系统切断阀 Y19/1 打开，制冷剂流经集成在高电压蓄电池模块 A100 中的蒸发器。

如果 HV 蓄电池充电量过低，则电动制冷压缩机的输出功率被调节降至 0kW。

当需要进行强劲加速时，电动制冷压缩机的输出功率也会被短时间（小于 10s）降至 0kW。

HV 蓄电池冷却系统切断阀 Y19/1 位于刮水器连动杆下方区域（图 5-2-20），控制流向蓄电池管理系统控制单元 N82/2 的制冷剂，由蓄电池管理系统控制单元直接控制。

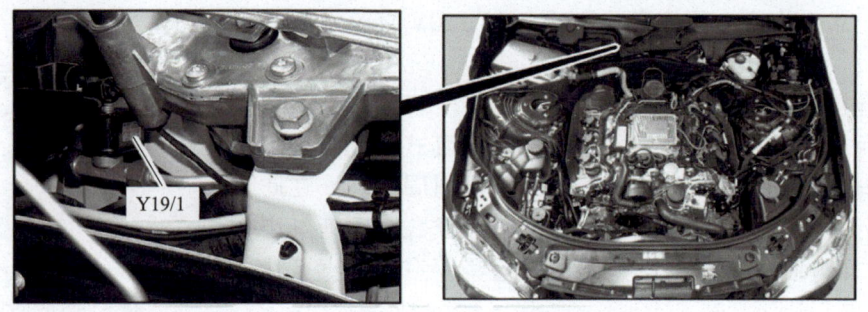

图 5-2-20　HV 蓄电池冷却系统切断阀

8）电源分配单元 PDU。奔驰 S400 混合动力系统电源分配单元 PDU（图 5-2-21）是 HV 蓄电池、电源电子装置与电动制冷压缩机之间的连接分配器。此部件未有单独供货，如遇故障问题，需将高压电线束整根进行更换。

图 5-2-21　奔驰 S400 混合动力系统电源分配单元 PDU

9）高压系统"互锁电路"。高压互锁电路用于保护高压车载电气系统的操作人员。互锁电路检测高压车载电气系统中断路的插接器电路。如果互锁电路中断，则会导致 HV 蓄电池模块中的保护开关断开，高压车载电气系统关闭。

互锁电路为 12V 电路，通过高压部件控制单元高压线插头串联在电路中进行开关。互锁电路中断将导致 HV 蓄电池模块中的保护开关打开，致使整个高压系统断电。

互锁信号（12V/88Hz）在蓄电池管理系统控制单元中产生，并通过串联传送至以下部件。
① DC-DC 变换器控制单元。
② 电力电子控制单元。
③ 电机。
④ 电动制冷压缩机。

奔驰 S400 混合动力系统高压系统高压"互锁电路"控制框图如图 5-2-22 所示。

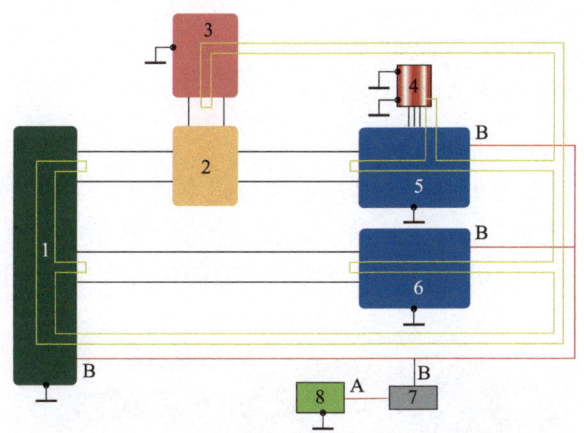

图 5-2-22　高压系统高压"互锁电路"控制框图

1—蓄电池管理系统控制单元　2—电源分配单元（PDU）　3—电动制冷压缩机
4—电机（起动机 / 发电机）　5—电源电子控制单元　6—DC-DC 变换器控制装置
7—高温熔丝　8—12V 电池　A—电路 30　B—电路 30c

在奔驰 S400 车型上新增了一个接线端子 30c（图 5-2-23）。高温熔丝的输入端为 30，输出端为 30c。在发生碰撞时切断电路 30c，当端子 30c 断开时，高压电路将被切断。

高温熔丝安装于右前乘客位脚坑区域，激活后可单独更换。

高温熔丝通过安全气囊控制单元促动，促动后高温熔丝熔断，电路 30c 关闭、蓄电池保护器开启、高压快速放电时间小于 1s、短路激活。

> **提示：**
> ① 高压互锁信号为双绞线、12V、方波信号，在实际维修当中短接无效。
> ② "30c" 信号为普通 12V 电压信号，在实际维修当中，特殊情况下可以短接后测试车辆（例如高温熔丝 PTE 因碰撞断开情况下）。

10）混合动力 CAN 分配器。在奔驰 S 级轿车的混合动力版车型新增一个 CAN 线分配器（混合动力 CAN 分配器，图 5-2-24），混合动力 CAN 线分配器位于发动机舱左侧熔丝和继电器模块盒内。

图 5-2-23　接线端子 30c

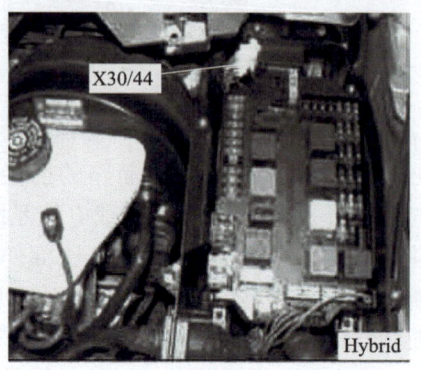

图 5-2-24　混合动力 CAN 分配器

混合动力 CAN 线分配器 X30/44 连接以下部件。
① 发动机控制单元 N3/10。
② 蓄电池管理系统控制单元 N82/2。
③ DC-DC 直流变换器 N83/1。
④ DC/AC 电力电子控制单元 N129/1。
⑤ 电动制冷压缩机控制单元 A9/5。

（5）典型故障案例分析

奔驰 S400 混合动力车型推出以来，高压系统故障率较高，一般的故障现象是车辆无法起动、没有起停功能、没有空调制冷、没有充电功能，控制模块报 HV 蓄电池、DC-DC 变换器、DC-AC 变换器和电动制冷压缩机等相关的故障码。故障通常发生在如图 5-2-25 的部件上。

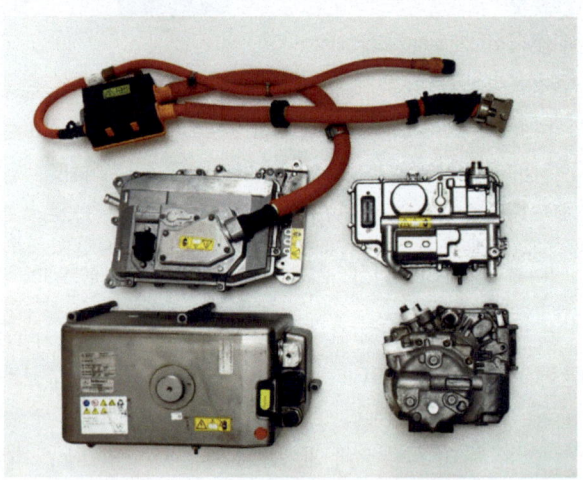

图 5-2-25　故障率高的高压部件

1）案例 1：奔驰 S400 混合动力车型无原因自动起停。

故障现象：

车辆间歇性存在发动机无明显原因地自动"起停 / 起动"或 12V 车载电网电压过低。

DAS 诊断计算机对车辆进行检测时 DC-DC 变换器内有如下故障信息存储"P1C7000 从直流调节器控制单元 N83/1 至搭铁点 W3/9 的电气导线电阻过大"。

诊断与排除：

故障原因可能是 DC-DC 变换器与车身搭铁点之间的连接导线接触不良。直流调节器搭铁线在壳体上的接触面氧化。有时可能出现纵梁上的搭铁点（右前轮罩内）接触不良（图 5-2-26）。

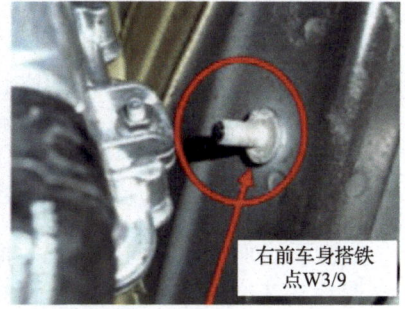

图 5-2-26　接触不良的部位

解决措施： 拆下 DC-DC 变换器和车身之间的搭铁线，用砂纸处理 DC-DC 变换器壳体上的搭铁线接触面，清洁车身纵梁上的搭铁线接触面。

重新安装直流调节器和车身之间的搭铁线，试运行高电压车载电网。清除直流调节器控制单元中的故障码，然后起动发动机。让发动机在接通用电器（例如后窗玻璃加热、座椅加热和行车灯）的情况下运行至少 2min。

故障分析：

线路接触不良的故障原因在实际维修中难以发现，应根据故障码和故障现象，进行仔细分析和排查。

▶ **提示：**

① 如果直流调节器变换器中再次存储故障码 P1C7000，则必须更换搭铁线。

② 在某些特殊情况下（如低压蓄电池亏电，在其电压正常后车辆依旧无法起动），如果高压系统部件的控制单元内存在故障码，会造成车辆无法起动。将故障码用 DAS 诊断仪清除后方可起动车辆。

③ 在利用外接充电器对车辆 HV 蓄电池进行充电时，仅能将 HV 蓄电池电量充电到能满足起动车辆为止，要想进一步对其进行充电，必须起动车辆或行驶车辆。

2）案例 2：奔驰 S400 混合动力车型高压蓄电池故障导致无法起动。

故障现象：

车辆无法起动，混合动力故障指示灯亮。

诊断与排除：

首先使用故障检测仪器读取故障码，蓄电池管理系统（BMS，N82/2）的当前故障码为：P0DE6FB：HV 蓄电池模块的电解槽电压过低。

进一步读取 HV 蓄电池模块的数据流，发现"蓄电池单元 4 的电压 2.690V"和"蓄电池单元 9 的电压 1.827V"异常,正常值为"3.200V 到 4.100V"。

由此可以判断故障出现在 HV 蓄电池内部第 4 组合第 9 组蓄电池单元损坏。

根据厂家要求需要更换 HV 蓄电池总成排除故障。

故障分析:

根据厂家的技术通报(奔驰 221 混动车型),故障原因是单格电池内有化学污染导致自过度放电(>2mV/ 天),应 DAS 计算机进入 BMS 控制单元 > 实际值 > 单格电池电压和故障码。

奔驰 HV 蓄电池由 35 组电压在 3.2~4.1V 蓄电池单元串联组成,构成 120V 左右的高电压。只要有一组蓄电池单元发生故障,就需要更换总成。但目前 HV 蓄电池总成价格昂贵,实际上可以通过进一步检测,确认发生故障的蓄电池单元,更换发生故障的蓄电池单元来排除故障,但需要经过专业训练的技师完成,避免发生触电事故。

图 5-2-27 所示为检测拆卸下来的 HV 蓄电池单元。

3)案例 3:2012 年款大众途锐 3.0 油电混合车型不能起动。

故障现象:

车辆行驶中突然不能加速,只能 30km/h 低速行驶回到维修厂;空调系统不工作;重新起动后车辆无法起动。

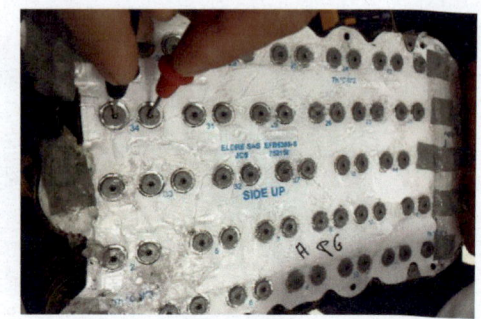

图 5-2-27 检测拆卸下来的 HV 蓄电池单元

诊断与排除:

根据故障现象初步判断,故障原因应该与高压动力系统相关,动力电池故障或绝缘故障。利用诊断仪器读取故障码,内容如图 5-2-28 所示。

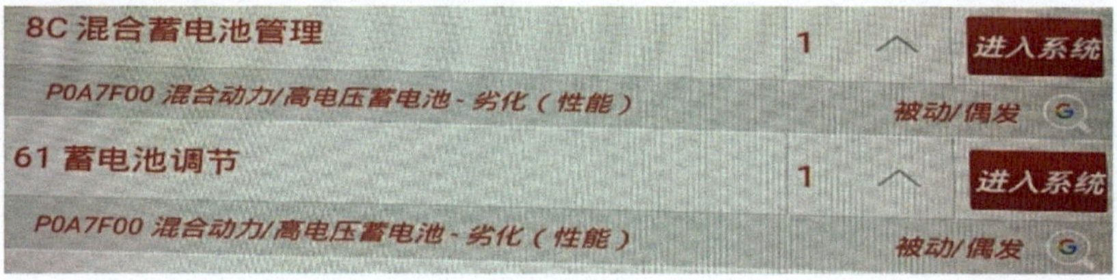

图 5-2-28 故障码内容

大众途锐汽车的 HV 蓄电池安装于行李舱地板盖下(图 5-2-29),是一个整体模块,其中包含高电压系统的各种组件。整个 HV 蓄电池模块重量为 85kg,并且只能整体更换。

小心地拆下 HV 蓄电池后(图 5-2-30),检查发现 HV 蓄电池总成的最下层有单体电池线路连接片生锈。对生锈面修复打磨后,装上试车,故障排除。

图 5-2-29 途锐的 HV 蓄电池

图 5-2-30 拆下后的 HV 蓄电池

故障分析：

该车的天窗后面排水管有轻微的内漏，导致行李舱里的 HV 蓄电池组下方长期有积水，造成 HV 蓄电池线路金属连接片有生锈腐蚀的现象。

4）案例 4：丰田凯美瑞混合动力汽车空调系统故障。

故障现象：

车辆有时完全没有冷气，只有热风。

诊断与排除：

确认故障现象，发现关掉冷气系统一段时间，再开启，只有 1min 左右时间有冷气，又变成热风，车内温度能达到 40℃以上。

检查发现暖气系统的暖水阀门发卡，处于全开启状态，经维修后，暖水阀门工作正常。

实测车内冷气温度为 15℃左右，制冷效果不好。

检测制冷剂循环系统压力，低压偏高，高压正常。进行制冷剂循环系统管理清洗，重新加注制冷剂，并采用汽车厂家指定的专用冷冻油（ND-11）。

再次检测制冷剂循环系统压力，数据显示低压与高压已恢复正常范围数值（图 5-2-31），且冷风效果显著，低温效果可达 4℃左右，故障排除。

 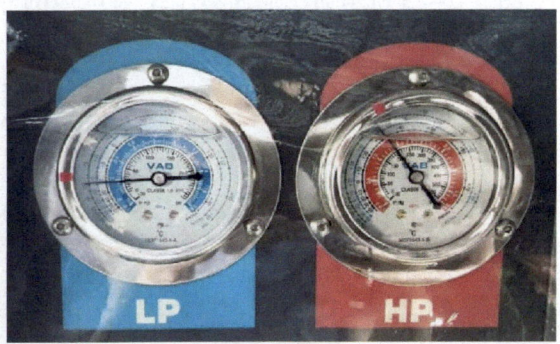

图 5-2-31　故障前后制冷剂循环系统压力对比

故障分析：

本例是凯美瑞混合动力汽车空调系统综合故障。故障一是暖气水阀门不能关闭，一直在开启的状态。故障二是制冷剂循环系统的压力不正常，其原因是混合动力汽车要求使用专用的空调制冷系统冷冻油。

5）案例 5：比亚迪秦混合动力汽车不能起动。

故障现象：

车辆不能起动，仪表显示屏显示"请检查低压电池系统"（图 5-2-32）。

诊断与排除：

检查发现低压蓄电池有一个桩头无 12V 电压输出，导致各控制器无 12V 电源。更换低压蓄电池后故障排除。

故障分析：

混合动力汽车低压蓄电池结构和类型与传统汽车有所区别。比亚迪秦 12V 低压蓄电池与传统汽车的区别是：

图 5-2-32　仪表显示屏显示故障信息

① 用于发动机的起动正极与其他用电器的供电正极分开了。

② 蓄电池内部具有智能电池控制模块（也称为 BMS），用于对蓄电池进行智能控制。例如当蓄电池电压低时，关闭多媒体系统的电源。

图 5-2-33 所示为比亚迪秦 12V 蓄电池的外形。

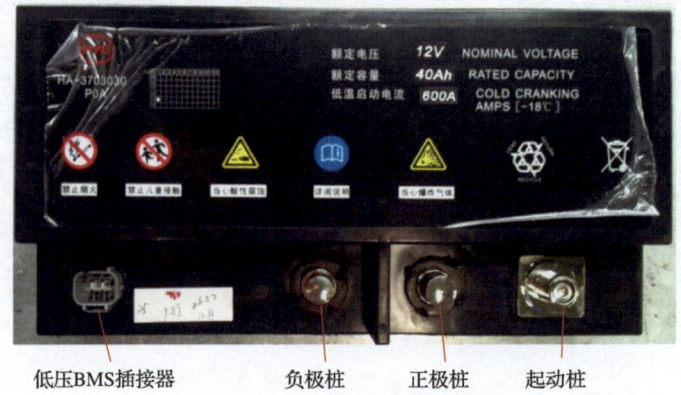

图 5-2-33　比亚迪秦 12V 蓄电池

二　基本技能

1. 混合动力汽车故障诊断与排除方法分析和总结

参照前文"基本知识"的内容，根据故障案例中列举的故障现象，结合所学的知识组织讨论：

1）如果你是主修技师，你的故障诊断与排除思路是什么？

2）如果你是主修技师，你是否有更好或更快捷的故障诊断与排除方法？

2. 混合动力汽车故障案例撰写

参照前文"基本知识"的内容，根据故障案例的格式，结合你参与的诊断与排除的混合动力汽车故障，撰写混合动力汽车故障诊断与排除的案例。

参 考 文 献

［1］ 包科杰，徐利强．新能源汽车维护与故障诊断［M］．北京：人民交通出版社，2017．
［2］ 王强，李锴，孙兵凡．新能源汽车维护与故障诊断［M］．北京：机械工业出版社，2020．
［3］ 吴荣辉，李颖．新能源汽车认知与应用［M］．2版．北京：机械工业出版社，2021．
［4］ 吴荣辉．彩色图解新能源汽车结构原理与检修［M］．北京：机械工业出版社，2021．